Kohlhammer | Deutscher Gemeindeverlag

SCHRIFTENREIHE
DES FREIHERR-VOM-STEIN-INSTITUTES
WISSENSCHAFTLICHE FORSCHUNGSSTELLE
DES LANDKREISTAGES NORDRHEIN-WESTFALEN
AN DER UNIVERSITÄT MÜNSTER

BAND 63

Jan Stefan Lüdde

Sparkassenrecht der Länder

Bestand und Entwicklung seit 1949

Verlag W. Kohlhammer
Deutscher Gemeindeverlag

Die Rechtswissenschaftliche Fakultät der Westfälischen Wilhelms-Universität Münster hat diese Arbeit als Dissertation angenommen.

D 6

2010
Deutscher Gemeindeverlag GmbH
Verlagsort: 70565 Stuttgart
Gesamtherstellung Deutscher Gemeindeverlag GmbH/Verlag W. Kohlhammer GmbH, Stuttgart

ISBN 978-3-555-01504-0

Vorwort

Nachdem über eine Reihe von Jahren der Eindruck entstehen konnte, das Sparkassenrecht werde mit einer über kurz oder lang je nach Standpunkt überfälligen oder nicht zu verhindernden Privatisierung dieser Institute verschwinden, hat die Finanzkrise die Vorteile einer öffentlich verantworteten und auf Versorgung, nicht auf Gewinnmaximierung ausgerichteten Bankengruppe so ins Bewusstsein gerufen, dass jedenfalls für die nächsten Jahrzehnte ein Wiederaufleben der Privatisierungsdebatte nicht zu erwarten ist.

Weil das Sparkassenrecht der Regelung durch die Landesgesetzgebung vorbehalten ist, unterscheiden sich die geltenden Gesetze in vielen Punkten und die Länder beeinflussen sich gegenseitig in ihrer Gesetzgebung. Auf solchen Regelungsfeldern besteht ein Interesse an einer die Unterschiede und die genetischen Zusammenhänge berücksichtigenden Darstellung eines Rechtsgebietes, weil rechtsvergleichende Argumente für die Auslegung des jeweils geltenden Rechts bedeutsam sind und weil die unterschiedlichen Regelungen ein Lösungsreservoir für die Fortentwicklung des Rechts darstellen.

Die Arbeit stellt die aktuellen und die früheren Gesetzesfassungen vergleichend gegenüber und beleuchtet ihre Entstehungsgeschichte. Sie versteht sich auch als Wegweiser zu spezielleren Untersuchungen, wie sie nicht zuletzt am Freiherr-vom-Stein-Institut erarbeitet worden sind.

Münster, im April 2010

Professor Dr. Janbernd Oebbecke
Geschäftsführender Direktor
des Freiherr-vom-Stein-Instituts

Vorwort des Verfassers

Die vorliegende Arbeit wäre ohne die Unterstützung zahlreicher Menschen so nicht entstanden. In der Hoffnung auf Verständnis der Nichtgenannten möchte ich meinen Dank an dieser Stelle auf die wichtigsten Förderer beschränken.

Dank gebührt an erster Stelle meinem Doktorvater, Herrn Professor Dr. Janbernd Oebbecke. Sein Vertrauen, seine Geduld und vor allem sein stets einholbarer fachlicher Rat haben einen wesentlichen Beitrag zur Entstehung dieser Arbeit geleistet. Herrn Professor Dr. Fabian Wittreck danke ich für die Erstellung des Zweitgutachtens. Als Träger des Freiherr-vom-Stein-Instituts hat der Landkreistag Nordrhein-Westfalen, vertreten durch seinen Hauptgeschäftsführer Dr. Martin Klein, mir während meiner zweijährigen Tätigkeit am Institut als wissenschaftlicher Referent die besten Möglichkeiten zur Erstellung der Arbeit geboten. Neben Frau Dr. Sabrina Desens, Leiterin des Freiherr-vom-Stein-Instituts, danke ich Frau Dr. Dörte Diemert, der ehemaligen Leiterin des Instituts. Sie stand mir stets mit fachlichem Rat zur Seite.

Danken möchte ich ferner Frau Hiltrud Martellock für Ihre stets freundliche und hilfreiche Unterstützung während meiner Institutszeit. Für juristische Diskussionen und motivierende Gespräche danke ich meinen Mitreferenten Herrn Dr. Linus Tepe, Frau Dr. Anna Roth, Herrn Carsten Lund, Frau Katharina Kallerhoff und Herrn Matthias Stork. Bei der umfangreichen Literaturrecherche waren mir Frau Anna Wilde, Frau Hannah Groß, Frau Juliane Wessels, Frau Cornelia Jäger und die studentischen Hilfskräfte des Kommunalwissenschaftlichen Instituts behilflich. Ihnen gilt ebenso mein Dank wie Herrn Dipl.-Verwaltungswirt Hans-Jürgen Richard für die technische Hilfe bei der Erstellung der Druckfassung.

Herzlicher Dank gebührt meiner engsten Vertrauten, Frau Antje Frieling, die mir durch ihre liebevolle, stets aufmunternde und verständnisvolle Art Rückhalt und Motivation gegeben hat. Vor allem aber möchte ich an dieser Stelle meinen geschätzten Eltern, Frau Edeltraud und Herrn Eberhard Lüdde, danken. Sie haben mich entscheidend geprägt und stets in jeglicher Hinsicht gefördert. Ihnen widme ich diese Arbeit.

Münster, im April 2010

Jan Stefan Lüdde

Inhaltsübersicht

Inhaltsverzeichnis

Abkürzungsverzeichnis

AöR	Anstalt des öffentlichen Rechts; Archiv des öffentlichen Rechts
BW	Baden-Württemberg
Bay	Bayern
Bbg	Brandenburg
Bln	Berlin
HB	Bremen
DSGV	Deutscher Sparkassen- und Giroverband
He	Hessen
INF.HStT	Informationen Hessischer Städtetag (Zeitschrift)
LKT NRW	Landkreistag Nordrhein-Westfalen
LVerfG	Landesverfassungsgericht
MuSa	Mustersatzung
MV	Mecklenburg-Vorpommern
Nds	Niedersachsen
NW	Nordrhein-Westfalen
RP	Rheinland-Pfalz
SA	Sachsen-Anhalt
Sachs	Sachsen
Saar	Saarland
SH	Schleswig-Holstein
SpkG + Landeskürzel	Sparkassengesetz
SpkO Bay	Sparkassenordnung Bayern
SpkVO + Landeskürzel	Sparkassenverordnung
Th	Thüringen
WLSGV	Westfälisch-Lippischer Sparkassen- und Giroverband

Die übrigen in der Arbeit verwendeten Abkürzungen richten sich, sofern sie nicht im Text definiert oder allgemein gebräuchlich sind, nach *Kirchner*, Hildebert/*Pannier*, Dietrich, Abkürzungsverzeichnis der Rechtssprache, 6. Aufl., Berlin 2008.

Erster Teil: Einleitung und Grundlagen

»(Der) Inhalt (des Rechts) ist (...) ein ewig wechselnder, hier dieser, dort jener, ein Chaos in unausgesetztem Fluss begriffen, ohne Bestand, ohne Regel. Was hier verboten, ist dort erlaubt, was hier vorgeschrieben, dort untersagt. (...) Der Widerspruch, der ewige Wechsel scheint inhaltlich das Wesen des Rechts auszumachen.«[1]

§ 1 Einführung

Die tatsächliche Entstehung und Entwicklung neuer gesellschaftlicher Verhältnisse und Phänomene ist oft der Anlass für die Schaffung eines neuen[2] oder die Überarbeitung eines bestehenden Rechtsgebiets. So folgte der Gründung der ersten privaten Sparkassen im 18. Jahrhundert[3] und der ersten öffentlichen Sparkasse 1801 in Göttingen[4] im Jahre 1838 erstmalig der Erlass eines Sparkassenreglements durch Preußen[5]. Andere Länder folgten diesem Beispiel. Nach dem Erlass der Dritten Notverordnung des Reichspräsidenten[6] und gewissen Zentralisierungstendenzen im Dritten Reich setzte sich die Entwicklung des Sparkassenrechts auf Landesebene fort. Seit der Gründung der Bundesrepublik Deutschland haben fünfzehn[7]

---

1 *von Jhering,* Der Zweck im Recht, Bd. 1, 3. Aufl., S. 435 f. = Nachdruck der 4. Aufl., S. 339, dort allerdings mit angepasster Orthographie.

2 Exemplarisch seien hier genannt das Luftsicherheitsgesetz (Gesetz vom 11.01.2005 [BGBl. I S. 78], zuletzt geändert durch Art. 7 des Gesetzes vom 29.07.2009 [BGBl. I S. 2424]) als Reaktion auf die Anschläge vom 11.09.2001 oder das Jagdrecht als Reaktion auf die Verknappung des Wildbestandes und auf die Jagdhoheitsrechte der Fürsten. Zur historischen Entwicklung des Jagdrechts und weiterer Rechtsgebiete siehe auch *Wettach,* Ländergesetzgebung, S. 39 ff.

3 Es herrscht keine Einigkeit über die Frage, welche Sparkasse die älteste Deutschlands ist, vgl. *Trende,* Sparkasse 1955, 85, und die Antwort von *Hoffmann,* Sparkasse 1955, 149; *Trende/Rieser/Greisinger,* Frühgeschichte, S. 13 f., sowie den Überblick bei *Asshauer,* Ersparungscasse, S. 58 f. m. w. N. Die älteste noch bestehende Sparkasse Deutschlands – und der Welt – ist die Landessparkasse zu Oldenburg, vgl. *Trende/Rieser/Greisinger,* Frühgeschichte, S. 14 f., und *Centralverein in Preußen für das Wohl der Arbeitenden Klassen/Pohl,* Sparkassenwesen, S. 565 ff.

4 *Mura,* Bankhistorisches Archiv 1982, 3 (3); *Malchus,* Sparkassen in Europa, S. 156 ff.

5 »Reglement, die Entwicklung des Sparkassenwesens betreffend« (vom 12.12.1838, Preussische Gesetzessammlung 1839, S. 5 ff.).

6 Gemeint ist Teil 5, Kapitel 1 der Dritten Notverordnung des Reichspräsidenten zur Sicherung von Wirtschaft und Finanzen und zur Bekämpfung politischer Ausschreitungen (vom 06.10.1931, RGBl. 1931, 537 [554 ff.]). Hierzu näher unten S. 33 ff.

7 Hamburg hat kein Sparkassengesetz.

Landesparlamente Sparkassengesetze[8] verabschiedet und diese immer wieder geändert.[9]

Auch im Jahr 2008 wurden in neun[10] Ländern Änderungen in verschiedenem Umfang und unterschiedlicher Tragweite verabschiedet. Eine hiervon ist die im Vorfeld intensiv diskutierte[11] und im Entwurfsstadium mehrfach überarbeitete[12] vorletzte Änderung des Sparkassengesetzes in Nordrhein-Westfalen, welche Ende November 2008 in Kraft getreten ist. Ferner wurde in den vergangenen Jahren immer wieder die Forderung laut, die Sparkassen als öffentlich-rechtliche Kreditinstitute (und damit das Sparkassenrecht in seiner jetzigen Form) abzuschaffen[13] oder zumindest § 40 KWG[14] zu ändern und dadurch privaten Banken unter gewissen Voraussetzungen die Führung der Marke »Sparkasse« zu gestatten.[15] In den letzten Monaten sind jedoch – wohl aufgrund der aktuellen Finanzkrise – die Forderungen

---

8 Die aktuellen Fassungen der Gesetze, Sparkassenverordnung und Mustersatzungen sowie zahlreicher weiterer Regelungen mit Sparkassenbezug finden sich in der Loseblattsammlung von *Fischer/Herbst,* RSP.

9 Eine tabellarische Übersicht der seit 1949 erlassenen Sparkassengesetze, ihrer Fundstellen und der hier verwendeten Abkürzungen findet sich im Anhang. Im weiteren Verlauf werden die Gesetze nur mit den Abkürzungen und ohne Fundstellenangaben zitiert.

10 Baden-Württemberg, Bayern, Brandenburg, Bremen, Hessen, Niedersachsen, Nordrhein-Westfalen, Rheinland-Pfalz, Schleswig-Holstein.

11 Siehe etwa die Kritiken von *Klein,* EILDIENST LKT NRW 2008, 326, und *Breuer u. a.,* EILDIENST LKT NRW 2008, 327, sowie die Reaktion des Finanzministeriums, abgedruckt bei *O. V.,* in: Handelsblatt vom 03.11.2008, Nr. 213, S. 25 (»NRW entschärft Sparkassengesetz«).

12 Dem Arbeitsentwurf vom 08.05.2007 (http://www.gruene.landtag.nrw.de/cms/default/dokbin/183/183926.referentenentwurf_sparkassengesetz.pdf, abgerufen am 21.04.2009) folgte ein Referentenentwurf vom 08.05.2008 (Drucks. LT NRW 14/6831) und eine Beschlussempfehlung des Haushalts- und Finanzausschusses vom 07.11.2008 (Drucks. LT NRW 14/7844).

13 *Karl-Bräuer-Institut des Bundes der Steuerzahler,* Privatisierung von Sparkassen und Landesbanken; *Bredow/Schick/Liebscher,* BKR 2004, 103; *Nagl,* Handelsblatt vom 07.04.2008, Nr. 67, S. 8c (»Wieviel Bank braucht der Staat?«). Von der Abschaffung der Sparkassen insgesamt sind die Fragen zu trennen, in welcher Organisationsform die Sparkassen betrieben werden können (hierzu unten S. 61 ff.), wer in welchem Maße ihr Träger sein darf (hierzu unten S. 75 ff.) und wie die Sparkassen möglichst zukunftsfest ausgestaltet werden können. Siehe zu der letzten Frage die Vorschläge von *Oebbecke,* Gemeindehaushalt 2001, 169.

14 Kreditwesengesetz i. d. F. d. Bek. v. 09.09.1998 (BGBl. I S. 2776), zuletzt geändert durch Art. 4 Abs. 8 des Gesetzes vom 19.07.2009 (BGBl. I S. 2437).

15 Eine gute Zusammenfassung der Auseinandersetzung zwischen Bundesregierung und Kommission findet sich bei *Henneke/Wohltmann,* Der Landkreis 2006, 790 (793 ff.). Eine detaillierte Analyse der gesamten Thematik – auch aus kennzeichenrechtlicher Sicht – lieferte jüngst *Thiemann,* Rechtsprobleme der Marke Sparkasse.

nach einer materiellen Privatisierung der Sparkassen verstummt.[16] Es droht im Gegenteil zurzeit vielen Privatbanken eine materielle (Teil-)Verstaatlichung.[17]

A. Anlass der Untersuchung

Den entscheidenden Anstoß für die vorliegende Arbeit lieferte die angesprochene Gesetzesänderung des SpkG NRW aus dem Jahr 2008. Sie änderte die Rechtslage in Nordrhein-Westfalen in nicht unerheblichem Maße. Exemplarisch genannt seien hier die stark kritisierte (für die einzelne Sparkasse fakultative) Einführung von Trägerkapital[18] und die Ersetzung des eigenständigen Organs Kreditausschuss durch den Risikoausschuss des Verwaltungsrats[19]. Den wahren Grund – im Sinne einer Existenzberechtigung – für die vorliegende Arbeit bilden aber zwei andere Aspekte.

Zum einen gibt es zwar eine Vielzahl von Monographien und Lehrbüchern zu den verschiedensten landesrechtlichen[20] Regelungsbereichen, in welchen die aktuelle Rechtslage in mehr als einem Land dargestellt wird. Jedoch finden sich wenige empirische Arbeiten zu landesrechtlichen Regelungsgebieten, in welchen die historische Entwicklung einschließlich gegenseitiger Beeinflussungen und Entwicklungstendenzen untersucht werden.[21] *Wettach* bezeichnet unter diesem Gesichtspunkt die Gesetzgebung der Länder gar als »›terra incognita‹ für die juristische Forschung«.[22]

---

16 Vgl. zu den möglichen Folgen der Finanzkrise de lege ferenda *Bartsch,* ZRP 2009, 97.

17 *Sigmund,* Handelsblatt vom 06.04.2009, Nr. 67, S. 22 (»Verfassungsgericht: Bund darf sich an Banken beteiligen«); *Hirschel,* Handelsblatt vom 07.04.2009, Nr. 68, S. 8 (»Verstaatlicht die Banken!«); *O. V.,* Handelsblatt vom 14.04.2009, Nr. 71, S. 2 (»Flowers gibt sich bei HRE noch nicht geschlagen«).

18 § 7 Abs. 1 SpkG NRW 2008, siehe ausführlich unten S. 64 ff.

19 § 15 Abs. 3 SpkG NRW 2008, siehe ferner unten S. 127 f.

20 Sparkassen(organisations)recht ist Landesrecht, siehe unten S. 14.

21 Ausnahmen bilden etwa *Rauch,* Gemeindeverfassungsrecht, und *Vesper,* Kommunalrecht, für das Kommunalverfassungsrecht oder in Ansätzen *Adam,* Veterinärrecht, für das Veterinärrecht. Ferner zu Denkmalbereichssatzungen *Leidinger,* Denkmalbereichssatzungen, und in geringerem Umfang zur Bedeutung von Mustersatzungen kommunaler Spitzenverbände für kommunale Gebietskörperschaften *Schink,* ZG 1986, 33. Ein Beispiel für eine umfangreiche Untersuchung der Entwicklung eines Gesetzes eines einzelnen Landes liefert *Becker,* Entwicklung des Personalvertretungsrechts.

22 *Wettach,* Ländergesetzgebung, S. 1.

Zum anderen ergibt eine Bestandsaufnahme der sparkassenrechtlichen Literatur, dass die Monographien zum Sparkassenrecht sich üblicherweise einzelner Problembereiche[23] annehmen. Als Werk zum gesamten Sparkassenrecht ist die von *Schlierbach* begründete und von *Püttner* weitergeführte Schrift[24] – einschließlich ihrer vier Vorauflagen[25] – zu nennen, welche mit Hilfe von Tabellen eine gute Darstellung der bei Erscheinen jeweils aktuellen Rechtslage in der Bundesrepublik[26] liefert. Sie enthält allerdings teilweise Ausführungen allgemeiner Art, die aus rechtswissenschaftlicher Sicht in einem Werk über das Allgemeine Verwaltungsrecht besser platziert wären.[27] Die Verweise in den Fußnoten sind in Teilen nur spärlich gesät und fehlerhaft[28]. Die Ausführungen fügen sich nicht immer in die bestehende Dogmatik des Verwaltungs- und Gesellschaftsrechts ein. Die Darstellung der Organe der Sparkassen einschließlich ihrer Entwicklung kann allerdings positiv hervorgehoben werden. Weiterhin ist die aktuelle Auflage vor mittlerweile sieben Jahren erschienen. Die jüngsten Gesetzesänderungen erfasst sie daher nicht. Das SpkG NRW z. B. wurde seither vier Mal geändert.[29] Ferner sollen die relativ aktuellen Kommentare zu einzelnen

23 Etwa: *Obermann,* Kommunale Bindung der Sparkassen; *Lüttmann,* Verwaltungsräte; *Schepers,* Internet-Banking und Regionalprinzip; *Wittmann,* Sparkassenverbund; *Niggemeyer,* Sparkassenfusionen; *Pehla,* Haftungsverbund; *Lutter,* Pflichten und Haftung von Sparkassenorganen; *Stern/Nierhaus,* Regionalprinzip im öffentlich-rechtlichen Sparkassenwesen.

24 *Schlierbach/Püttner,* Sparkassenrecht, 5. Aufl.

25 *Schlierbach/Püttner,* Sparkassenrecht, 4. Aufl.; *Schlierbach/Püttner,* Sparkassenrecht, 3. Aufl.; *Schlierbach,* Sparkassenrecht, 2. Aufl.; *Schlierbach,* Sparkassenrecht, 1. Aufl.

26 Eine Rechtsvergleichung zwischen dem deutschen und dem französischen Recht (Stand: 2002) liefert *Klein,* Sparkassenwesen in Deutschland und Frankreich.

27 Vgl. etwa die Ausführungen in *Schlierbach/Püttner,* Sparkassenrecht, 5. Aufl., S. 280 ff. zur Aufsicht und zur Ermessensausübung.

28 So nur auf einer Seite (*Schlierbach/Püttner,* Sparkassenrecht, 5. Aufl., S. 232) zum einen der Verweis auf ein Urteil des BVerwG. Die inhaltliche Angabe stimmt, aber das Urteil stammt vom *VGH BW* (Urt. v. 25.09.1989 – 1 S 3239/88 –, in: DÖV 1990, 623). Ferner die Aussage, in Bayern könne die Regelung der Dienstverhältnisse der Beamten und Angestellten erst seit 1973 auf die Sparkasse übertragen werden. Bereits in der Neubekanntmachung von 1956 findet sich diese Bestimmung (Art. 12 Abs. 4 SpkG Bay 1956).

29 In den Jahren 2004, 2005, 2008 und 2009, vgl. die Tabelle im Anhang. Vereinzelt werden sogar Gesetzesänderungen nicht erwähnt, die mehrere Jahre vor dem Erscheinen der aktuellen Auflage von 2003 erfolgten (z. B. Der Wegfall eines Zustimmungserfordernisse durch das SpkG RP 1999 II, siehe näher unten S. 138).

Landesgesetzen[30] nicht unerwähnt bleiben, obgleich es sich von selbst versteht, dass diese sich nur auf die bei Erscheinen aktuelle Rechtslage in einem einzelnen Land beziehen.

B. Ziele der Untersuchung

Die vorliegende Arbeit stellt Entwicklung und Bestand des bundesdeutschen Sparkassenrechts dar. »Sparkassenrecht« meint hier[31] allein die die Sparkassen betreffenden formellen Gesetze. Akte der Exekutive und Judikative werden nicht untersucht und nur in Einzelfällen – etwa bei Auslegungsfragen – erwähnt, obgleich sie durchaus in der Theorie angelegte Unterschiede zwischen den Landesgesetzen praktisch vermindern oder aufheben können.[32]

Oebbecke stellt fest, dass die Landesgesetzgebung geprägt sei von einem Wechsel von Angleichung und Differenzierung. In den einzelnen Rechtsgebieten herrsche abwechselnd Stase und Dynamik vor, es gebe Phasen des Auseinanderdriftens und der Konvergenz.[33] Ursache hierfür sei das Zusammenspiel von vier Faktoren: die Übernahme bestehender bewährter Lösungen, Innovation und Kreativität durch neue Regelungsmodelle,[34] der grundsätzliche Widerstand gegen Änderungen, weil jede Änderung eine Begründung erfordere (»Never change a running system.«) und der bereits angesprochene Wandel der tatsächlichen Probleme.[35] Es wird sich im Verlauf der Arbeit zeigen, inwieweit diese Aussagen auf das Sparkassenrecht zutreffen.

Das inhaltliche Ziel ist hierbei allerdings nicht, jeden Regelungsbereich für jedes Land in allen Fassungen bis in das kleinste Detail auszuleuchten. Dies

30 *Heinevetter/Engau/Menking,* Sparkassengesetz, für Nordrhein-Westfalen; *Berger,* Sparkassengesetz, für Niedersachsen; *Klüpfel u. a.,* Sparkassengesetz, für Baden-Württemberg; *Krüger,* Sparkassengesetz, für Schleswig-Holstein.

31 Zur genaueren Definition des Untersuchungsgegenstandes siehe unten S. 17 f.

32 So für das Kommunalrecht *Oebbecke,* Föderalismus und Kommunalverfassung, in: Huhn/Witt (Hrsg.), Föderalismus in Deutschland, S. 185 (191 ff.).

33 *Oebbecke,* Staatswissenschaft und Staatspraxis 1997, 461 (468).

34 *Wettach,* Ländergesetzgebung, S. 311, stellt sowohl die Übernahme bestehender Lösungen als auch die Einführung neuartiger Regelungsmodelle vor allem bei den kleineren Ländern fest.

35 *Oebbecke,* Staatswissenschaft und Staatspraxis 1997, 461 (466 f.).

würde den Rahmen einer solchen Arbeit sprengen.[36] Außerdem gilt es auch, die Lesbarkeit der Arbeit nicht einer übertriebenen Detailliertheit zu opfern. Die Arbeit versteht sich vielmehr als Wegweiser zu spezielleren Arbeiten, welche bestimmte Regelungsbereiche genauer untersuchen. Es werden generelle Gemeinsamkeiten und vor allem Unterschiede[37] sowie Änderungstendenzen anhand derjenigen Regelungsbereiche, die dem Erkenntnisziel dienlich sind, herausgearbeitet. Weiterhin wird aufgezeigt, welche Änderungen sich besonders bewährt und viele Nachahmer gefunden haben. Ferner wird nach Möglichkeit die bisherige, aktuelle und künftige praktische Relevanz eines Regelungsbereichs eingeschätzt.

Die hierbei gewonnenen Erkenntnisse sind für ein besseres Verständnis der aktuellen Rechtslage von Bedeutung, denn oft erlangt die Gegenwart erst vor dem Hintergrund der Vergangenheit Verständlichkeit und Transparenz.[38] Auch de lege ferenda wird man sich ihrer bedienen können, wenn es z. B. um die Frage geht, warum eine Regelung bisher nicht von einem anderen Land übernommen wurde.

Ausgeklammert werden allerdings Fragen der Gesetzgebungslehre (auch »Gesetzgebungstheorie« oder »Gesetzgebungswissenschaft«)[39], die sich nur auf die Erstellung eines einzelnen Gesetzes ohne Berücksichtigung von Vorgänger- und Nachfolgenormen konzentrieren. Ohne Zweifel ist die Analyse eines Gesetzes hinsichtlich der künstlerischen Begabung[40] oder

---

36 Etwa wenn der gleiche Untersuchungsmaßstab wie bei *Clausen,* Einfluß der Gemeinde, S. 25 ff., gewählt werden würde. Der Autor stellt allein auf 125 Seiten nur einen Teil der Normen einer Gesetzesfassung eines Landes (SpkG NRW 1958) dar.

37 Die Schwerpunktsetzung der rechtsvergleichenden Literatur auf die Gemeinsamkeiten zu Lasten der Unterschiede beklagt für Österreich *Funk,* VVDStRL (46) 1988, 57, und für das deutsche Kommunalverfassungsrecht *Oebbecke,* Föderalismus und Kommunalverfassung, in: Huhn/Witt (Hrsg.), Föderalismus in Deutschland, S. 185 (192). Letzterer sieht *ebd.* den Grund hierfür in der Ausrichtung des akademischen Arbeitsmarktes und der akademischen Buchverlage auf bundesweit verwendbare Forschungsergebnisse. Ferner stellt *Oebbecke,* Staatswissenschaft und Staatspraxis 1997, 461 (462), fest, dass nur die enge Vertrautheit mit einer Regelungsmaterie den Blick für Unterschiede schärft und Gemeinsamkeiten zurücktreten lässt.

38 Vgl. *Klein,* Sparkassenwesen in Deutschland und Frankreich, S. 29.

39 Für synonyme Verwendung *Emmenegger,* Gesetzgebungskunst, S. 2, Fn. 4. Systematisierend *Karpen,* ZG 1986, 5 (7).

40 Wie etwa in *Emmenegger,* Sigrid, Gesetzgebungskunst.

handwerklichen Fähigkeit[41] seines Autors reizvoll. Nicht weniger interessant sind speziellere Fragen, wie etwa, ob in Gesetzen für die Amtsbezeichnung das generische Maskulinum oder sog. »Paarformeln« zu verwenden sind[42] oder wie sich moderne Software nutzbringend bei der Gesetzeserstellung anwenden lässt[43]. Jedoch sind sie nicht landes- oder gar sparkassenrechtsspezifisch.[44] Sie bauen nicht auf den soeben zur Analyse der Gesetzestexte gesteckten Zielen auf.

C. Gang der Untersuchung

Die formulierten Ziele sollen durch folgende Vorgehensweise erreicht werden: Zunächst erfolgt eine Definition des Untersuchungsgegenstands »Sparkassenrecht« und eine knappe Darstellung von Normen anderer Rechtsgebiete, die das Sparkassenrecht beeinflussen können (§ 2). Daran schließen sich ein Überblick über die historische Entwicklung des Sparkassenwesens bis 1949 (§ 3) und eine allgemeine Vorstellung der Sparkassengesetze ab 1949 (§ 4) an. Im zweiten Teil werden dann einzelne Regelungsbereiche des Sparkassenrechts näher untersucht. Aufmerksamkeit erfahren solche Bereiche, deren Veränderung von Relevanz für das Untersuchungsziel ist. Soweit zielführend, werden zunächst kurz die zu regelnde Materie

---

41 Maßstäbe hierfür finden sich in: *Bundesministerium der Justiz,* Handbuch der Rechtsförmlichkeit und *Schneider,* Gesetzgebung, S. 205 bis 402. Vgl. außerdem *Eichhoff-Cyrus,* Verständlichkeit als Bürgerrecht?, zur Frage, ob und wie Gesetze verständlicher verfasst werden können und sollen und *Becker/Klein,* Recht verstehen, zur Verständlichkeit von Versicherungsverträgen für Laien und Juristen. Das Bundesjustizministerium lässt sich seit 2007 von sechs Experten der Gesellschaft für Deutsche Sprache beraten, die für eine verständlichere Formulierung von Gesetzestexten Sorge tragen sollen. Seit April 2009 werden sie durch zwei hauseigene Sprachexperten verstärkt (*O. V.,* NJW 14/2009, XII (»Sprachwissenschaftler beim Bundesjustizministerium sorgen für verständlichere Gesetze«) und *Erhardt,* Handelsblatt vom 29.04.2009, Nr. 82, S. 9 (»Die dunkle Sprache der Gesetze«)).

42 Lesenswert und m. w. N. *Foth,* JR 2007, 410. Beachte insb. das als unvollständig kritisierte Beispiel zu Art. 69 Abs. 3 GG *aaO,* (411), Fn. 28. Der Gesetzgeber des Landes Nordrhein-Westfalen bezeichnet die Verwendung des generischen Maskulinums statt Paarformeln in der amtlichen Vorbemerkung zum SpkG NW 2008 ausdrücklich als den »gängigen Sprachgebrauch«. Er weist darauf hin, dass auch weibliche Amtswalter (oder muss es »Amtswalterinnen« heißen?) von den Bezeichnungen erfasst werden (eine sich nicht zuletzt aus Art. 3 GG ergebende Selbstverständlichkeit) und bittet um Verständnis.

43 Hierzu *Strauss,* ZG 1/2009, 86.

44 Gleichwohl finden sich auch im neuen SpkG NRW 2008 sprachliche Ungenauigkeiten und Fehler, vgl. die kritische Stellungnahme zum Referentenentwurf von *Oebbecke* (Stellungnahme 14/2081).

und die widerstreitenden Interessen benannt. Anschließend erfolgt eine Darstellung der gesetzlichen Regelungen in ihren aktuellen und aufgehobenen Fassungen, wobei entsprechend den obigen Ausführungen[45] nicht jedes Detail Beachtung findet. Dies gilt insbesondere für das Geschäftsrecht.[46] Zum Schluss wird ein Ausblick gewagt, soweit eine belastbare Aussage möglich ist. Strittige Einzelfragen werden dargestellt. Eine Streitentscheidung erfolgt jedoch zumeist nicht, weil in einer systematisch darstellenden Arbeit wie der vorliegenden die einzelnen Ausführungen regelmäßig nicht aufeinander aufbauen und eine Entscheidung dementsprechend zumeist dahinstehen kann.

Alle im zweiten Teil behandelten Regelungsbereiche erfahren grundsätzlich die gleiche Aufmerksamkeit. Eine Schwerpunktsetzung unter den ausgewählten Bereichen – etwa auf diejenigen, die im SpkG NRW 2008 eine Änderung erfahren haben – findet somit nicht statt. Denn zum einen beeinflussen sich die einzelnen Bereiche gegenseitig, so dass aktuelle Änderungen Auswirkungen auf Bereiche haben können, die länger unangetastet geblieben sind. Die aktuell einem Wandel unterliegenden Bestimmungen zur Trägerschaft etwa sind stets im Zusammenhang mit den in letzter Zeit wenig geänderten Normen zu den Organen zu sehen, denn die Trägerschaft ist unter Steuerungsgesichtspunkten nur so wertvoll, wie die Möglichkeit der Einflussnahme mittels der Organe groß ist.[47] Zum anderen ist nicht absehbar, in welchem Bereich die Gesetzgeber in der Zukunft Handlungsbedarf sehen werden und man die vorliegende systematische Darstellung zu Rate ziehen wird.

---

45 Siehe oben S. 5 ff.

46 Siehe zum Grund dieser Einschränkung unten S. 17 ff.

47 So für das SpkG NRW 1958 auch *Völling,* Sparkassenrat, S. 47, der auf die beträchtlichen Einflussmöglichkeiten des Trägers auf die Sparkasse durch die unmittelbare Besetzung des Sparkassenrats (heutige Bezeichnung: Verwaltungsrat) und die mittelbare Besetzung des Vorstands hinweist. Noch plakativer bei *Clausen,* Einfluß der Gemeinde, S. 59, 106, der vermutet, der Sparkassenrat fühle sich subjektiv als Organ der Gemeinde und sei daher als verlängerter Arm der Gemeinde zu sehen. Den Zusammenhang erkennt man ferner daran, dass ein Großteil seiner Schrift zum Einfluss des Trägers auf die Sparkasse aus Ausführungen zu den Organen der Sparkasse besteht, vgl. *aaO.,* S. 10 ff.

§ 2 Das Sparkassenrecht und seine Beeinflussung durch andere Rechtsgebiete

Es folgt eine Festlegung des Untersuchungsgegenstands (A.) und eine Darstellung, inwiefern andere Rechtsgebiete Einfluss auf das Sparkassenrecht nehmen (B. und C.).

A. Gegenstand der Untersuchung

Der Gegenstand der vorliegenden Untersuchung ist das »Sparkassenrecht der Länder«. Um diesen zuvor mehrfach gebrauchten Begriff näher zu bestimmen, muss zunächst festgelegt werden, in welchem Umfang die Länder die Kompetenz zur Gesetzgebung hinsichtlich der Sparkassen haben (I.). Anschließend ist in Ansehung der tatsächlichen Nutzung dieser Gesetzgebungskompetenz durch die Länder festzulegen, was im Rahmen dieser Arbeit unter Sparkassenrecht zu verstehen ist (II. und III.).

I. Landeskompetenz vs. Bundeskompetenz

Grundsätzlich liegt aus rechtstechnischer Sicht die Kompetenz zur Gesetzgebung gem. Art. 70 Abs. 1 GG[48] bei den Ländern, soweit dem Bund nicht einzelne Gesetzgebungsbefugnisse zugewiesen sind (sog. Residualkompetenz)[49].[50] Gleichwohl liegt das faktische Schwergewicht der Gesetzgebung in Fülle und Bedeutung beim Bund.[51]

---

48 Grundgesetz für die Bundesrepublik Deutschland vom 23.05.1949 (BGBl. I S. 1), zuletzt geändert durch Gesetz vom 29.07.2009 (BGBl. I S. 2248).

49 *Stettner,* in: Dreier (Hrsg.), Grundgesetz, Bd. II, Art. 70, Rn. 39.

50 Von einer Zuständigkeitsvermutung zugunsten der Länder geht noch weitergehend das *BVerfG,* Urt. v. 09.07.1969 – 2 BvL 25/64, 2 BvL 26/64 –, in: BVerfGE 26, 281 (297) aus; anders m. w. N. *Degenhart,* in: Sachs, Grundgesetz, Art. 70, Rn. 1, der annimmt, dass die Kompetenzen sich nahtlos aneinander anschließen.

51 *Isensee,* in: Isensee/Kirchhof, Handbuch des Staatsrechts, Bd. IV, § 98, Rn. 198 ff.; *Pieroth,* in: Jarass/Pieroth, Grundgesetz, Art. 70, Rn. 1. *Nawiasky,* Grundgedanken des Grundgesetzes, S. 38, erkannte dies bereits kurz nach dem Inkrafttreten des Grundgesetzes. Siehe ferner die detaillierten Ausführungen von *Liechtenstern,* Gesetzgebung im Spannungsverhältnis, S. 32 ff.

1. Recht der Wirtschaft

Dem Bund ist die konkurrierende Gesetzgebungskompetenz für das Bankwesen als Teil des Rechts der Wirtschaft übertragen.[52] Es herrscht zwar keine Einigkeit darüber, ob der Begriff »Wirtschaft« weit auszulegen ist[53] und daran anschließend, ob die Aufzählung in der Klammer abschließend zu verstehen ist oder ob sie nur eine beispielhafte Aufzählung enthält[54]. Dies macht jedoch für die Frage der Gesetzgebungskompetenz hinsichtlich des Sparkassenrechts keinen Unterschied, da einstimmig davon ausgegangen wird, dass die Antwort ausschließlich in dem Begriff »Bankwesen« und nicht in dem Begriff »Wirtschaft« zu suchen ist. Ebenso wenig sind Ausführungen im Schrifttum dazu ersichtlich, ob die Regelung des Art. 72 Abs. 2 GG den Bund bei der Gesetzgebung zu den Sparkassen beschränkt. Dies gilt sowohl für die alte Bedürfnisklausel als auch – überraschender – für die neue[55], engere Erforderlichkeitsklausel.[56] Es kann nur vermutet

---

52 Art. 30, 70 Abs. 2, 72 Abs. 1, 74 Abs. 1 Nr. 11 GG. Siehe zur Geschichte dieses Kompetenztitels *Stettner,* in: Dreier (Hrsg.), Grundgesetz, Bd. II, Art. 74, Rn. 54 ff., und *Schmidt,* in: FS Bärmann, S. 837 (843 f.), sowie allgemein *Maunz,* in Maunz/Dürig, Grundgesetz, Bd. 5, Art. 74, Rn. 130 ff.

53 Für eine weite Auslegung des Kompetenztitels die ständige Rechtsprechung: *BVerfG,* Urt. v. 20.07.1954 – 1 BvR 459/52 – »Investitionshilfe«, in: BVerfGE 4, 7 (13); *BVerfG,* Urt. v. 30.05.1956 – 1 BvF 3/53 – »Apothekenerrichtung«, in BVerfGE 5, 25 (29); *BVerfG,* Beschl. v. 12.11.1958 – 2 BvL 4/56 u. a. – »Preisgesetz«, in BVerfGE 8, 274 (294); *BVerfG,* Urt. v. 25.06.1969 – 2 BvR 128/66 – »Ingenieurgesetz«, in: BVerfGE 26, 246 (254), und *BVerwG,* Urt. v. 04.10.1994 – 1 C 13/93 –, in BVerwGE 97, 12 (14 ff.). Kritisch *Kunig,* JR 1986, 491 m. w. N., und *Oeter,* in: von Mangoldt/Starck, Grundgesetz, Bd. 2, Art. 74, Rn. 83 ff.

54 Unentschieden *BVerfG,* Beschl. v. 12.12.1984 – 1 BvR 1249/83 u. a. – »ärztliche Gebührenordnung«, in: BVerfGE, 68, 319 (331). Für eine beispielhafte Aufzählung (zumeist mit Verweis auf die Urteile des BVerfG aus Fn. 53): *Stettner,* in Dreier (Hrsg.), Grundgesetz, Bd. 2, Art. 74, Rn. 56 m. w. N.; *Gieseke,* DÖV 1956, 682 (683); *Katzenstein,* DÖV 1958, 593 (595). Für eine abschließende Aufzählung: *Maunz,* in Maunz/Dürig, Grundgesetz, Bd. 5, Art. 74, Rn. 135 m. w. N. (Stand der Kommentierung: 23. Ergänzungslieferung), und insbesondere *Impelmann,* Abgrenzung der Gesetzgebungskompetenzen, S. 46 ff., der die Urteile des BVerfG kritisch analysiert und zu dem Ergebnis kommt, dass sie die Aufzählung keinesfalls gänzlich und pauschal als beispielhaft klassifizieren.

55 Art. 72 Abs. 2 GG wurde insofern geändert durch Art. 1 des Gesetzes v. 27.10.1994, BGBl. I S. 3146.

56 Näher zur Bedürfnisklausel und dem durch sie festgelegten gesetzgeberischen, nicht justiziablen Ermessen *BVerfG,* B. v. 22.04.1953 – 1 BvL 18/52 – »Straffreiheitsgesetz«, in: BVerfGE 2, 213 (224); *Achterberg,* DVBl. 1967, 213 (213 ff.); *Gruson,* Die Bedürfniskompetenz, m. w. N. Zur justiziablen Erforderlichkeitsklausel siehe *Brenner,* JuS 2003, 852 (852 ff.) und *Jochum,* NJW 2003, 28 (29 f.). Zur Entwicklung vom Bedürfnis zur Erforderlichkeit siehe *Stettner,* in: Dreier (Hrsg.), Grundgesetz, Band 2, Art. 72, Rn. 14 ff.

werden, dass einhellig davon ausgegangen wird, dass die dem Bund zufallenden Regelungsbereiche zu den Sparkassen allesamt den Erfordernissen des Art. 72 Abs. 2 GG genügen, und zwar unabhängig davon, wo die einzelnen Ansichten die Trennlinie zur Landeskompetenz ziehen wollen[57]. Wenig überzeugend ist es allerdings, diese Ansicht auf die Wahrung der Rechtseinheit zu stützen,[58] denn es ist nicht ersichtlich, dass dem Sparkassenrecht eine vom *BVerfG*[59] geforderte nicht hinnehmbare Rechtszersplitterung mit problematischen Folgen droht. Überzeugender ist es, die Wahrung der Wirtschaftseinheit, also die Erhaltung der Funktionsfähigkeit des Wirtschaftsraums der Bundesrepublik,[60] als bedroht anzusehen, da die Sparkassen – wie alle Banken – einen großen Einfluss auf die Volkswirtschaft haben.

2. Das »Bankwesen«

Sobald und soweit der Bund also das Bankwesen betreffende Regelungen erlässt, entfällt die Gesetzgebungskompetenz der Länder. Entscheidend ist daher, ob und – wenn ja – wie weit der Begriff »Bankwesen« Sachverhalte mit Sparkassenbezug erfasst.[61] Denn soweit dies der Fall ist, könnte der Bundesgesetzgeber die bestehenden Sparkassengesetze der Länder – und somit gleichsam den Untersuchungsgegenstand dieser Arbeit – aufheben.[62] Dem Urteil des *BVerfG*[63] zum Kreditwesengesetz 1961[64], in welchem die Wiedereinführung einer zentralen Bankenaufsicht auch über die Sparkassen

---

57 Hierzu sogleich unten.

58 *Schlierbach/Püttner*, Sparkassenrecht, 5. Aufl., S. 33; *Hoffmann*, Sparkasse 1961, 246, und *Sprengel*, Sparkasse 1961, 111, weisen gleichwohl in anderem Zusammenhang auf diese Gefahr hin und verlangen eine freiwillige Koordinierung der Länder, um eine dem Sparkassenwesen dienliche Rechtseinheit zu sichern. Dass dieser Wunsch nicht vollumfänglich erfüllt wurde und wird, wird im zweiten Teil dieser Arbeit dargelegt.

59 *BVerfG*, Urt. v. 24.10.2002 – 2 BvF 1/01 – »Altenpflegegesetz«, in: BVerfGE 106, 62 (145 f.).

60 *BVerfG*, Urt. v. 24.10.2002 – 2 BvF 1/01 – »Altenpflegegesetz«, in: BVerfGE 106, 62 (146 f.).

61 Die ersichtlich ausführlichste Untersuchung hierzu liefert *Impelmann*, Abgrenzung der Gesetzgebungskompetenzen, S. 38 ff.

62 Vgl. Art. 31 GG.

63 *BVerfG*, Urt. v. 24.07.1962 – 2 BvF 4/61 u. a. – »Kreditwesen«, in: BVerfGE 14, 197.

64 BGBl. I. S. 881.

geregelt wurde, kommt insofern keine Gesetzeskraft gem. § 31 Abs. 2 S. 1 BVerfGG[65] zu.[66]

Die Auslegung des Begriffs »Bankwesen« wurde in den ersten Jahrzehnten nach der Republikgründung intensiv diskutiert. Es ist aber seit längerer Zeit Ruhe eingekehrt und *Impelmann* sowie *Ossenbühl* und *Löwer* bezeichnen die Diskussion zu Recht als »Scheinkontroverse«.[67] Zwar gab es erste Stimmen zu diesem Thema, die eine weitgehende Kompetenz des Bundes zum Erlass eines Bundessparkassengesetzes mit Regelungen zur Organisation und zum Geschäftsrecht befürworteten.[68] Sie lassen sich aber zum einen wegen des Bundesstaatsprinzips nicht halten, nach welchem es den Ländern zusteht, die Organisation ihrer Verwaltung selbst zu regeln. Denn die Länder besitzen eigene Staatsqualität und damit ipso iure die Befugnis, den Aufbau ihrer eigenen Verwaltung zu bestimmen.[69] Hierzu gehören auch die Sparkassen.[70] Insbesondere die immer wieder geforderte materielle Privatisierung der Sparkassen fällt in die Kompetenz der Länder, denn sie haben die »Privatisierungsautonomie«[71] hinsichtlich der Organisation ihrer

65 Bundesverfassungsgerichtsgesetz i. d. F. d. Bek. v. 11.08.1993 (BGBl. I S. 1473), zuletzt geändert durch Art. 2 des Gesetzes vom 01.12.2009 (BGBl. I S. 3822).

66 Das BVerfG spricht in seiner Entscheidung die Gesetzgebungsbefugnisse hinsichtlich der Sparkassen nicht an. Dementsprechend hat das Urteil insofern auch keine Gesetzeskraft. Hierzu ausführlich *Impelmann,* Abgrenzung der Gesetzgebungskompetenzen, S. 55 ff., und allgemeiner *Sachs,* Bindung der Bundesverfassungsgerichts, S. 329 f., jeweils m. w. N.

67 *Impelmann,* Abgrenzung der Gesetzgebungskompetenzen, S. 51 und 88; *Ossenbühl/Löwer,* Verfassungsmäßigkeit der Eigenkapitalregelung, S. 68, zitiert nach *Impelmann,* aaO. (Das Gutachten von *Ossenbühl/Löwer* ist ersichtlich nur in der Bibliothek des BVerfG vorhanden).

68 *Sprengel,* DÖV 1952, 69 (72) = Sparkasse 1952, 99 und Sparkasse 1961, 111; *Kalkstein,* Sparkasse 1958, 55; *Huber,* Wirtschaftsverwaltungsrecht, Bd. 1, S. 157 f.; *Twiehaus,* öffentlich-rechtliche Kreditinstitute, S. 9. Ferner sprachen sich zu Beginn der Republik drei Bundesminister für eine möglichst weitreichende Bundeskompetenz aus, vgl. die Schreiben des Bundesministers der Finanzen vom 28.05.1951, des Bundesministers der Justiz vom 23.07.1951 und des Bundesministers des Innern vom 08.07.1951, zusammen abgedruckt in: *Arbeitsgemeinschaft Deutscher Sparkassen- und Giroverbände und Girozentralen e. V.,* Materialien zur Erneuerung des Sparkassenrechts, S. 139 ff.

69 *Burgi,* in: Erichsen/Ehlers, Allgemeines Verwaltungsrecht, § 7 Rn. 2 ff.; *Stern,* Staatsrecht, Bd. 1, S. 824; *Hecker,* VerwArch 2001, 261 (271).

70 *Impelmann,* Abgrenzung der Gesetzgebungskompetenzen, S. 52.

71 *Hecker,* VerwArch 2001, 261 (272).

Verwaltung.[72] Zum anderen ist das Sparkassenorganisationsrecht Teil des Kommunalverfassungsrechts,[73] in welchem die Organisation der kommunalen Selbstverwaltungskörperschaften geregelt wird. Da das Kommunalverfassungsrecht unstreitig der Gesetzgebungskompetenz der Länder untersteht, gehört folglich auch das Sparkassenorganisationsrecht zu dieser Kompetenz. Ferner ist die Realität über diese Ansichten hinweggegangen, denn es gab nie ein Bundessparkassengesetz.[74]

Die übrigen Ansichten liegen sehr nah beieinander.[75] Es herrscht mittlerweile Einigkeit darüber, dass eine Zweiteilung der Kompetenz vorzunehmen ist. Mit unterschiedlicher Terminologie[76] wird in der Sache einheitlich dem Bund die Kompetenz für das *Geschäftsrecht* (auch: materielles Sparkassenrecht) der spar- und kreditwirtschaftlichen Leistungen (wie sie auch von Genossenschaftsbanken und Privatbanken erbracht werden) sowie für wichtige organisatorische Grundfragen zugesprochen[77].[78] Die bundesgesetzli-

---

72 Dies räumen teilweise auch die erwähnten Bundesminister ein, vgl. *Arbeitsgemeinschaft Deutscher Sparkassen- und Giroverbände und Girozentralen e. V.*, Materialien zur Erneuerung des Sparkassenrechts, Schreiben des Bundesministers der Justiz vom 23.07.1951 (S. 142) und vom 01.12.1951 (S. 145) und des Bundesministers des Innern vom 08.07.1951 (S. 143).

73 *Klein,* Sparkassenwesen in Deutschland und Frankreich, S. 118 f.; *Schlierbach/Püttner,* Sparkassenrecht, 5. Aufl., S. 30.

74 *Schmidt,* in: FS Bärmann, S. 837 (837).

75 Es sei erneut auf die Darstellung von *Impelmann,* Abgrenzung der Gesetzgebungskompetenzen, S. 38 ff., hingewiesen. Eine gute Zusammenfassung über das Schrifttum bis 1975 liefert außerdem *Schmidt,* in: FS Bärmann, S. 837 ff.

76 Die Regelung des Sparkassenwesens in Bezug auf das Kreditwesen wollen dem Bund zusprechen *Clausen,* Einfluß der Gemeinde, S. 64, und *Huber,* Wirtschaftsverwaltungsrecht, Bd. 1, S. 157. Der Bund soll das Recht der spar- und kreditwirtschaftlichen Leistungen regeln dürfen laut *Gönnenwein,* Gemeinderecht, S. 493; *Schmidt,* in: FS Bärmann, S. 837 (844), der allerdings *aaO.,* (855), darauf hinweist, dass in Einzelfällen kraft Sachzusammenhangs Verschiebungen der Grenze möglich seien, und *Peters,* ÖTV-Presse 1952, 256. Allgemein *Haller,* Entwicklung und Wesen der Staatsaufsicht, S. 121; *Igelspacher,* Bundeszuständigkeit im kommunalen Sparkassenwesen, S. 63 ff.; *Püttner,* Die öffentlichen Unternehmen, S. 153 f.; *Kirchhof,* Rechtspflicht zur Übertragung von Zweigstellen, S. 6 f., und *Klein,* Sparkassenwesen in Deutschland und Frankreich, S. 118 f.

77 So etwa die Pflicht gem. § 33 Abs. 1 Nr. 5 KWG, unter bestimmten Voraussetzungen zwei Geschäftsleiter zu haben, vgl. *Schmidt,* in: FS Bärmann, S. 837 (853).

78 Aus dem in der Praxis insbesondere relevanten wirtschaftsrechtlichen Bereich der Bundesgesetzgebung seien neben dem *KWG* genannt: das *HGB* (Handelsgesetzbuch vom 10.05.1897 [RGBl. S. 219], zuletzt geändert durch Art. 6a des Gesetzes vom 31.07.2009 [BGBl. I S. 2512]); das *BBankG* (Gesetz über die Deutsche Bundesbank i. d. F. d. Bek. v. 22.10.1992 [BGBl. I S. 1782], zuletzt geändert durch Art. 12 des Gesetzes vom 05.02.2009 [BGBl. I S. 160]); das *UWG* (Gesetz gegen den unlauteren Wettbewerb i. d. F. d. Bek. v. 03.07.2004 [BGBl. I S. 1414], zuletzt geändert

chen Regelungen zum Geschäftsrecht stellen allerdings nur einen »Mindeststandard«[79] dar, den die Länder gem. § 62 Abs. 1 S. 2 KWG verschärfen dürfen. Den Ländern wird demgegenüber die *Regelung der Organisation* (auch: formelles Sparkassenrecht) der öffentlich-rechtlichen Sparkassen[80] zugestanden.[81] Diese Kompetenz ergibt sich nicht etwa aus der Untätigkeit des Bundes auf diesem Gebiet – dann könnte der Bund sie jederzeit beschneiden –, sondern stellt sich als originäre Kompetenz der Länder dar.[82] Trotz dieser in der Theorie eindeutigen Festlegung ist eine Abgrenzung der Kompetenzen im Einzelfall zumindest nicht so eindeutig, dass es nicht zu bis vor die Gerichte getragenen Streitigkeiten käme.[83]

Es sei noch auf die Sonderrolle derjenigen Regelungsbereiche hingewiesen, die von der bereits anfangs angesprochenen 3. Reichsnotverordnung[84] erfasst werden. Sofern sie fortgilt, wird vertreten, dass sie dies in der Eigenschaft als Bundesrecht tue und daher alleine der Bund Änderungen in den entsprechenden Bereichen vornehmen dürfe, und zwar unabhängig davon, ob es sich um Organisations- oder Geschäftsrecht handele.[85] Andere sprechen sich für eine Fortgeltung als Landesrecht und somit eine Gesetz-

---

durch Art. 2 des Gesetzes vom 29.07.2009 [BGBl. I S. 2413]) und das *GWB* (Gesetz gegen Wettbewerbsbeschränkungen i. d. F. d. Bek. v. 15.07.2005 [GVBl. I S. 2114], zuletzt geändert durch Art. 13 Abs. 21 des Gesetzes vom 25.05.2009 [BGBl. I S. 1102]). Vom letztgenannten GWB sind insbesondere die Vorschriften über die Zusammenschlusskontrolle (§§ 35 ff. GWB) relevant, siehe hierzu *Bosse,* Zusammenschluss von Sparkassen, S. 206 ff., und *Niggemeyer,* Sparkassenfusionen, S. 101 ff.

79 *Schlierbach/Püttner,* Sparkassenrecht, 5. Aufl., S. 33 und 73.

80 Aber nicht der freien Sparkassen, vgl. *BVerwG,* Urt. v. 14.02.1984 – 1 C 81/78 –, in: BVerwGE 69, 11 und zuletzt *VGH He,* Urt. v. 13.07.1989 – 6 UE 2124/85 –, in: EWiR 1989, 1215 = WM 1989, 1463. Diese Frage wird insbesondere bei der Genehmigung der Errichtung von Zweigstellen relevant, siehe unten S. 117 f.

81 Belege wie Fn. 76.

82 *Impelmann,* Abgrenzung der Gesetzgebungskompetenzen, S. 52.

83 So etwa zu der Frage, ob der nordrhein-westfälische Landesgesetzgeber im Hinblick auf die derzeitige Regelung des § 285 Nr. 9 lit. a HGB die Sparkassen mittels § 19 Abs. 5 SpkG NW 2008 dazu zwingen durfte, die Bezüge der einzelnen Vorstandsmitglieder im Geschäftsbericht auszuweisen. Siehe hierzu näher unten S. 136.

84 Teil 5, Kapitel 1 der Dritten Notverordnung des Reichspräsidenten zur Sicherung von Wirtschaft und Finanzen und zur Bekämpfung politischer Ausschreitungen (vom 06.10.1931, RGBl. 1931, 537 [554 ff.]).

85 Für die Gewährträgerhaftung: *Schlierbach/Püttner,* Sparkassenrecht, 5. Aufl., S. 32.

gebungskompetenz der Länder aus, weil die Voraussetzungen des Art. 125 GG (welcher die Fortgeltung als Bundesrecht regelt) nicht vorlägen.[86]

Eine detailliertere Auffächerung der Gesetzgebungskompetenzen, etwa hinsichtlich der einzelnen Regelungsbereiche, ist nicht angezeigt. Sie wäre dem Ziel dieser Arbeit nur dann dienlich, wenn der Bund durch gesetzgeberische Aktivitäten versuchte, die Landessparkassengesetze (in Teilen) zu Fall zu bringen. Für die alten, außer Kraft getretenen Fassungen der Sparkassengesetze ist dies aber ohnehin nicht möglich. Für die aktuellen Fassungen ist über ein solches Vorhaben nichts bekannt.[87]

II. Definition des Sparkassenrechts

Schlierbach/Püttner definieren das Sparkassenrecht als »die Summe aller öffentlich-rechtlichen Normen, die die Stellung der Sparkassen im Staat und in der Gesellschaft regeln und die der Wahrung der Rechtsgüter der einzelnen Personen auf dem Gebiet des Geld- und Kreditwesens unter sozialen Gesichtspunkten dienen. [...] (Es) ist [...] Landes[...]recht.«[88] Dieser Ansatz überzeugt nicht. Es ist bereits fraglich, ob ein Recht, dass die »Stellung der Sparkassen [...] in der Gesellschaft« regelt, nicht dem Zivilrecht zuzuordnen ist. Ferner wird die interne Organisation der Sparkassen nicht hinreichend erwähnt. Außerdem ist der letzte Teil (ab »und die der Wahrung[...]«) zu unbestimmt formuliert. Wenn man schließlich das zweite »und« nicht im alternativen, sondern im kumulativen Sinn versteht, stößt man auf die größte Unstimmigkeit. Dann nämlich müsste jede einzelne Norm, die unter das Sparkassenrecht fallen soll, der Wahrung eines subjektiven Rechts dienen. Es gibt kein Gesetz, dessen sämtliche Normen ausnahmslos diese Voraussetzung erfüllen.

Nach den Ausführungen zur Gesetzgebungskompetenz lässt sich festhalten, dass das Sparkassenrecht im engeren Sinne – also das Sparkassenorganisationsrecht und dasjenige Geschäftsrecht, dass über die Regelungen des KWG im Sinne des § 62 Abs. 1 S. 2 KWG hinausgeht – Landesrecht ist.

86 Für die Gewährträgerhaftung: *BVerwG,* Urt. v. 18.12.1986 – 3 C 39/81 –, in: BVerwGE 75, 292 (299 f.). Für die Personalkredithöchstgrenze: *DSGV e. V.,* Gutachten vom 13.07.1970, Az. 4001, zitiert nach *Schmidt,* in: FS Bärmann, S. 837 (841), und *Schmidt,* aaO., selbst.

87 Siehe zu möglichen Kompetenzkonflikten und ihrer Beilegung die Ausführungen von *Impelmann,* Abgrenzung der Gesetzgebungskompetenzen, S. 85 ff.

88 *Schlierbach/Püttner,* Sparkassenrecht, 5. Aufl., S. 21.

Als Teil des Kommunalverfassungsrechts gehört es dem öffentlichen Recht an. Es regelt zum einen die externe Stellung der Sparkassen innerhalb der Landesverwaltung und gegenüber ihrem Träger[89] und zum anderen die interne Organisation der Sparkassen[90]. In geschäftsrechtlicher Hinsicht ist es Sonderrecht gegenüber dem Recht des Kreditwesens des Bundes.[91] Ferner ist es Sonderrecht gegenüber dem allgemeinen Kommunalverfassungsrecht.[92] Das Sparkassenrecht lässt sich somit als die Summe aller landesrechtlichen öffentlich-rechtlichen Normen definieren, die die Stellung der Sparkassen im Staat bzw. ihre Organisation regeln und/oder die das Geschäftsrecht des Bundes hinsichtlich der Sparkassen verschärfen.

Namentlich gehören zum Sparkassenrecht in erster Linie die Sparkassengesetze[93] und die Sparkassenverordnungen[94] der Länder. Ferner sei auf die Mustersatzungen hingewiesen.[95] Zwar haben sie – anders als die Sparkassenverordnungen – keine materielle Gesetzeskraft,[96] folglich de iure keine Bindungswirkung für die Träger und gehören somit streng genommen nicht zum Sparkassenrecht. Ihnen kommt bzw. kam jedoch mittelbar dann eine faktische Gesetzeskraft zu, wenn eine Abweichung der einzelnen Sparkasse von der Mustersatzung der Genehmigung der Aufsichtsbehörde bedarf bzw.

89 Etwa die Rechtsform der Sparkassen, welche üblicherweise die der Anstalt des öffentlichen Rechts ist (näher unten S. 62 f.), die Aufsicht von Landesbehörden über die Sparkassen (näher unten S. 143 f.) oder die Gewinnausschüttung an den Träger (näher unten S. 109 ff.).

90 Sei es intrainstitutionell wie etwa die Vorschriften über die Organe (näher unten S. 126 ff.) oder interinstitutionell wie die Regelungen über die Zweigstellenerrichtung (näher unten S. 117 f.).

91 Vgl. erneut § 62 Abs. 1 S. 2 KWG. Als Beispiel sei die Verpflichtung zur Einlagenannahme und Führung eines Girokontos genannt (näher unten S. 111 f.).

92 Vgl. für NW § 107 Abs. 7 GO NW (Gemeindeordnung für das Land Nordrhein-Westfalen i. d. F. d. Bek. v. 14.07.1994 [GVBl. S. 666], zuletzt geändert durch Art. 4 des Gesetzes vom 17.12.2009 [GVBl. S. 950]). Zur Heranziehung des Kommunalrechts zur Auslegung des Sparkassenrechts siehe unten S. 26 ff.

93 Wobei die Bezeichnungen in den Ländern teilweise abweichen. Das SpkG Sachs 2007 etwa firmiert offiziell als 1. Teil des Gesetzes über die öffentlich-rechtlichen Kreditinstitute im Freistaat Sachsen und die Sachsen-Finanzgruppe. Siehe zu den genauen Bezeichnungen der einzelnen Gesetze die Tabellen im Anhang.

94 Wobei in mehreren Ländern keine Sparkassenverordnung (mehr) besteht. Siehe hierzu im einzelnen unten S. 37 ff. und S. 56 ff.

95 Siehe allgemein zu den Mustersatzungen und den Vorschriften zur Satzungsgebung der Sparkassen unten S. 122 ff.

96 *Schink,* ZG 1986, 33 (33 f.); *Schlierbach/Püttner,* Sparkassenrecht, 5. Aufl., S. 240.

bedurfte.[97] Verstärkt wird dieser Effekt dann, wenn der Träger das Risiko der Abweichung von der Mustersatzung scheut. Grund hierfür ist insbesondere mangelnder Sachverstand gerade in kleineren Verwaltungen, gepaart mit der relativ großen Gerichtsfestigkeit von auf Mustersatzungen beruhenden Satzungen.[98]

III. Definition des Untersuchungsgegenstands

Untersuchungsgegenstand dieser Arbeit soll aber nicht das gesamte Sparkassenrecht in diesem Sinne sein. Es wird nur das in der Bundesrepublik Deutschland erlassene Sparkassenrecht betrachtet. Die Untersuchung erfasst also das in den alten Bundesländern seit dem 23.05.1949 und das in den neuen Bundesländern seit der Wiedervereinigung erlassene Sparkassenrecht.[99]

Ausführungen zum Geschäftsrecht, welches traditionell eher in den Sparkassenverordnungen oder Mustersatzungen geregelt wurde bzw. wird, beschränken sich auf Erwähnungen am Rande der übrigen Inhalte der Arbeit.[100] Der Grund hierfür ist allerdings nicht, dass die Änderungen des Geschäftsrechts nicht besonderes Aufsehen erregen, weil sie das Bisherige fortschreiben[101]. Vielmehr gingen Untersuchungen hierzu stark in die bankrechtliche Richtung. Außerdem wäre eine intensive Untersuchung der mitunter sehr differenziert angelegten Formulierungen sehr umfangreich. Gleichzeitig hätten sie für die heutige Rechtslage wenig Relevanz, weil die enumerative Aufzählung der zugelassenen Geschäfte zunehmend zurückgeht oder bereits gänzlich aufgegeben wurde[102]. Ob sich diese Entwicklung fortsetzen wird,

---

97 *Stern/Burmeister,* Die kommunalen Sparkassen, S. 92, sprechen von einer Nähe zu »oktroyierten Satzung(en)«. Siehe näher zu den Mustersatzungen und den Genehmigungserfordernissen unten S. 123 ff.

98 *Schink,* ZG 1986, 33 (50 ff.).

99 Siehe aber kurz zur Entwicklung in der DDR und allgemein vor 1945 unten S. 30 ff. und S. 54 ff.

100 Siehe insb. unten S. 111 f.

101 So *Horbach,* Sparkasse 1982, 422 (422).

102 *Schlierbach/Püttner,* Sparkassenrecht, 5. Aufl., S. 125. Vgl. § 6 Abs. 3 SpkG BW 2008, § 3 Abs. 1 SpkG Saar 2006, § 4 Abs. 3 S. 1 SpkG Nds 2008, § 2 Abs. 4 SpkG NRW 2008 und § 2 Abs. 5 SpkG RP 2008. In Nordrhein-Westfalen wurde aufgrund der starken Deregulierung die Sparkassenverordnung sogar ganz abgeschafft. Die verbliebenen Regelungen wurden, je nach Wichtigkeit, in das Sparkassengesetz übernommen oder in Verwaltungsvorschriften eingearbeitet, vgl. die allgemeine Begründung des Referentenentwurfs zum SpkG NRW 2008, Drs. 14/6831.

steht mittlerweile nicht mehr ganz außer Zweifel. Aufgrund der aktuellen Finanzkrise, in welcher sich auch Sparkassen bzw. durch sie beratene Anleger verspekuliert haben,[103] könnten sich neben dem Bundesgesetzgeber auch die Landesgesetzgeber zu einem Umdenken veranlasst sehen. Dennoch ist es vereinfacht gesagt so, dass die Sparkassen zwar ohne ihr Geschäftsrecht, aber nicht ohne ihr Organisationsrecht existieren können. Die Aufmerksamkeit wird somit in erster Linie den Sparkassengesetzen gewidmet.

Eine weitere Einschränkung wird hinsichtlich des Rechts der Organe gemacht. Die Entwicklung und die Unterschiede der Landesgesetze bis zur letzten Jahrhundertwende wurden bereits von anderer Seite detailliert beschrieben.[104] Die Ausführungen in dieser Arbeit beschränken sich daher auf die neuesten sowie auf solche Entwicklungen, die für das gesamte Sparkassenwesen von entscheidender Wichtigkeit waren oder zur Erreichung des Erkenntnisziels besonders geeignet sind.[105]

B. Höherrangiges Recht als Grenze des Sparkassenrechts

Die Landesgesetzgeber haben bei der Ausgestaltung ihrer Sparkassengesetze nicht nur die formelle Grenze der Gesetzgebungskompetenz zu beachten. Sie müssen auch die materiellen Grenzen beachten, die ihnen von höherrangigen Rechtsvorschriften gesetzt werden.

I. Gemeinschaftsrecht

Grundvoraussetzung der Anwendung des Gemeinschaftsrechts[106] ist, dass der zu analysierende Sachverhalt einen grenzüberschreitenden Bezug auf-

---

103 Siehe etwa *Balzli/Pauly/Reuter,* in: Der Spiegel vom 25.05.2009, Nr. 22, S. 82 (»›Wir zahlen nicht‹«); *Storn,* in: DIE ZEIT vom 26.03.2009, Nr. 14, S. 23 (»Kassensturz auf dem Dorf«), und *Hoppe,* in: Der Spiegel vom 12.01.2009, Nr. 3, S. 46 (»Die Vertrauensblase«).

104 Vgl. *Schlierbach/Püttner,* Sparkassenrecht, 5. Aufl., S. 155 ff.

105 Siehe näher unten S. 126 ff.

106 Näher zu den im Folgenden erwähnten Vorschriften u. a. *Calliess/Ruffert (Hrsg.),* EUV EGV; *Geiger,* EUV/EGV; *Lenz/Borchardt (Hrsg.),* EU- und EG-Vertrag; *Schwarze (Hrsg.),* EU-Kommentar.

weist.[107] Dementsprechend gilt es, die Kapital- und Dienstleistungsfreiheit nur der ausländischen privaten Kreditinstitute zu beachten.[108]

Ebenso sind die Vorschriften zu den staatlichen Beihilfen einzuhalten.[109] Sie waren vor wenigen Jahren Grund für Verhandlungen zwischen der Kommission und der Bundesregierung, die zum Wegfall von Anstaltslast und Gewährträgerhaftung führten.[110] Ferner finden die Sparkassengesetze eine Grenze in den kartellrechtlichen Vorschriften.[111] Ihre Einhaltung wird in Zukunft noch wichtiger, weil das Kartellrecht – insbesondere durch Schadensersatzklagen mit hohen Strafzahlungen nach US-Vorbild – verschärft werden soll.[112]

Vor einer zu extensiven Ausgestaltung und Auslegung des Beihilfen- und Kartellrechts schützt Art. 345 AEUV (= Art. 295 EG a. F.), nach welchem die Eigentumsordnung Deutschlands von den Verträgen unberührt bleibt. Von dieser Vorschrift wird nicht nur das klassische Eigentum an Sachen im Sinne des § 903 BGB erfasst. Geschützt ist darüber hinaus die Gesamtheit der sich aus den Eigentumsverhältnissen ergebenden Rechte und Pflichten.[113] *Stern* sieht bereits solche Maßnahmen der Gemeinschaftsorgane als unzulässig an, die »eigentumsrelevante Auswirkungen hinsichtlich Führung und Organisation« eines Unternehmens haben.[114]

---

107 *Kluth,* in: Calliess/Ruffert (Hrsg.), EUV EGV, Art. 49 EG Rn. 8; *Ranacher/Staudigl,* EU-Recht, S. 110. Konsequenz hieraus ist, dass für deutsche Kreditinstitute in Deutschland strengere Regeln gelten können als für ausländische Kreditinstitute (sog. Inländerdiskriminierung), vgl. *Epiney,* in: Calliess/Ruffert (Hrsg.), EUV EGV, Art. 12 EG, Rn. 27.

108 Art. 56 ff. und 49 ff. AEUV (Vertrag über die Arbeitsweise der Europäischen Union i. d. F. des Vertrags von Amsterdam vom 02.10.1997 [ABl. Nr. C 340 S. 1], zuletzt geändert durch Art. 2 des Vertrags vom 13.12.2007 [ABl. Nr. C 306 S. 1, ber. ABl. 2008 Nr. C 111 S. 56 und Abl. 2009, Nr. C 290 S. 1]).

109 Art. 107 ff. AEUV.

110 Siehe unten S. 103 f.

111 Art. 101 ff. AEUV.

112 *Berschens,* in: Handelsblatt vom 27.04.2009, Nr. 80, S. 5 (»EU verschärft das Kartellrecht«).

113 *Stern,* Sparkasse 1999, 470 (473).

114 *Stern,* Sparkasse 1999, 470 (473). *Stern* definiert jedoch nicht näher, wann hinreichend »eigentumsrelevante Auswirkungen« bestehen. Er bejaht ihr Vorliegen jedenfalls bei einer zwangsweisen Abschaffung der Anstaltslast und Gewährträgerhaftung.

II. Grundgesetz

1. Grundrechte

Genauso wie die Grundfreiheiten des EG-Vertrags müssen in nationaler Hinsicht die Grundrechte der privaten Banken auf freie Berufsausübung (Art. 12 Abs. 1 GG) und Eigentum (Art. 14 Abs. 1 GG) beachtet werden. Beide Grundrechte finden regelmäßig gem. Art. 19 Abs. 3 GG auch auf juristische Personen des Privatrechts Anwendung,[115] obgleich in jedem Einzelfall zu prüfen ist, ob dieser Grundsatz greift.[116]

2. Demokratieprinzip

Des Weiteren haben die Landesgesetzgeber darauf zu achten, für die vom Demokratieprinzip auch im Bereich der kommunalen Selbstverwaltung geforderte hinreichende demokratische Legitimationskette (Art. 20 Abs. 1 und 2, 28 Abs. 1 S. 1 GG) hinsichtlich des Handelns der Sparkassen zu sorgen. Dies wird insbesondere bei der Ausgestaltung der Besetzung der Organe relevant.[117]

3. Recht auf kommunale Selbstverwaltung

Ferner ist – als in der Praxis wohl relevantester Punkt – das Recht der Gemeinden und Gemeindeverbände auf kommunale Selbstverwaltung aus Art. 28 Abs. 2 GG und den entsprechenden Normen der Landesverfassungen zu beachten. Die sog. »Sparkassenhoheit«[118] räumt ihnen Freiheiten

---

115 *Dreier,* in: Dreier (Hrsg.), Grundgesetz, Bd. I, Art. 19 Abs. 3, Rn. 36. Ständige Rechtsprechung zur Berufsfreiheit, vgl. *BVerfG,* Urt. v. 16.03.1971, – 1 BvR 52/66 u. a. – »Erdölbevorratung«, in: BVerfGE 30, 292 (312); *BVerfG,* Urt. v. 17.02.1998, – 1 BvF 1/91 – »Kurzberichterstattung im Fernsehen«, in: BVerfGE 97, 228 (253); *BVerwG,* Urt. v. 06.11.1986, – 3 C 72/84 –, in: BVerwGE 75, 109 (114); kritisch allerdings *Di Fabio,* JZ 1993, 689 (694) m. w. N. Ständige Rechtsprechung zur Eigentumsgarantie, vgl. *BVerfG,* Urt. v. 20.07.1954, – 1 BvR 459/52 – »Investitionshilfe«, in: BVerfGE 4, 7 (17); *BVerfG,* Beschl. v. 25.01.1984, – 1 BvR 272/81 – »Springer/Wallraff«, in: BVerfGE 66, 116 (130).

116 Hierauf hinweisend und vor Verallgemeinerungen warnend *Stern,* Staatsrecht, Bd. 3, Teil 2, S. 1124 f.

117 Siehe unten S. 130 f.

118 Der Begriff wurde ersichtlich erstmals verwendet von *Hoppe,* DVBl. 1982, 45 (51).

auch im Hinblick auf die Sparkassen ein.[119] Beim erlaubten Maß der Beschränkung der Sparkassenhoheit ist allerdings stets zu differenzieren, ob die individuelle oder die institutionelle Selbstverwaltungsgarantie betroffen ist, weil es jedenfalls für erstere einen gerichtsfesten Kernbereich kommunaler Betätigung nicht gibt.[120] Ferner darf nicht außer Acht gelassen werden, dass die Garantie des Art. 28 Abs. 2 GG unter einem Gesetzesvorbehalt steht und der Abwägung mit anderen Gütern von Verfassungsrang zugänglich ist. Dementsprechend trifft es zu, dass die Garantie gute Argumente für eine kommunale Aufgabenwahrnehmung nicht ersetzt, sondern vielmehr voraussetzt.[121]

Die Sparkassengesetze treffen vielfältige Regelungen für die Beziehung der Sparkassen zu ihren Trägern. Letztere sind regelmäßig die kommunalen Selbstverwaltungskörperschaften. Dementsprechend müssen die Landesgesetzgeber die kommunale Selbstverwaltungsgarantie in ihren einzelnen Ausprägungen bei der Ausgestaltung des Sparkassenrechts beachten. Zu nennen sind insbesondere:

a. Aufsicht

Als Aufgabe der weisungsfreien Selbstverwaltung[122] bzw. des eigenen Wirkungskreises[123] fällt der Betrieb einer Sparkasse nur unter die Rechts-

---

119 Eine Frage ohne Einfluss auf das Ergebnis und daher theoretischer Natur ist dabei, ob man die »Sparkassenhoheit« als eigenständige Gemeindehoheit anerkennt oder die einzelnen Aspekte mit Sparkassenbezug in die Reihe der anerkannten, abstrakt formulierten Gemeindehoheiten einordnet. Für ersteres *VerfGH NW,* Urt. v. 11.07.1980 – 8/79 –, in: DÖV 1980, 691 = NJW 1980, 2699; *Gebhardt,* Das kommunale Selbstverwaltungsrecht, S. 40; *Hoppe,* DVBl. 1982, 45 (51); *Nierhaus/Stern,* Regionalprinzip und Sparkassenhoheit im europäischen Bankenbinnenmarkt, S. 219. Für letzteres *Dreier,* in: Dreier (Hrsg.), Grundgesetz, Bd. II, Art. 28, Rn. 151.

120 Darauf für die brandenburgische Verfassung hinweisend *LVerfG Bbg,* Urt. v. 19.05.1994 – 9/93 –, in: LVerfGE 2, 93 (100 f.) mit Verweis auf *BVerfG,* Beschl. v. 23.06.1987, – 2 BvR 826/83 – »Landes-Raumordnungsprogramm Niedersachsen«, in: BVerfGE 76, 107 (119). Es ging um den Entzug der Sparkassenträgerschaft zweier Städte. Das *LVerfG* sah zutreffend nur die individuelle Selbstverwaltungsgarantie betroffen und hielt daher den Entzug nicht von vornherein für rechtswidrig. Vgl. auch *Gebhardt,* Das kommunale Selbstverwaltungsrecht, S. 42.

121 So *Oebbecke,* zitiert nach *Henneke,* VBlBW. 2000, 337 (338).

122 So die Bezeichnung im monistischen System, welches folgende Länder eingeführt haben: Baden-Württemberg, Brandenburg, Hessen, Nordrhein-Westfalen, Sachsen und Schleswig-Holstein. Vgl. *Knemeyer,* in: Mann/Püttner (Hrsg.), Handbuch der kommunalen Wissenschaft und Praxis, Band 1, § 12, Rn. 37, Fn. 42.

123 So die Bezeichnung im dualistischen System der übrigen Flächenländer.

aufsicht.[124] Dementsprechend dürfen die Aufsichtsbehörden keine Zweckmäßigkeitserwägungen anstellen. Während dies in der Praxis bei der repressiven Aufsicht keine Probleme bereitet, fällt die Abgrenzung von Rechtmäßigkeits- und Zweckmäßigkeitserwägungen beim präventiven Mittel der Genehmigung (sog. Kondominium) nicht immer leicht.[125]

b. Satzungshoheit

Die gesetzlichen Regelungen zu den Satzungen der Sparkassen sind an der Satzungshoheit der Sparkassenträger zu messen, welche dem Recht entspringt, die eigenen Angelegenheiten selbst regeln zu dürfen.[126] Probleme bereiten hier erneut die angesprochenen Genehmigungserfordernisse, und zwar hinsichtlich des Erlasses und der Änderung der Satzung einer Sparkasse.[127]

c. Personalhoheit

Den kommunalen Selbstverwaltungsträgern kommt grundsätzlich Personalhoheit zu. Sie umfasst Auswahl, Anstellung, Beförderung und Entlassung des Gemeindepersonals.[128] Die Hoheit über das Sparkassenpersonal liegt jedoch mittlerweile zumeist bei den Sparkassen selbst. Diese können Personalentscheidungen frei von Weisungen des Gewährträgers treffen. Deshalb

---

124 *Schmidt-Aßmann/Röhl,* in: Schmidt-Aßmann/Schoch (Hrsg.), Besonderes Verwaltungsrecht, S. 9 (Rn. 41); *Knemeyer,* in: Mann/Püttner (Hrsg.), Handbuch der kommunalen Wissenschaft und Praxis, Band 1, § 12, Rn. 37.

125 Näher zum Kondominium allgemein *Knemeyer,* in: Mann/Püttner (Hrsg.), Handbuch der kommunalen Wissenschaft und Praxis, Band 1, § 12, Rn. 57 ff. Grundlegend jeweils m .w. N. die Werke von *Humpert,* Genehmigungsvorbehalte im Kommunalverfassungsrecht, und *Schrappert,* Kommunale Selbstverwaltungsgarantie und staatliches Genehmigungsrecht. *Schmidt-Jortzig,* ZG 1987, 193 (209), äußert sich zur Verwaltungspraxis der Genehmigungserteilung nicht. Er stellt fest, dass die Aufsichtsbehörde bei der Genehmigung keine Zweckmäßigkeitserwägungen anstellen dürfe. Anderenfalls könne der Selbstverwaltungsträger mit Erfolg Klage einreichen. Zur Aufsicht und zum Kondominium allgemein siehe näher unten S. 145 ff. Zum Kondominium beim Erlass und der Änderung von Satzungen siehe unten S. 123 ff.

126 *Dreier,* in: Dreier (Hrsg.), Grundgesetz, Bd. II, Art. 28 Abs. 2, Rn. 143. Zur gerichtlichen Kontrolle von Satzungen siehe *Oebbecke,* NVwZ 2003, 1313. Die Einschränkung der Satzungsautonomie durch die Zunahme höherrangiger Normen beklagt *Henneke,* ZG 1994, 212.

127 Siehe hierzu unten S. 123 ff.

128 *Tettinger,* in: Mann/Püttner (Hrsg.), Handbuch der kommunalen Wissenschaft und Praxis, Band 1, § 11, Rn. 12; *Gebhardt,* Das kommunale Selbstverwaltungsrecht, S. 39 f.

wird vertreten, dass die Personalhoheit der Selbstverwaltungsträger sich hinsichtlich der Sparkassen von der Garantie der kommunalen Selbstverwaltung gelöst habe.[129]

Das trifft allerdings nur für die unmittelbare Personalhoheit der Gemeinden zu. Die Gemeinden haben durch ihren Einfluss auf die Besetzung der Organe ihrer Sparkassen, welche ihrerseits für die Personalentscheidungen der Sparkassen verantwortlich sind, weiterhin mittelbaren Einfluss auf selbige.

d. Regionalprinzip

Das Recht, die Angelegenheiten der örtlichen Gemeinschaft zu regeln, umfasst spiegelbildlich das Verbot der Betätigung anderer gleichrangiger Selbstverwaltungsträger im Hoheitsgebiet des Rechtsträgers.[130] Dies gilt aber nicht absolut, es bedarf einer Abwägung mit anderen Rechten. Dementsprechend steht es den Ländern frei, ein sparkassenrechtliches Regionalprinzip in den Grenzen des allgemeinen Regionalprinzips des Art. 28 Abs. 2 GG – d. h. insbesondere unter Beachtung des Gebots der Deckungsgleichheit von Sparkassen- und Trägergebiet sowie des Verbots der Doppelverwaltung – auszugestalten und zu konkretisieren.[131] Dies ist in unterschiedlichen Ausgestaltungen geschehen.[132]

e. Subsidiaritätsprinzip

Während das Regionalprinzip Richtlinien für die außerörtliche Tätigkeit einer Gemeinde aufstellt, ist das Subsidiaritätsprinzip bei der überörtlichen

---

129 *Schlierbach/Püttner,* Sparkassenrecht, 5. Aufl., S. 232. Zum Personal der Sparkassen siehe näher S. 137 ff.

130 *BVerfG,* Beschl. v. 23.11.1988, – 2 BvR 1619/83 u. a. – »Rastede«, in: BVerfGE 79, 127 (147, 151); *Tettinger,* in: Mann/Püttner (Hrsg.), Handbuch der kommunalen Wissenschaft und Praxis, Band 1, § 11, Rn. 10; *Stern/Nierhaus,* Regionalprinzip im öffentlich-rechtlichen Sparkassenwesen, S. 56 f.

131 *BVerwG,* Beschl. v. 23.08.1982 – 1 B 23/82 –, in: DÖV 1983, 73, zum Regionalprinzip in Nordrhein-Westfalen; *OVG NW,* Urt. v. 18.12.1981 – 15 A 190/80 –, in: OVGE 36, 60 = DVBl. 1982, 504; *Schepers,* Internetbanking, S. 68 f.; *Schlierbach/Püttner,* Sparkassenrecht, 5. Aufl., S. 132; *Stern/Nierhaus,* Regionalprinzip im öffentlich-rechtlichen Sparkassenwesen, S. 56.

132 Siehe unten S. 113 ff.

Tätigkeit von »Zusammenschlüssen von Gemeinden«[133] zu beachten. Es legt fest, dass die Aufgaben der örtlichen Gemeinschaft prinzipiell von den Gemeinden erfüllt werden dürfen und müssen. Dabei ist es nicht so, dass das Sparkassenwesen »aus der Natur der Sache« heraus immer überörtlichen Charakter hat.[134] Vielmehr müssen Regionalprinzip, Subsidiaritätsprinzip, Prioritätsprinzip[135] und die Ausgleichsfunktion der Landkreise zur Ermittlung des örtlichen Bezugs des Sparkassenwesens in einem konkreten Gebiet im Einzelfall abgewogen werden.[136] Eine Kompetenzverlagerung hinsichtlich der Aufgaben der örtlichen Gemeinschaft von Gemeinden auf Zusammenschlüsse von Gemeinden (sog. Hochzonung) bedarf einer gesonderten Rechtfertigung aus Gründen des Gemeininteresses.[137]

In den Sparkassengesetzen der Länder wird das Subsidiaritätsprinzip größtenteils nicht ausdrücklich normiert.[138]

---

133 Relevanz für diese Arbeit haben vor allem (Land-)Kreise und Zweckverbände als Träger von Sparkassen, siehe näher unten S. 77 und S. 78 f. Der Begriff »Gemeindeverband« wurde bewusst nicht benutzt, weil im Gegensatz zu den Kreisen nicht unumstritten ist, ob Zweckverbände als Gemeindeverbände i. S. d. Art. 28 Abs. 2 S. 2 GG anzusehen sind (vgl. m. w. N. *Dreier,* in: Dreier (Hrsg.), Grundgesetz, Bd. II, Art. 28 Abs. 2, Rn. 168, und die wohl aktuellste Aufarbeitung des Begriffs bei *Tepe,* Zuständigkeitsverlagerungen zwischen Gemeindeverbandsebenen, S. 58 ff.).

134 *OVG NW,* Urt. v. 20.10.1965 – III A 630/64 –, in: Sparkasse 1966, 148 (152), unter Ablehnung eines Gutachtens von *Thieme,* nach welchem dem Sparkassenwesen »aus der Natur der Sache« ein überörtlicher Charakter zukomme.

135 Siehe hierzu sogleich.

136 *OVG NW,* Urt. v. 20.10.1965 – III A 630/64 –, in: Sparkasse 1966, 148 (152 f.).

137 *BVerfG,* Beschl.. v. 23.11.1988 – 2 BvR 1619/83 u. a. »Rastede« –, in: BVerfGE 79, 127 (127). In der Zeit vor dem Rastede-Beschluss waren sich die Gerichte uneins (vgl. *Schlierbach/Püttner,* Sparkassenrecht, 5. Aufl., S. 45). Wie das *BVerfG* urteilten auch: *OVG Nds.,* Urt. v. 08.03.1979 – IX A 183/77 –, in: DVBl. 1980, 81, und Urt. v. 21.11.1986 – 2 A 83/85 –, in: NVwZ-RR 1989, 11; *OVG NW,* Urt. v. 20.10.1965 – III A 630/64 –, in: Sparkasse 1966, 148; *VerfGH NW,* Urt. v. 11.07.1980 – 8/79 –, in: DÖV 1980, 691 = NJW 1980, 2699. Anders als das *BVerfG* aber bis dahin das *BVerwG*: Beschl. v. 28.12.1971 – I CB 16.66 –, in: DVBl 1972, 780, und Urt. v. 04.08.1983 – 7 C 2/81 –, in: BVerwGE 67, 321, und unter Anerkennung lediglich eines landesrechtlichen Regionalprinzips Beschl. v. 25.08.1988 – 1 CB 49/87 –, in: NVwZ-RR 1989, 10. Zur Frage, ob die Grundsätze des Rastede-Beschlusses auch bei einer Hochzonung zwischen höheren Ebenen – insb. von den Kreisen auf die Landschaftsverbände – greifen, siehe ausführlich *Tepe,* Zuständigkeitsverlagerungen zwischen Gemeindeverbandsebenen, S. 89 ff.

138 Siehe näher unten S. 119 f.

f. Exkurs: Prioritätsprinzip

Ferner bietet sich zur Lösung eines Kompetenzkonflikts zwischen zwei (potentiellen) Sparkassenträgern ein Rückgriff auf das allgemein anerkannte, dem römischen Recht entstammende Prioritätsprinzip (prior tempore potior iure) an.[139] Hiernach ist dasjenige Recht stärker, welches früher begründet wurde.

III. Einfaches Bundesrecht

Die Sparkassengesetze der Länder müssen sich auch im Rahmen des einfachen Bundesrechts bewegen. Dies gilt allerdings weitestgehend nicht für Vorschriften über die Organisation der Sparkassen, da der Bund hierfür – abgesehen von wichtigen organisatorischen Grundfragen – keine Gesetzgebungskompetenz hat. Ferner stellt das vom Bund im KWG geregelte Geschäftsrecht nur einen Mindeststandard für alle Kreditinstitute dar, den die Länder für die Sparkassen verschärfen dürfen.[140]

C. Entsprechende Anwendung von Normen anderer Rechtsgebiete

Während der Erstellung dieser Arbeit war festzustellen, dass selbst viele examinierte Juristen – von den Laien ganz zu schweigen – hinter den Begriffen »Sparkassenrecht« und »Sparkassengesetz« das Geschäftsrecht der Sparkassen vermuten. Das Bedürfnis nach einem Organisationsrecht und dessen Existenz werden zumeist nicht auf den ersten Blick erkannt. Eine Richtigstellung konnte entweder mit einer beispielhaften Aufzählung der Regelungsinhalte oder aber mit der Aussage erreicht werden, dass die Regelungsbereiche der Sparkassengesetze sich zu einem nicht unerheblichen Teil mit denen des Aktiengesetzes[141] oder des Kommunalverfassungsrechts decken.

---

139 Für die hilfsweise Anwendung im Sparkassenrecht *Schlierbach/Püttner,* Sparkassenrecht, 5. Aufl., S. 47 f.; *OVG Nds,* Urt. v. 06.01.1970 – II OVG A 122/68 –, in: Sparkasse 1970, 157 (159). Für die gleichberechtigte Anwendung neben anderen Prinzipien *OVG NW,* Urt. v. 20.10.1965 – III A 630/64 –, in: Sparkasse 1966, 148 (152), vgl. die Ausführungen zum Subsidiaritätsprinzip. Näher zum Prioritätsprinzip (und seinem Gegenstück, dem im See- und Binnentransportrecht geltenden Posterioritätsprinzip) *Wacke,* JA 1981, 94.

140 Näher hierzu die Ausführungen zu den Gesetzgebungskompetenzen, oben S. 11 ff.

141 Aktiengesetz vom 06.09.1965 (BGBl. I S. 1089), zuletzt geändert durch Art. 1 des Gesetzes vom 31.07.2009 (BGBl. I S. 2509).

In dieser Aussage liegt der Anstoß für die Überlegung, ob und wie weit diese beiden Rechtsgebiete zur Lösung sparkassenorganisationsspezifischer Rechtsfragen herangezogen werden können. Das Kommunalverfassungsrecht wird – wie jedes Rechtsgebiet – von einigen Grundsätzen beherrscht, die bei der Auslegung einer Norm des Sparkassenrechts hilfreich sein könnten. Denkbar ist ferner die analoge Anwendung einzelner Vorschriften des Aktiengesetzes oder des Kommunalverfassungsrechts, wenn die bestehenden Normen des Sparkassenrechts keine Lösung für das Problem bieten.

Letztendlich kann die aufgeworfene Frage abschließend nur jeweils im konkreten Fall beantwortet werden. Ebenso versteht es sich von selbst, dass die analoge Anwendung einer Vorschrift nur erfolgen darf, wenn die Voraussetzungen hierfür – also eine planwidrige Regelungslücke im Gesetz bei gleich zu bewertender Interessenlage –[142] vorliegen. Gleichwohl sollen im Folgenden kurz die bisherigen Tendenzen und grundsätzlichen Festlegungen in Literatur und Rechtsprechung aufgezeigt werden.

I. Kommunalverfassungsrecht

Unbestritten ist, dass für das öffentliche Sparkassenwesen die dafür erlassenen besonderen Vorschriften (und nicht die Vorschriften des allgemeinen Kommunalverfassungsrechts[143]) gelten.[144] Diese Formulierung scheint auf den ersten Blick eindeutig zu sein. Jedoch lässt sich aus ihr auch schließen, dass das Sparkassenrecht auf dem Kommunalrecht beruht.[145] Es ist zwar ein Sonderrecht eigener Prägung mit Vorrang[146] vor dem Kommunalrecht, aber trotzdem in das Kommunalrecht eingebettet.[147] Demnach könnte man das Kommunalrecht in großem Umfang zur Auslegung des

142 *Maurer,* Allgemeines Verwaltungsrecht, § 3, Rn. 43. Vgl. auch *Zippelius,* Juristische Methodenlehre, § 11 I; ausführlich *Langhein,* Juristische Methode und kritisch zur praktischen Anwendung der Analogie *Ott,* Juristische Methode in der Sackgasse?, S. 85 ff.

143 Im Folgenden kürzer: Kommunalrecht.

144 Siehe etwa § 107 Abs. 7 GO NRW.

145 *Schlierbach/Püttner,* Sparkassenrecht, 5. Aufl., S. 34.

146 Vgl. etwa hinsichtlich der Regelungen der bayerischen SpkO, die im Widerspruch zum Kommunalrecht standen, *VGH Bay,* Urt. v. 25.02.1981 – 235 IV 78 –, DVBl. 1982, 500 (501) = Sparkasse 1981, 353, und die Anmerkung von *Krebs,* Sparkasse 1981, 355.

147 *Rothardt,* Sparkassen in der kommunalen Gebietsreform, S. 66, und *Schlierbach/Püttner,* Sparkassenrecht, 5. Aufl., S. 34.

Sparkassenrechts heranziehen.[148] *Stern/Nierhaus* etwa sahen das Sparkassenrecht dem Kommunalrecht »in organisatorischer, zuständigkeitsrechtlicher und regionaler Hinsicht« voll unterworfen.[149] Diese Ansicht lässt sich in ihrer Pauschalität kaum halten, zumal die Sparkassen bei der Rechtsfindung nicht nur als Teile der kommunalen Selbstverwaltung, sondern auch als Wettbewerbsunternehmen gesehen werden müssen.[150] Für Wettbewerbsunternehmen aber ist das Kommunalrecht – mit Ausnahme des Gemeindewirtschaftsrechts, welches aber nach § 107 Abs. 7 GO NW und seinen Schwestervorschriften gerade keine Anwendung auf Sparkassen findet – nicht konzipiert. *Fischer* will dementsprechend im Anschluss an ein Urteil des *VerfGH NW*[151] zu Zwangsfusionen von Sparkassen das Kommunalrecht nach Möglichkeit nur soweit das Sparkassenrecht beeinflussen lassen, wie es aus sparkassenwirtschaftlicher Sicht sinnvoll ist.[152] Ebenso wenig dürfen historisch gewachsene, aber nicht normierte Eigenheiten des Sparkassenwesens mit einem Hinweis auf entgegenstehendes Kommunalrecht für rechtswidrig erklärt werden. Stattdessen ist zunächst zu prüfen, ob sie durch längere und allgemeine Übung (consuetudo) und die Überzeugung der Beteiligten von der rechtlichen Gebotenheit der Übung (opinio iuris) zu Gewohnheitsrecht[153] erstarkt sind.[154]

Diametral entgegengesetzt zu *Stern/Nierhaus* argumentiert *Weides*. Er sieht die Sparkassen größtenteils als Wirtschaftsunternehmen und das Sparkassenrecht daher als absolut eigenständig an.[155] Aber auch dieser Ansatz ist zu extrem und pauschalisierend. Er lässt die enge Bindung der Sparkassen an den kommunalen Raum außer Acht und schenkt der Tatsache, dass die Sparkassen historisch aus der kommunalen Selbstverwaltung hervorgegangen sind,[156] zu wenig Beachtung.[157]

---

148 Siehe zu dem Konflikt zwischen Sparkassenrecht und Kommunalrecht – neben den folgenden Ausführungen – die Darstellung von *Clausen,* Einfluß der Gemeinde, S. 38 ff., der sich dieser Frage mit Hinblick auf das Regionalprinzip und die Konkurrenz von Gemeinde- und Kreissparkassen widmet.

149 *Stern/Nierhaus,* Neuordnung des Sparkassenwesen, S. 22.

150 Dies räumt später *Nierhaus,* DÖV 1984, 662 (666), selber ein.

151 *VerfGH NW,* Urt. v. 11.07.1980 – VerfGH 8/79 –, in: Sparkasse 1980, 270.

152 *Fischer,* Sparkasse 1980, 311 (313).

153 Vgl. zu diesen Voraussetzungen *BVerfG,* Beschl. v. 18.02.1970 – 1 BvR 226/69 – »Robenstreit«, in: BVerfGE 28, 21 (28 ff.), und *Maurer,* Allgemeines Verwaltungsrecht, § 4, Rn. 25.

154 *Schlierbach/Püttner,* Sparkassenrecht, 5. Aufl., S. 35.

155 *Weides,* DÖV 1984, 41 (51).

156 Siehe hierzu unten S. 30 ff.

Das Sparkassenrecht ist vielmehr als eigenständiges, weitgehend vom Kommunalrecht getrenntes Recht anzusehen.[158] Auslegungsfragen sind in erster Linie nicht mit dem Kommunalrecht, sondern mit der innersparkassenrechtlichen Systematik und Historie sowie dem Sinn und Zweck des Sparkassenrechts zu lösen.[159] Das Kommunalrecht darf diese Auslegung ergänzen, aber nicht einengen oder gar verdrängen.[160]

II. Kapitalgesellschaftsrecht

Es ist anerkannt, dass die Anwendung von Vorschriften aus dem weitgehend durchnormierten Zivilrecht im lückenhafteren Verwaltungsrecht nicht grundsätzlich unzulässig ist.[161] Begründet wird diese Vorgehensweise im Einzelfall entweder mit einer Analogie oder mit der Einordnung einer zivilrechtlichen Vorschrift als sog. »allgemeinen Rechtsgrundsatz«, welcher Bestandteil »des allgemeinen Teils des Rechts«[162] sei und daher auch im öffentlichen Recht gelte.[163] Hinsichtlich des Sparkassenrechts bietet sich insbesondere ein Blick auf das Recht der Aktiengesellschaften an. Vor allem die seit 1960 flächendeckend eingeführte Aufteilung der Leitungs-

157 Ablehnend auch *OVG Nds,* Urt. v. 21.11.1986 – 2 A 83/85 –, in: NVwZ-RR 1989, 11 (12). Ferner *Schlierbach/Püttner,* Sparkassenrecht, 5. Aufl., S. 36, die meinen, dass *Weides* seinem Ergebnis falsche Tatsachen zugrunde gelegt habe (fehlende Kongruenz zwischen Ausleihbereich und Gewährträgergebiet), ohne allerdings ihrerseits das Gegenteil zu belegen.

158 So der *VGH BW,* Urt. v. 25.09.1989 – 1 S 3239/88 –, in: DÖV 1990, 623 (623). Es ging um die (verneinte) Frage, ob die sparkassenrechtliche Versagung von Informations- und Kontrollrechten des Gemeinderats hinsichtlich sparkasseninterner Personalangelegenheiten gegen das Recht auf kommunale Selbstverwaltung der Gemeinde verstößt. Siehe zur Personalhoheit der Gemeinde hinsichtlich ihrer Sparkasse unten S. 137 ff.

159 Vgl. etwa *VGH He,* Urt. v. 25.05.1966 – OS II 112/65 –, in: Sparkasse 1968, 76 (77 f.): § 5 Abs. 2 S. 4 SpkG He 1954 ließ die Frage offen, ob die vom Träger gewählten ehrenamtlichen Verwaltungsratsmitglieder in einer Mehrheits- oder Verhältniswahl gewählt werden. Der *VGH He* entschied sich für die Mehrheitswahl und damit gegen die im hessischen Kommunalrecht für Ehrenämter angeordnete Verhältniswahl. Er begründete seine Entscheidung allein mit innersparkassenrechtlichen Überlegungen. Mittlerweile bestimmt allerdings § 5b Abs. 1 S. 5 SpkG He 1990 bis 2008, dass eine Verhältniswahl stattfindet.

160 *Schlierbach/Püttner,* Sparkassenrecht, 5. Aufl., S. 35.

161 *Maurer,* Allgemeines Verwaltungsrecht, § 3 Rn. 41. Siehe grundlegend *de Wall,* Anwendbarkeit privatrechtlicher Vorschriften im Verwaltungsrecht.

162 *Maurer,* Allgemeines Verwaltungsrecht, § 3 Rn. 43.

163 *BGH,* Urt. v. 05.05.1972 – V ZR 63/70 –, in: BGHZ 58, 386 (392 ff.); *Maurer,* Allgemeines Verwaltungsrecht, § 3 Rn. 43, und *de Wall,* Anwendbarkeit privatrechtlicher Vorschriften im Verwaltungsrecht, S. 53 ff.

macht auf zwei Hauptorgane[164] und die damit zusammenhängenden Vorschriften erinnern stark an die entsprechenden Regelungen im Aktiengesetz.[165]

Für das seit langem existierende und relativ ausführlich normierte Sparkassenrecht kommen diese Überlegungen selbstverständlich nur zum Tragen, wenn ein konkreter Fall eine Zweifelsfrage aufwirft, auf die das Sparkassenrecht keine Antwort bietet. *Schlierbach/Püttner* mahnen weiterhin an, zunächst nach Lösungen in anderen Bereichen des öffentlichen Rechts zu suchen, bevor vorschnell Normen des Aktiengesetzes analog angewandt werden.[166] Dieser dreistufige Prüfungsmaßstab[167] hat allerdings zur Konsequenz, dass unter Umständen der eigentlich unerwünschte Rückgriff auf das Kommunalrecht – quasi als kleineres Übel – erfolgen muss.

---

164 Siehe näher unten S. 37 ff.

165 Vgl. auch *Siekmann,* NWVBl. 1993, 361 (362 ff.), der feststellt, dass das Anstaltsrecht sich allgemein dem Recht der Kapitalgesellschaften annähert. Er stellt *aaO.,* (361) die These auf, dass die Anstalten des öffentlichen Rechts mittlerweile auch als »Kapitalgesellschaften des öffentlichen Rechts« bezeichnet werden können. *Becker,* DÖV 1998, 97, übernimmt den Begriff und ordnet ihn in das Gefüge der bundesstaatlichen Kompetenzen ein.

166 *Schlierbach/Püttner,* Sparkassenrecht, 5. Aufl., S. 30.

167 Problemlösung zunächst mit Hilfe des Sparkassenrechts, hilfsweise mit dem übrigen öffentlichen Recht und wiederum hilfsweise mit dem Zivilrecht.

§ 3 Historische Entwicklung des Sparkassenrechts bis 1949

Zur Historie der deutschen Sparkassen existiert eine große Zahl an Veröffentlichungen, deren vollständige Aufzählung (geschweige deren Inhaltsangabe) viele Seiten füllen würde.[168] Sie haben teilweise rechtswissenschaftlichen Bezug und sind teilweise eher der Geschichtswissenschaft zuzuordnen.

Es erfolgt nun eine knappe Darstellung der historischen Entwicklung des Sparkassenwesens bis nach dem Zweiten Weltkrieg. Sie fasst diejenigen historischen und rechtlichen Entwicklungen zusammen, die für den weiteren Fortgang der Arbeit von Belang sind und erhebt bei weitem keinen Anspruch auf Vollständigkeit.

A. Das 18. Jahrhundert

Mitte des 18. Jahrhunderts entstanden öffentliche Leihhäuser[169] und in erster Linie in Süddeutschland Waisenkassen[170]. Erstere gewährten Menschen in finanziellen Schwierigkeiten gering verzinste Darlehen gegen Faustpfand und letztere boten eine sichere Möglichkeit, Waisengelder

---

168 Exemplarisch seien folgende Werke genannt, die die Historie allgemein darstellen und umfangreiche Nachweise zu spezielleren Dokumentationen enthalten: *Ashauer,* Ersparungscasse; *Trende,* Geschichte der deutschen Sparkassen; *Mura,* Sparkassengeschichte Teil 1 und 2; *Gesellschaft zur Förderung der wissenschaftlichen Forschung über das Spar- und Girowesen e. V. (Hrsg.),* Entwicklung der Sparkassen; *Marquardt/Perdelwitz,* Das preußische Sparkassenrecht; *Sommer,* Geistesgeschichte der deutschen Sparkassen; *Reininghaus u. a.,* Handbuch zur Geschichte der westfälisch-lippischen Sparkassen, Bd. 1 und 2 (Detaillierter Überblick über die Entwicklungsgeschichte aller Sparkassen im Gebiet des WLSGV). Ferner sei auf die umfangreichen Literaturlisten zur deutschen Sparkassengeschichte von *Mura* hingewiesen: *Mura,* Sparkasse 1978, 463 und 1979, 26; Sparkasse 1986, 123; Sparkasse 1990, 427, und Sparkasse 1997, 93. Außerdem existiert seit 1881 eine u. a. vom *DSGV e. V.* herausgegebene Zeitschrift Namens »Sparkasse« sowie eine vom *DSGV e. V.* herausgegebene Zeitung mit dem Titel »Deutsche Sparkassen-Zeitung« (von 1924 bis 1945 und von 1961 bis Mitte 2000) bzw. »Die Sparkassen-Zeitung« (seit Mitte 2000). Beide enthalten aktuelle Beiträge rund um die Sparkassen, wobei der Inhalt des erstgenannten Titels in Teilen durchaus rechts- bzw. wirtschaftswissenschaftlichen Ansprüchen genügt.

169 Siehe zu den Leihhäusern *Ashauer,* Ersparungscasse, S. 41, und *Weber,* Entwicklung der Sparkassen, S. 142.

170 Siehe zu den Waisenhäusern *Mura,* Sparkassengeschichte, Teil 1, S. 25, und *Trende,* Geschichte der deutschen Sparkassen, S. 10 f.

verzinst anzulegen. Rückblickend können diese Institutionen als erste Sparkassen im materiellen Sinn angesehen werden.

Sofern man diese Institutionen mangels der formellen Bezeichnung »Sparkasse« nicht als solche ansehen will, kann festgestellt werden, dass jeden falls Ende des 18. Jahrhunderts die ersten privaten Sparkassen gegründet wurden.[171]

B. Das 19. Jahrhundert

Seit der Gründung der ersten kommunalen Sparkasse 1801 in Göttingen[172] wuchs die Zahl dieser Sparkassen stetig. Bald gab es deutlich mehr kommunale als private Sparkassen.[173] Ursachen hierfür waren die Verleihung der kommunalen Selbstverwaltung an die Städte mittels der Städteordnung vom 19.11.1808[174] und nicht zuletzt die Überlegung vieler Kommunen, dass die Gründung einer Sparkasse die eigenen Ausgaben für die Armen verringern könnte[175]. Gleichwohl erfolgten die Gründung und der Betrieb auch der kommunalen Sparkassen zunächst nach den Normen des Privatrechts. Dies änderte sich durch die revidierte Preußische Städteordnung vom 17.03.1831 insofern, als sie bestimmte, dass fortan die Gründung von Sparkassen und der Erlass ihrer Statuten der Genehmigung der Regierung bedürfen. Das Sparkassenrecht erhielt dadurch seinen ersten »öffentlich-rechtlichen Einschlag«.[176]

Die erste umfassende (öffentlich-rechtliche) Kodifizierung des Sparkassenrechts fand wenig später ebenfalls in Preußen statt. Am 12.12.1838 wurde

---

171 Obgleich die Bezeichnung damals »Ersparungs-Casse« oder »Spar-Casse« lautete. Zur Frage, welches Institut als erste Sparkasse angesehen werden kann, siehe die Nachweise oben in Fn. 3.

172 Hierzu die Nachweise oben in Fn. 4.

173 So etwa im Jahr 1836, in welchem 78 privaten Sparkassen 203 kommunale Sparkassen gegenüberstanden, vgl. *Klüpfel*, Entwicklungslinien im Sparkassenrecht, in: DSGV e. V. (Hrsg.), Standortbestimmung, S. 113. *Trende*, Sparkasse 1938, 399 (399), macht mit Vorbehalten drei Jahre später bereits »rund 432« kommunale und private Institute aus und listet *aaO.* auf, wie sie sich auf die einzelnen Regionen des Deutschen Bundes verteilen. 1853 waren es 912 Sparkassen, vgl. *Ashauer*, Ersparungscasse, S. 77.

174 Siehe hierzu *DSGV e. V. (Hrsg.)*, Sparkassen und Giroorganisation, S. 11, und ausführlich *Henze/Schmidt*, Geschichte des Sparkassenwesens, S. 17 ff.

175 *Stern/Burmeister*, Die kommunalen Sparkassen, S. 64 f.

176 *Perdelwitz*, in: Deutsche Sparkassenzeitung vom 28.09.1937, S. 4 (»Das Sparkassenrecht im Wandel der Zeiten«).

das »Reglement, die Entwicklung des Sparkassenwesens betreffend« erlassen.[177] Es regelte die grundsätzlichen Fragen zur Errichtung, Aufsicht, Organisation und zum Geschäftsbetrieb[178] der Sparkassen, beließ den Kommunen und den Aufsichtsbehörden aber viel Raum für die Gestaltung der Satzung der einzelnen Sparkasse. Diese Zweigleisigkeit hat sich neben weiteren Regelungsinhalten[179] im Grundsatz bis heute gehalten. In den folgenden Jahren bedienten sich andere deutsche Länder des Reglements als Vorbild für die jeweils erste Fassung ihrer eigenen Sparkassengesetze.[180] Im weiteren Verlauf der Rechtsentwicklung spielten das Reglement und seine Schwestergesetze allerdings nur eine geringe Rolle, weil sie nicht hinreichend auf den Wandel der tatsächlichen Verhältnisse reagierten oder ihn gar aktiv mitgestalteten.

Diese Aufgabe übernahmen zunächst die Satzungen der einzelnen Sparkassen.[181] Mit der rasanten Zunahme der Sparkassen – 1900 gab es 2685 Sparkassen im Deutschen Reich[182] – wuchs aber dementsprechend die Zahl der Satzungen, so dass eine verallgemeinernde Aussage zur Rechtsentwicklung der folgenden Jahre kaum möglich ist. Es kam zu einer »Atomisierung«[183] der Sparkassen. Trotz der enorm gestiegenen Zahl der Sparkassen war aber das Ziel, jedermann die Möglichkeit zur ortsnahen Anlegung seiner Ersparnisse zu geben, noch nicht erreicht.[184] Die Sparkassen begannen daher mit der Einrichtung von Zweigstellen und schufen

---

177 Preussische Gesetzessammlung 1839, S. 5. Siehe *Trende,* Sparkasse 1938, 399, zum Stand der Entwicklung des Sparkassenwesens zu diesem Zeitpunkt in den größten deutschen Provinzen.

178 Zur Entwicklung des Spargeschäfts von den Anfängen bis 1945 siehe *Mura,* Sparkasse 1995, 88.

179 Z. B. die Regelung, nach der »jede auch noch so geringe Ersparnis« angelegt werden kann (Nr. 11 des Reglements). Siehe näher unten S. 111 f. Weitere Beispiele siehe bei *Sprengel,* Sparkasse 1963, 385.

180 Siehe hierzu im einzelnen *Mura,* Bankhistorisches Archiv 1982, 3 (6 ff.), und *Albrecht,* Sparkasse 1938, 406. Siehe ferner aus dem Jahr 1938 die Ausführungen von *Nehrkorn,* Sparkasse 1938, 408, mit Vorschlägen, inwiefern der Gesetzgeber des Dritten Reichs Anleihen am Reglement nehmen sollte.

181 *Klein,* Sparkassenwesen in Deutschland und Frankreich, S. 33; *Mura,* Bankhistorisches Archiv 1982, 3 (4 f.).

182 *Klüpfel,* Entwicklungslinien im Sparkassenrecht, in: DSGV e. V. (Hrsg.), Standortbestimmung, S. 117.

183 Der Begriff stammt von Johann Christian *Eberle,* zitiert nach *Mura,* Sparkassengeschichte, Teil 1, S. 28.

184 Der Geschäftsbereich einiger Sparkassen war sehr groß. *Trende,* Sparkasse 1938, 399 (402), nennt als Beispiele etwa die Sparkassen Fallingbostel-Soltau, Otterndorf und Aurich.

hierdurch das Bedürfnis für die Schaffung der Regelungen zur Zweigstellenerrichtung.[185]

Ende des 19. Jahrhunderts begannen die Sparkassen, durch Verbandsgründungen ihre Interessen zu bündeln. Als erster Verband wurde 1881 der Verband der Sparkassen in Rheinland und Westfalen gegründet. Es schlossen sich ihm allerdings im Gründungsjahr nur 41 der 243 rheinisch-westfälischen Sparkassen an.[186] Aber aufgrund der zahlreichen Anfragen von außerhalb des Verbandsgebiets wuchs der Verband rasch. Er wurde zunächst in den Verband der Sparkassen in Westdeutschland und dann 1884 in den Deutschen Sparkassenverband umgewandelt. Es folgte die Gründung mehrerer regionaler Verbände einschließlich eines neuen Verbandes für das Rheinland und Westfalen.[187] Bis 1892 war eine direkte Mitgliedschaft der einzelnen Sparkassen im Deutschen Sparkassenverband möglich, seither hat er die Funktion eines Dachverbandes für die regionalen Verbände.[188] Mit der Aufnahme der Verbandsarbeit wurde der Atomisierung des Sparkassenrechts entgegen- und auf eine Vereinheitlichung hingewirkt.

Der Reichsgesetzgeber ließ die Länder bei der Regelung des Sparkassenwesens im 19. Jahrhundert gewähren. 1896 legte er in Art. 99 EGBGB[189] sogar ausdrücklich fest, dass die umfangreichen Regelungen des neu geschaffenen Bürgerlichen Gesetzbuches das Sparkassenrecht der Länder unberührt lassen.

C. Das 20. Jahrhundert

Die Sparkassen weiteten ab der Jahrhundertwende sukzessive ihr Aktiv- und Passivgeschäft aus. Sie läuteten damit die Entwicklung zu den heutigen Universalkreditinstituten ein. Die Gesetzgeber förderten diese Entwicklung. So wurde etwa den Sparkassen in § 2 des Reichsscheckgesetzes[190] die

185 Siehe näher unten S. 117 f.

186 Internetseite des WLSGV (http://wlsgv.de/eb6cd0068b372f10/index1.htm), zuletzt abgerufen am 02.05.2009.

187 *Winkelmann,* Sparkasse 1984, 454 (454 f.); *Gerick,* Beteiligung der Sparkassen- und Giroverbände, S. 18 ff.; *Ashauer,* Ersparungscasse, S. 168.

188 *Klein,* Sparkassenwesen in Deutschland und Frankreich, S. 35.

189 Einführungsgesetz zum Bürgerlichen Gesetzbuch vom 18.08.1986, RGBl. I S. 604. Siehe zum Einfluss von Art. 99 EGBGB auf die Sparkassengesetzgebung *Kleiner,* Die öffentlichen Sparkassen, S. 111 ff.

190 Gesetz vom 11.03.1908, RGBl. S. 71.

passive Scheckfähigkeit zugesprochen,[191] was wiederum die Gründung der Girozentralen und des Deutschen Zentral-Giroverbandes zur Zahlungsabwicklung zur Folge hatte.[192] Hierin lag der Kristallisationskern für die Entwicklung weg von der Atomisierung und hin zur Einheit der deutschen Sparkassen.[193] Als weiteres Beispiel sei ein Erlass Preußens aus dem Jahr 1921[194] erwähnt, der die Geschäftsbeschränkungen für die Sparkassen weitestgehend aufhob und nur solche Geschäfte untersagte, die nicht mit der Förderung des Sparsinns der Bevölkerung oder der Eigenschaft der Sparkassen als öffentliche Kreditinstitute vereinbar waren. Im Gegenzug mussten die Sparkassen fortan für die Sicherheit der ihnen anvertrauten Einlagen sorgen.

1924 entstand der Deutsche Sparkassen- und Giroverband in der Rechtsform der öffentlich-rechtlichen Körperschaft aus einer Fusion des Deutschen Sparkassenverbands (mittlerweile) e. V., des Deutschen Zentral-Giroverbands und des Deutschen Verbands der kommunalen Banken e. V. Der Verband veröffentlichte alsbald eine Mustersatzung für Sparkassen,[195] welche neben den aus dem preußischen Reglement bekannten Regelungsinhalten erstmalig eine abschließende Aufzählung der erlaubten Anlagearten enthielt. Der Reichstag empfahl die Übernahme dieser Satzung. Ein Großteil der Sparkassen folgte, wenn auch zögerlich, dieser Empfehlung,[196] so dass die Verbandsarbeit erneut für eine weitere Vereinheitlichung des Sparkassenrechts gesorgt hatte.

---

191 Vgl. zu den Anfängen des Scheckverkehrs *Trende,* Geschichte der deutschen Sparkassen, S. 440 ff., und *Jursch,* in: Höpker, Die deutschen Sparkassen, S. 122 ff.

192 Vgl. zu den Girozentralen und zum Girosystem *Ashauer,* Ersparungscasse, S. 211 ff.; *Hoffmann,* Deutsche Sparkasseneinheit, S. 48 ff.; *Jursch,* in: Höpker, Die deutschen Sparkassen, S. 125 f., sowie die Beiträge verschiedener Autoren, in: Gesellschaft zur Förderung der wissenschaftlichen Forschung über das Spar- und Girowesen e. V. (Hrsg.), Landesbanken/Girozentralen.

193 *Mura,* Sparkassengeschichte, Teil 1, S. 28. Zu Angleichungen und Auseinanderentwicklungen im Kommunalrecht allgemein siehe *Oebbecke,* Föderalismus und Kommunalverfassung, in: Huhn/Witt (Hrsg.), Föderalismus in Deutschland, S. 185 ff.

194 Erlaß vom 15.04.1921, MBliV. S. 128. Vgl. hierzu *Pröhl,* in: Höpker, Die deutschen Sparkassen, S. 164 ff.

195 Mustersatzung vom 26.07.1927, MBliV S. 760; vgl. näher hierzu *Hoffmann,* Deutsche Sparkasseneinheit, S. 93 f., und *Piorkowski,* Deutsche Sparkassenorganisation, S. 42 f.

196 *Hoffmann,* Deutsche Sparkasseneinheit, S. 94; *Kleiner,* Die öffentlichen Sparkassen, S. 120.

Während – wie ausgeführt – die Reichsregierung lange Zeit den Ländern die Regelung des Sparkassenwesens überließ, wendete sich das Blatt mit der Bankenkrise von 1931[197] und aufgrund der wachsenden Kritik gegenüber der engen Verbindung zwischen den Kommunen und ihren Sparkassen[198]. Der Reichspräsident erließ auf der Grundlage von Art. 48 der Weimarer Reichsverfassung[199] u. a.[200] die dritte Notverordnung, deren erstes Kapitel des fünften Teils[201] große Auswirkungen auf die Sparkassen hatte. Am bekanntesten ist die Verpflichtung der Länder, die Sparkassen zu selbständigen Anstalten des öffentlichen Rechts umzuwandeln, um sie vor Geldentnahmen durch die Kommunen zu schützen. Aus den »Zimmern im Rathaus« wurden »Gebäude neben dem Rathaus«.[202] Aus dem gleichen Grund wurde festgelegt, dass das Vertretungsorgan nicht mehr ausschließlich mit Organmitgliedern des Gewährträgers besetzt werden durfte.[203] Diese Regelung, die der besseren Kontrolle der Sparkasse dienen sollte, kann als erstes Vorzeichen für die sich später durchsetzende Zweiteilung der Organschaft in ein Vertretungs- und ein Kontrollorgan gesehen werden.[204] Das Recht der personellen Selbstverwaltung ging allerdings nur in Hessen und in Württemberg auf die Sparkassen über.[205] Als zusätzliche Sicherung wurde die bis dahin gewohnheitsrechtlich anerkannte Gewährträgerhaftung[206] der

---

197 Zur Rolle der Sparkassen in der Bankenkrise *Mura,* Sparkassengeschichte, Teil 1, S. 89 ff., und *Piorkowski,* Deutsche Sparkassenorganisation, S. 79 ff. Siehe ferner allgemein zur Ursache der Bankenkrise *Ashauer,* Ersparungscasse, S. 246 ff.

198 *Weides,* Sparkasse des Zweckverbandes, S. 16; *Stern/Burmeister,* Die kommunalen Sparkassen, S. 23.

199 Verfassung des Deutschen Reiches vom 11.08.1919 (RGBl. S. 1383).

200 Zahlreiche Gesetze des Reichs und Preußens sowie Sparkassenverordnungen, Mustersatzungen und Ministerialerlasse, insbesondere von 1931 bis 1937, finden sich bei *Perdelwitz/Fabricius/Kleiner,* Das preußische Sparkassenrecht. Siehe zu den übrigen Notverordnungen ferner *Brzoska,* Die öffentlich-rechtlichen Sparkassen, S. 101 ff.; *Piorkowski,* Deutsche Sparkassenorganisation, S. 96 ff., und *Weides,* Sparkasse des Zweckverbandes, S. 16 ff.

201 Dritte Notverordnung des Reichspräsidenten zur Sicherung von Wirtschaft und Finanzen und zur Bekämpfung politischer Ausschreitungen vom 06.10.1931 (RGBl. 1931, 537 [554 ff.]).

202 *Schlierbach/Püttner,* Sparkassenrecht, 5. Aufl., S. 22 und 24.

203 Hessen etwa schrieb einen Anteil an Fremdmitgliedern von mindestens einem Drittel vor, vgl. § 4 Abs. 2 S. 1 der Verordnung zur Durchführung des Fünften Teils, Kapitel I der Dritten Verordnung des Reichspräsidenten [...] vom 21.12.1931 (RGBl. He 1931, 231).

204 Näher hierzu unten S. 37 ff.

205 *Schlierbach/Püttner,* Sparkassenrecht, 5. Aufl., S. 24. In Bayern ist dieser Übergang bis heute nicht erfolgt, vgl. Art. 12 Abs. 1 SpkG Bay 2008.

206 *Schlierbach/Püttner,* Sparkassenrecht, 5. Aufl., S. 24.

Kommunen für ihre Sparkassen ausdrücklich normiert. Bis 1934 hatten alle Landesgesetzgeber ihre Landesnormen den Anforderungen der Dritten Notverordnung angepasst.[207]

Den formellen Status eines Universalkreditinstituts erreichten die Sparkassen schließlich durch das Kreditwesengesetz 1934, in welchem sie erstmals als Kreditinstitute im Sinne des Gesetzes aufgeführt wurden.[208] Dies hatte unter anderem zur Folge, dass die Sparkassen fortan nicht mehr nur der Anstaltsaufsicht, sondern auch der allgemeinen Bankaufsicht unterlagen.[209]

Während der Zeit der nationalsozialistischen Herrschaft misslang zwar der Versuch, ein einheitliches Sparkassengesetz zur Zentralisierung der Sparkassenlandschaft und weiteren Rechtsvereinheitlichung zu erlassen.[210] Gleichwohl wurde großer Einfluss auf die Sparkassen genommen. Der öffentliche Auftrag wurde dahingehend umgedeutet, dass die Bevölkerung nicht mehr zur eigenen Vorsorge, sondern aus »nationale(r) Pflicht«[211] sparen sollte.[212] Die Kreditinstitute wurden verpflichtet, Staatsanleihen zu zeichnen. Dies geschah, ähnlich wie zur Zeit des Ersten Weltkriegs,[213] zur Kapitalbeschaffung für den Krieg.[214]

---

207 *Klein,* Sparkassenwesen, S. 39.

208 § 1 Abs. 1 des Reichsgesetzes über das Kreditwesen vom 05.12.1934 (RGBl. I S. 1203).

209 *Schneide*r, Entwicklung des Bankenaufsichtsrechts, in: DSGV e. V. (Hrsg.), Standortbestimmung, S. 86 ff. (90 ff.); *Klein,* Sparkassenwesen, 39. Siehe näher zur Aufsicht unten S. 140 ff.

210 *Kleiner,* Sparkasse 1938, 403 (405 f.); *Mura,* Sparkassengeschichte, Teil 1, S. 113 f. Vgl. zur Sparkassenorganisation und den getätigten Geschäften in dieser Zeit *Mura,* Sparkasse 1997, 146 m. w. N.

211 *DSGV e. V.,* Geschäftsbericht 1936, S. 4, zitiert nach: *Klein,* Sparkassenwesen in Deutschland und Frankreich, S. 40.

212 Das Motto des nationalen Spartags – einen Weltspartag gab es nicht mehr – lautete dementsprechend »Spargeld schafft Arbeit und Brot – Geld hamstern ist Sabotage am nationalen Aufbau«, vgl. *DSGV e. V.,* Geschäftsbericht 1933, S. 10, zitiert nach: *Ashauer,* Ersparungscasse, S. 253.

213 Damals wurde die Liquidität auf Kundenseite allerdings nicht durch Spareinlagen, sondern direkt durch Staatsanleihen erreicht. Dies war die erste nennenswerte Ausgabe kundenbezogener Wertpapiere in der Geschichte der Sparkassen, vgl. *Ashauer,* Ersparungscasse, S. 224 ff.; *Klein,* Sparkassenwesen in Deutschland und Frankreich, S. 36 f., und *Mura,* Sparkassengeschichte, Teil 2, S. 27 f.

214 *Ashauer,* Ersparungscasse, S. 256.

§ 4 Die Sparkassengesetze ab 1949

Die stetigen Bemühungen zur einheitlichen Gestaltung des Sparkassenrechts im gesamten deutschen Raum, sowohl »von oben« durch die Reichsregierung als auch »von unten« durch die Sparkassenverbände, fanden eine jähe Zäsur im Ende der nationalsozialistischen Herrschaft und der Teilung Deutschlands. Die Entwicklungen in der marktwirtschaftlichen Bundesrepublik (A.) und der planwirtschaftlichen DDR (B.) nahmen unterschiedliche Verläufe. Erst die Wiedervereinigung ermöglichte eine neuerliche Abstimmung der Landesgesetze (C.). Es folgt ein erneut knapper Überblick über die allgemeine Rechtsentwicklung, bevor in den §§ 5 ff. detaillierter auf die Entwicklung der einzelnen Regelungsbereiche in der Bundesrepublik eingegangen wird.[215]

A. Entwicklung in der Bundesrepublik

I. Inhaltliche Entwicklung

Innerhalb des Bundesgebiets erreichte man »im wesentlichen« eine »Rechtseinheit«[216] (daher besser: Rechtsähnlichkeit).[217] Die in der Vergangenheit vor allem durch und aufgrund der Dritten Notverordnung erreichte Ähnlichkeit wurde nämlich nicht etwa als unliebsames Überbleibsel eines untergegangenen Staats, sondern als vorteilsbringend und nachahmenswert angesehen.[218] Diese Entwicklung wurde weiterhin dadurch gefördert, dass – noch bevor ein einziges Land sein Sparkassengesetz änderte – 1953 die

---

215 Die aktuellen Fassungen der Gesetze, Sparkassenverordnung und Mustersatzungen sowie zahlreicher weiterer Regelungen mit Sparkassenbezug finden sich in der Loseblattsammlung von *Fischer/Herbst,* RSP. Fundstellen älterer Fassungen lassen sich – neben der traditionellen Suche in Verkündungsblättern oder teilweise mittels Juris – mit Hilfe der Übersichten zu Gesetzesänderungen in den Vorauflagen von *DSGV e. V. (Hrsg.),* Sparkassenfachbuch 2009, ermitteln. Siehe hierzu auch die Tabellen im Anhang.

216 *Klein,* Sparkassenrecht in Deutschland und Frankreich, S. 41.

217 Allgemein zu dieser Entwicklungsperiode *Ashauer,* Ersparungscasse, S. 259 ff., 279 ff., 291 ff.; *Mura,* Sparkasse 1983, 260 ff.

218 *Hahn,* Sparkasse 1952, 291 (291); *Klein,* Sparkassenrecht in Deutschland und Frankreich, S. 41; *Schmidt,* in: FS Bärmann, S. 837; *Sprengel,* Sparkasse 1961, 111 (112 f.).

»Materialien zur Erneuerung des Sparkassenrechts«[219] veröffentlicht wurden. Sie wurden von der 1947 gegründeten Dachorganisation der Sparkassenverbände, Giroverbände und Girozentralen entworfen. Sie beinhalten neben einigen Aufsätzen und Gutachten von Bundesministerien zwei Mustersatzungen für Sparkassen.[220] Diesen Satzungen hatten gemeinsam, dass sie für die Bewilligung gewisser Kreditgeschäfte einen Kreditausschuss einführten und die personelle Selbstverwaltung – mit Ausnahme der Vorstandsmitglieder – auf die Sparkassen übertrugen.[221] Der große Unterschied bestand darin, dass Mustersatzung B es bei der Bündelung von Geschäftsführung und Kontrolle in einem Hauptorgan beließ, während Mustersatzung A diese Aufgaben auf zwei Hauptorgane verteilte.[222] Die letztgenannte Variante setzte sich ab 1960 bundesweit durch.[223]

Zwischen 1954 und 1970 erließen alle Länder moderne Sparkassengesetze, jeweils unter Berücksichtigung der zuvor von den anderen Ländern gemachten Erfahrungen.[224] *Schlierbach/Püttner* machen bis Ende der 70er-Jahre drei Entwicklungsphasen aus, in denen zunächst Verfassung und Verwal-

---

219 *Arbeitsgemeinschaft Deutscher Sparkassen- und Giroverbände und Girozentralen e. V.,* Materialien. Siehe zum politischen und historischen Hintergrund *Hahn,* Sparkasse 1952, 291, und *Hoffmann,* Sparkasse 1953, 115; zum Inhalt allgemein *Sprengel,* Sparkasse 1953, 131, und *Falter,* Sparkasse 1953, 147; zur Sichtweise eines Sparkassenleiters *Busch,* Sparkasse 1953, 115, und zu den Regelungen der Aufsicht *Hahn,* Sparkasse 1953, 195.

220 Mustersatzung A findet sich in *Arbeitsgemeinschaft Deutscher Sparkassen- und Giroverbände und Girozentralen e. V.,* Materialien, S. 7 ff., und Mustersatzung B *aaO.,* S. 65 ff.

221 Jeweils § 30 und § 32 MuSa A und B.

222 Siehe hierzu *Busch,* Sparkasse 1953, 230; *Falter,* Sparkasse 1953, 147 (153 f.), und *Sprengel,* Sparkasse 1953, 131 (135 f.).

223 *Klein,* Sparkassenwesen in Deutschland und Frankreich, S. 42 Fn. 74. Die frühen Sparkassengesetze trafen jedoch andere (Misch-)Regelungen: Einorganschaft (Art. 5 Abs. 1 SpkG Bay 1952); regelmäßig zwei Organe, aber Möglichkeit der Einorganschaft (§ 4 SpkG He 1954), und regelmäßig ein Organ, aber Möglichkeit der Zweiorganschaft (bei Sparkassen mit geringen Einlagen nur nach vorheriger Genehmigung durch die oberste Aufsichtsbehörde) (§ 7 SpkG SH 1958). Baden-Württemberg wählte in § 9 SpkG BW 1967 zwar allein die Zweiorganschaft, räumte aber mehrere Möglichkeiten ihrer Ausgestaltung ein. Siehe näher unten S. 51 ff.

224 Siehe zum damaligen Selbstverständnis der Sparkassen hinsichtlich grundsätzlicher Aspekte (i. e. Stellung der Sparkassen in der sozialen Marktwirtschaft, Gesetzgebungskompetenz für das Sparkassenrecht, Organisationsform, Gemeinnützigkeit, Beschränkung der Geschäftstätigkeit, Privilegierungen gegenüber den privaten Banken) ausführlich *Deutscher Sparkassen- und Giroverband e. V.,* Sparkasse 1965, 19.

tung, dann das Geschäftsrecht[225] und danach wieder Verfassung und Verwaltung der Sparkassen geändert wurden.[226] Während der zweiten Phase sorgte der Bund ein weiteres Mal für Veränderungen, indem er mittels eines neuen Kreditwesengesetzes[227] einige Bestimmungen der Dritten Notverordnung zum Geschäftsrecht aufhob.[228]

Auch in der Folgezeit kam es zu Rechtsänderungen auf Landesebene, wobei diese teilweise durch Änderungen des höherrangigen Rechts motiviert waren. So hatte etwa die Vollbesteuerung der Sparkassen[229] Einfluss auf die Höhe der zur Eigenkapitalbildung verwendbaren Gewinne. Eine der Ausgleichsmaßnahmen auf Länderseite war teilweise die Einführung von Hafteinlagen Dritter.[230] Ferner wurde das Geschäftsrecht in den 80er-Jahren insgesamt gelockert, um die Sparkassen für den europäischen Binnenmarkt zu rüsten.[231]

In den 90er-Jahren wurde das Sparkassenwesen von den folgenden Herausforderungen geprägt,[232] denen sich zum Teil auch das allgemeine Bankwesen gegenübersah: Der Vereinheitlichung der Sparkassenorganisation in den alten und neuen Ländern,[233] den bis heute andauernden Harmonisierungsbestrebungen des europäischen Bankmarktes, der rasanten Entwicklung der

---

225 Vgl. zu dieser Phase *Fischer,* Sparkasse 1979, 37; *Schlierbach,* Kommunalwirtschaft 1973, 436, und allgemein zur Geschichte des Spargeschäfts ab 1945 *Mura,* Sparkasse 1995, 229.

226 *Schlierbach/Püttner,* Sparkassenrecht, 5. Aufl., S. 24 ff.

227 Gesetz über das Kreditwesen vom 10.07.1961 (BGBl I S. 881), in Kraft getreten am 01.01.1962. Im Vorfeld zu diesem Gesetz wurde ein Gutachten zu möglichen Änderungen auf Bundesebene angefertigt, welche bei ihrer Umsetzung zu teilweise tiefgreifenden Änderungen für die Sparkassen geführt hätten. Zum Inhalt des Gutachtens äußert sich mit einer Stellungnahme *Hoffmann,* Sparkasse 1964, 295.

228 Hierzu *Sprengel,* Sparkasse 1961, 275.

229 Aufgrund des Subventionsabbaugesetzes vom 26.06.1981 (BGBl. I S. 537). Im Vorfeld kritisch hierzu Hoffmann, Sparkasse 1964, 295 (298 f.).

230 Siehe näher unten S. 69 f.

231 Näher *Fischer,* Sparkasse 1986, 394; *Möller,* Sparkasse 1986, 92, sowie Sparkasse 1988, 571, und *Strunk,* Sparkasse 1990, 559. Zu den Auswirkungen der Niederlassungsfreiheit auf das Sparkassenrecht siehe *Gorniak,* Sparkasse 1968, 207 (207 ff., insb. 209 f.).

232 Nach *Klein,* Sparkassenrecht in Deutschland und Frankreich, S. 47 ff.

233 Es kam zu Fusionen der ostdeutschen Institute und zu Kooperationen mit den Instituten der alten Länder. Siehe näher *Geiger/Günther,* Mitteilungen 1997, 39; *Günther,* in: GS Wysocki, S. 277 ff., und ausführlich *Geiger/Günther,* Neugestaltung des ostdeutschen Sparkassenwesens.

elektronischen Medien sowie der infolgedessen entstandenen Direktbanken[234] und schließlich der steigenden Nachfrage nach Produkten des Kapitalmarkts.[235]

Die jüngste Entwicklung des Sparkassenrechts ist vor allem von weiteren Liberalisierungen des Geschäftsrechts und von Tendenzen gekennzeichnet, die zurückhaltend als »Angleichungen« an die privaten Kreditinstitute bezeichnet werden sollen.[236] Die Rede ist z. B. vom sog. Wegfall der Anstaltslast und Gewährträgerhaftung oder der Einführung von begrenzt fungiblem Träger- bzw. Stammkapital.[237] Kritiker befürchten, dass diese Regelungen die Vorzeichen einer Privatisierung der Sparkassen seien[238] und

---

234 Es entstand insbesondere Konkurrenzdruck im Privatkundengeschäft durch die Direktbanken, vgl. hierzu *Jakfeld,* Sparkasse 1997, 177. Beide Seiten kämpfen in jüngster Zeit mit harten Bandagen, vgl. *O. V.,* Handelsblatt vom 13.02.2009, Nr. 31, S. 26 (»ING-Diba droht mit gezielter Abwerbung, Direktbank pariert Angriffe regionaler Konkurrenten«). Vorläufiger Höhepunkt war im Jahr 2008 die Sperrung der Geldautomaten einiger Sparkassen für Kreditkarten von Direktbankkunden. Die Direktbanken ermöglichen den Kunden die weltweite kostenlose Bargeldabhebung mit den von ihnen herausgegebenen Kreditkarten. Sie ersparen sich dadurch die kostenintensive Aufstellung und Wartung eigener Geldautomaten, vgl. *Drost,* Handelsblatt vom 21.11.2008, Nr. 27, S. 27 (»Landgericht stelle sich hinter Sparkasse, Sperrung des Geldautomaten für Citibank- und ING-Diba-Kunden keine wettbewerbswidrige Behinderung«), und *O. V.,* VuR 2008, 374. Bei alledem entbehrt es nicht einer gewissen Ironie, dass zwei der Direktbanken mittelbar von den Sparkassen selbst betrieben werden (Die DKB von der Bayerischen Landesbank und die 1822direkt Bank von der Frankfurter Sparkasse).

235 Wie bei *Klein,* Sparkassenrecht in Deutschland und Frankreich, S. 50, sei hingewiesen auf die jahresaktuellen Berichte zu den sparkassen-, bankrechtlichen und organisatorischen Entwicklungen dieser Zeit in *Deutscher Sparkassen- und Giroverband e. V.,* Jahresbericht 1991, 56 ff.; 1992, 57 ff.; 1993, 71 ff.; 1994, 26 ff.; 1995, 31 ff.; 1996, 31 ff.; 1997, 32 ff.

236 Allgemein zu dieser Zeit *Hubert,* Der Landkreis 2007, 445; *Münstermann,* ZKF 2001, 194; *Oebbecke,* Kreditwesen 2002, 734, NST-N 2002, 127, sowie Sparkassen und Sparkassenrecht, in: Ipsen (Hrsg.), Zukunft der Sparkassen, S. 109 ff. und jüngst Sparkassenrechtspolitik nach dem Namensstreit, in: Henneke (Hrsg.), Öffentlicher Auftrag bei sich wandelnden Marktbedingungen, S. 154 ff.; *Vogel,* Stadt und Gemeinde 2008, 105. Einen tabellarischen Überblick über ausgewählte Regelungsbereiche der Sparkassengesetze im Jahr 2008 liefert *Schalast,* Stammkapital, stille Beteiligung und Zusammenschlussoptionen, S. 46 ff.

237 Weitere Beispiele bei *Schlierbach/Püttner,* Sparkassenrecht, 5. Aufl., S. 27 ff.

238 Statt vieler *Fischer,* in: FG von Unruh, S. 835 ff.; *Geerlings,* NordÖR 2004, 181; *Horn,* Sparkasse 1999, 87, und *Rehm,* Der Städtetag 1993, 463. Die rechtlichen Schwierigkeiten und Möglichkeiten der Privatisierung von Sparkassen zeigen auf *Gesellschaft für öffentliche Wirtschaft,* Sparkassen und Landesbanken, S. 30 ff.; *Huber,* in: FS Schmidt, S. 487 ff.; *Müller,* ZögU 2005, 327, und *Bredow/Schick/Liebscher,* BKR 2004, 103. Für eine Privatisierung *Karl-Bräuer-Institut des Bundes*

ein »Dammbruch«[239] nicht mehr auszuschließen sei. Eine echte formelle oder sogar materielle Privatisierung der Sparkassen ermöglicht aber weiterhin keines der Sparkassengesetze.

Der enorme Anstieg der Zahl der Sparkassen zu Beginn des Sparkassenwesens hat sich seit langem umgekehrt. Nach vielen Gebietsreformen, Zweckverbandsbildungen und Fusionen gibt es in Deutschland derzeit 438 Sparkassen.[240]

II. Historie der Gesetzesänderungen

Es folgt ein knapper Überblick über die formelle Entwicklung der Sparkassengesetze[241] sowie weiterer sparkassenspezifischer Rechtsnormen der Länder. Die Reihenfolge richtet sich nach den Zeitpunkten des jeweils ersten Erlasses des Sparkassengesetzes.[242]

1. Hessen

1953 wurde das öffentliche Bank- und Sparkassenwesen in Hessen neu geordnet:[243] Es fand eine Verschmelzung der Sparkassen- und Giroverbände für Hessen und Hessen-Nassau (unter Auflösung weiterer Giroverbände) sowie eine Verschmelzung der Nassauischen Landesbank und der Landeskreditkasse zur Hessischen Landesbank – Girozentrale statt. Außer-

---

der Steuerzahler, Privatisierung, und *Frankfurter Institut, Stiftung Marktwirtschaft und Politik,* Privatisierung.

239 *Schlierbach/Püttner,* Sparkassenrecht, 5. Aufl., S. 28.

240 http://www.dsgv.de/de/sparkassen-finanzgruppe/daten_und_fakten/uebersicht/index.html (abgerufen am 06.03.2010). Eine Übersicht über die seit 1969 in den alten bzw. 1992 in den neuen Ländern vereinigten Sparkassen findet sich in *DSGV (e. V.),* Sparkassenfachbuch 2009, S. 422 ff. Eine weiter zurückreichende Auflistung der ehemaligen Sparkassen, die aufgrund ihrer durch jedermann veränderbaren Quelle allerdings mit Vorsicht zu genießen ist, bietet http://de.wikipedia.org/wiki/Liste_der_Sparkassen_in_Deutschland, zuletzt abgerufen am 23.06.2009. Nach ihren Bilanzsummen des Jahres 2008 geordnet werden die Sparkassen aufgelistet bei *O. V.,* Die Sparkassen-Zeitung vom 12.06.2009, Nr. 24, Beilage Juni 2009 S. B20 ff. (»Sparkassen-Rangliste 2008«).

241 Ein tabellarischer Überblick über die Änderungshistorie der Sparkassengesetze inklusive Fundstellenangaben und Abkürzungsweise findet sich im Anhang.

242 Eine ebenfalls nach Ländern gegliederte Übersicht über die materiellen Änderungsinhalte bis ca. 1970 findet sich bei *Mura,* Sparkassengeschichte, Teil 1, S. 120 ff.

243 Durch das Gesetz über die Neuordnung des öffentlichen Bank- und Sparkassenwesens vom 08.05.1953 (GVBl. S. 99), geändert durch das Gesetz vom 22.05.1963 (GVBl. S. 71).

dem löste gem. § 9 Abs. 1 des Neuordnungsgesetzes das Land Hessen den Bezirkskommunalverband Wiesbaden als Gewährträger für die Nassauische Sparkasse ab.[244] Das Gesetz wurde 1963 aufgehoben,[245] aber 1976 wurde eine in Bezug auf die Verbände und die Nassauische Sparkasse wortgleiche Nachfolgeregelung erlassen.[246] Sie enthielt außerdem weitergehende Vorschriften zur Hessischen Landesbank – Girozentrale als das erste Neuordnungsgesetz.

1954 erhielt Hessen das erste Sparkassengesetz der Bundesrepublik.[247] Das Gesetz löste unter anderem das bis dahin gültige hessische Sparkassengesetz von 1902 und die Durchführungsverordnung zur dritten Notverordnung des Reichspräsidenten ab.[248] Es wurde seitdem vierzehn Mal geändert, zuletzt 2008. Hiervon sind allerdings nur neun Änderungen echte Änderungen des materiellen Inhalts des Sparkassengesetzes.[249] Im Übrigen fanden vier Anpassungen im Rahmen der Änderung anderer Rechtsgebiete[250] sowie eine Rechtsbereinigung[251] statt. Hessen war ferner eines der

---

244 Die Nassauische Sparkasse wurde durch die §§ 30 f. SpkG He 1990 rekommunalisiert, indem die Trägerschaft auf einen Zweckverband übergeleitet wurde. Vgl. hierzu *Strunk,* Sparkasse 1990, 559 (561).

245 Durch § 1 i. V. m. Nr. 99 der Anlage des Gesetzes zur Bereinigung des hessischen Landesrechts vom 22.05.1963 (GVBl. S. 71).

246 Gesetz über die Neuordnung des öffentlichen Bank- und Sparkassenwesens vom 02.01.1976 (GVBl. S. 17, berichtigt S. 32), geändert durch Art. 12 des Gesetzes vom 21.12.1976 (GVBl. S. 532).

247 SpkG He 1954. Siehe zu dieser Fassung insbesondere die ausführliche Darstellung von DSGV e. V. (Hrsg.)/*Schlierbach,* Sparkassenrecht in Hessen. Ferner *Schlierbach,* Sparkasse 1955, 378; *Wagenbach,* Sparkasse 1958, 239 ff., und – auch zu den ersten Änderungen des Gesetzes – *Schlierbach,* Kommentar zum hessischen Sparkassengesetz.

248 Gesetz über die öffentlichen Sparkassen vom 08.08.1902 (RegBl. 363) und Verordnung vom 21.12.1931 zur Durchführung des fünften Teils Kapitel I der Dritten Notverordnung des Reichspräsidenten zur Sicherung von Wirtschaft und Finanzen und zur Bekämpfung politischer Ausschreitungen vom 06.10.1931 (RegBl. 231). Zu den übrigen abgelösten Gesetzen siehe § 25 SpkG He 1954.

249 SpkG He 1969 I, 1972, 1990, 1998, 2002 I, II, III, 2007 und 2008. Vgl. zu den Änderungen von 1969 *Schlierbach,* Sparkasse 1969, 53; von 1972 *Schlierbach,* Sparkasse 1973, 63 und 121; von 1990 *Strunk,* Sparkasse 1990, 559 (560 f.), und von 2008 *Vogel,* BKR 2009, 106. Die Änderungen von 2008 kündigte der Minister für Wirtschaft, Verkehr und Landesentwicklung teilweise bereits 2002 an (*Posch,* Kreditwesen 2002, 749).

250 SpkG He 1969 II, 1976, 1984 und 1992.

251 SpkG He 1962. Vgl. allgemein zur Sparkassenorganisation in Hessen im Jahr 1963 *Frank,* Sparkasse 1963, 346.

wenigen Länder, welches zunächst[252] nach dem Vorbild der Materialien zur Erneuerung des Sparkassenrechts[253] zwei Mustersatzungen[254] – für Sparkassen mit einem und für Sparkassen mit zwei Hauptorganen – verabschiedete. Seit der Einführung der optionalen Trägerversammlung durch § 17d SpkG He 2008 existieren in Hessen wieder zwei Mustersatzungen.

2. Bremen

Das erste Sparkassengesetz im Land Bremen wurde 1955 erlassen.[255] Damals[256] wie heute[257] findet es aber allein Anwendung auf die Sparkasse Bremerhaven, welche die einzige öffentlich-rechtliche Sparkasse ist, deren (un-)mittelbarer Träger eine der beiden Gemeinden des Landes Bremen – die Stadt Bremerhaven – ist[258]. Die Sparkasse Bremerhaven steht seit

252 Vgl. § 10 Abs. 2 SpkG He 1954 einerseits und § 9 Abs. 2 SpkG He 1969 andererseits. Es wurden allerdings bereits 1954 Bedenken, namentlich von der FDP, hinsichtlich der Sparkassen mit einem Organ geäußert, vgl. den Bericht (Drs. III, Nr. 64, vom 16.06.1954) über die erste Lesung des Gesetzesentwurfs (Drs. I, Nr. 910), abgedruckt in *O. V.*, Sparkasse 1954, 203 (204).

253 Siehe zu den Materialien oben S. 37 f.

254 Ein Begleiterlass des Hessischen Ministers für Arbeit, Wirtschaft und Verkehr vom 05.06.1955 zu den Mustersatzungen vom gleichen Tag ist in Teilen abgedruckt bei *O. V.*, Sparkasse 1955, 318. Die Mustersatzungen wurden – jeweils durch Ministerialerlass – geändert am 12.05.1960 (StAnz. 1960, 672; hierzu *Schlierbach*, Sparkasse 1960, 282 und 302), am 07.08.1962 (StAnz. 1962, 1139; hierzu *Schlierbach*, Sparkasse 1963, 41) und am 10.07.1963 (StAnz. 1963, 875; hierzu *Schlierbach*, Sparkasse 1964, 22). Hingewiesen sei ferner auf *Schlierbach*, Kommentar zu den hessischen Mustersatzungen A und B.

255 SpkG HB 1955. Vgl. hierzu *Henze*, Sparkasse 1959, 66, und *Petermann*, Sparkasse 1955, 379.

256 Es gab in der Stadt Bremen die »Sparkasse in Bremen e. V.«, welche aber eine freie Sparkasse war. Ferner hatte zwar in Bremerhaven eine öffentlich-rechtliche Sparkasse ihren Sitz. Sie unterfiel jedoch dem niedersächsischen Recht (vgl. § 15 S. 1 SpkG HB 1955), weil ihr Gewährträger der niedersächsische Landkreis Wesermünde war, vgl. *Petermann*, Sparkasse 1955, 379 (379). Gleichwohl gestattete § 15 S. 2 SpkG HB 1955, die Aufsicht über die Sparkasse durch Verwaltungsvereinbarung auf das Land Bremen zu übertragen.

257 Seit 2004 firmiert der (wirtschaftliche) Trägerverein in der Stadt Bremen als »Finanzholding der Sparkasse in Bremen«. Das operative Geschäft wurde auf die »Die Sparkasse Bremen AG« übertragen, welche, wie ihre Vorgängerin, eine freie Sparkasse ist (https://finanzcenter.sparkasse-bremen.de, abgerufen am 10.05.2009). Die Kreissparkasse Wesermünde wurde mittlerweile mit der Kreissparkasse des Landes Hadeln verschmolzen (https://banking.meine-ksk.de, abgerufen am 10.05.2009). Für die dabei entstandene Kreissparkasse Wesermünde-Hadeln gilt – wie für die beiden Vorgängerinstitute – das niedersächsische Recht. Die Aufsicht darf weiterhin gem. § 26 SpkG HB 2008 auf das Land Bremen übertragen werden.

258 *Petermann*, Sparkasse 1955, 379 (379).

2003 nicht mehr in der Trägerschaft der Stadt Bremerhaven, sondern in der Trägerschaft der von der Stadt Bremerhaven gegründeten öffentlich-rechtlichen Sparkassenstiftung Bremerhaven.[259] Aufgrund der nach wie vor rein öffentlich-rechtlichen Konstruktion ist eine Beleihung der Sparkassenstiftung mit der Trägerschaft – anders als in Berlin – nicht nötig und möglich.

Das Sparkassengesetz hat sieben Änderungen erfahren,[260] wobei die Änderung aus dem Jahr 1998 alleine wegen der Einführung der Insolvenzordnung erforderlich war. Eine Sparkassenverordnung zur Regelung der Geschäftstätigkeit kann erlassen werden,[261] existiert zur Zeit aber ersichtlich nicht. Weil das Sparkassengesetz faktisch nur für die Sparkasse Bremerhaven gilt, war der Erlass einer Mustersatzung nicht erforderlich.[262]

3. Nordrhein-Westfalen

Das erste Sparkassengesetz[263] für Nordrhein-Westfalen[264] aus dem Jahr 1958[265] fand in der Literatur, welche durch das Tätigwerden der Gesetzgeber in Hessen und Bremen für das Sparkassenrecht sensibilisiert wurde, bereits während seiner Entstehungszeit Aufmerksamkeit.[266] Seitdem wurde das Gesetz 13 Mal geändert, in größerem Umfang zuletzt 2008[267]. Allerdings ist in Nordrhein-Westfalen ein noch kleinerer Anteil der Änderungen

---

259 Die Rechtgrundlage hierfür wurde geschaffen durch Art. 3 des Gesetzes vom 08.04.2003 zur Änderung des Sparkassengesetzes für öffentlich-rechtliche Sparkassen im Lande Bremen und zur Errichtung der Sparkassenstiftung Bremerhaven (GBl. 168 = SpkG HB 2003).

260 SpkG HB 1967, 1973, 1994, 1998, 2002, 2003 und 2008.

261 Gem. § 5 SpkG HB 2008.

262 *Petermann,* Sparkasse 1955, 379 (380).

263 Kommentierungen zum SpkG NW lieferten *Heinevetter/Engau/Menking,* Sparkassengesetz (Stand 1998) und *Rothe,* Sparkassengesetz (Stand 1976).

264 Siehe allgemein zur Entwicklung des Sparkassenwesens in Nordrhein-Westfalen *Seigner,* Gemeindehaushalt 2001, 193 (195 ff.).

265 SpkG NW 1958.

266 Allgemein *Fischer,* Sparkasse 1958, 67; *Kohlhase,* Sparkasse 1956, 315; *Kühltau,* Kommunalpolitische Blätter 1956, 37 (auszugsweise abgedruckt in Sparkasse 1956, 58), und *Roesch,* Sparkasse 1958, 287. Zu Problemen der Neuregelung hinsichtlich der Gewährträger *Türk,* Sparkasse 1958, 71. Auszüge aus der ersten Lesung im Parlament sind abgedruckt bei *O. V.,* Sparkasse 1957, 41. Zur Rechtslage unmittelbar vor der Neuregelung *Middelhauve,* Sparkasse 1956, 83.

267 Vgl. zur letzten Änderung und ihrer Entstehung statt vieler *Hamacher,* Städte- und Gemeinderat 2009, 35; *O. V.,* Die Sparkassenzeitung vom 19.09.2008, Nr. 38, S. 7 (»Experten weisen auf Gefahren der Novelle hin«); *O. V.,* Landtag Intern 10/2008, S. 8, sowie die Angaben oben Fn. 11.

als in Hessen ausschließlich sparkassenspezifisch.[268] Die übrigen Änderungen haben sich aus Änderungen im Personalvertretungsrecht[269], im Mitbestimmungsrecht[270], im Lebenspartnerschaftsrecht[271] sowie aufgrund der Funktionalreform[272] und der Verstärkung des Transparenzrechts[273] ergeben. Ferner erfolgten zwei Änderungen aufgrund von Umstrukturierungen der Westdeutschen Landesbank.[274]

Es existierte eine Sparkassenverordnung in Nordrhein-Westfalen[275], welche erst durch die Novellierung aus 2008 abgeschafft wurde. Ihr Regelungsinhalt wurde auf das Sparkassengesetz und auf Verwaltungsvorschriften verteilt. Es gibt ferner eine Mustersatzung mit (von Anfang an) zwei Hauptorganen, von der bis 1994 nur mit Genehmigung abgewichen werden durfte.[276]

4. Rheinland-Pfalz

Zwei Monate, nachdem Nordrhein-Westfalen sein erstes Sparkassengesetz verkündet hatte, tat Rheinland-Pfalz es ihm gleich.[277] Der Tag des Inkrafttretens war, wie in Nordrhein-Westfalen, der 01.04.1958, wobei einige

---

268 Nämlich nur die SpkG NW 1969, 1970, 1994, 2002 und 2008. Zur Änderung von 1970 siehe *Heinevetter,* Sparkasse 1970, 251. Die Änderung von 2002 kommentiert der Finanzminister des Landes *Steinbrück,* Kreditwesen 2002, 750.

269 SpkG NW 1971 und 1974.

270 SpkG NW 1984.

271 SpkG NW 2005.

272 SpkG NW 1979.

273 SpkG NW 2009.

274 SpkG NW 1975 und 2004.

275 Rechtsgrundlage für die Verordnung war § 52 SpkG NW 1958. Zur Entwicklung des in der Verordnung niedergeschriebenen Geschäftsrechts siehe *Horbach,* Sparkasse 1982, 422, und *Strunk,* Sparkasse 1990, 559 (562 ff.).

276 Siehe § 5 SpkG NW 1994 (i. d. F. d. Neubekanntmachung von 1995. In der Änderung von 1994 stehen die Bestimmungen zur Satzung noch in § 4, weil die Regelungen zur geschäftlichen Betätigung zunächst in einem § 3a enthalten waren, welcher bei der Neubekanntmachung gestrichen wurde. Im weiteren Verlauf werden grundsätzlich die Fundstellen aus den Neubekanntmachungen zitiert.). Die Urfassung der Mustersatzung wurde am 01.04.1958 – zeitgleich mit dem Inkrafttreten des Sparkassengesetzes – erlassen (GVBl. S. 111). Zu den mehrfachen Änderungen der Mustersatzung bis 1970 siehe *Heinevetter,* Sparkasse 1970, 152, und speziell zur ersten Änderung *Horbach,* Sparkasse 1965, 331.

277 SpkG RP 1958. Näher zu den Besonderheiten gegenüber Hessen und Nordrhein-Westfalen *Eichmann,* Sparkasse 1958, 255, und zum Ablauf des Gesetzgebungsverfahrens *Oberbillig,* Sparkasse 1958, 115.

Paragraphen erst drei Monate später in Kraft traten.[278] Das Gesetz löste unter anderem das bis dahin in Teilen von Rheinland-Pfalz gültige bayerische[279] und hessische[280] Sparkassenrecht ab.[281] Das Gesetz wurde seither 14 Mal geändert. Elf dieser teilweise sehr geringen Änderungen sind sparkassenspezifisch.[282] Die übrigen Änderungen erfolgten aufgrund einer Verwaltungsneuorganisation[283] und aufgrund von Veränderungen bei der Landesbausparkasse[284] und der Westdeutschen Immobilienbank[285].

Die Ermächtigung zum Erlass einer Sparkassenverordnung mit Regelungen über das Geschäftsrecht besteht seit 1958.[286] Die letzte Fassung der Sparkassenverordnung wurde 1999 aufgehoben.[287] 1982 entfiel das Erfordernis, Abweichungen von der (gleichwohl zuletzt 2005 geänderten) Mustersatzung genehmigen zu lassen.[288]

278 § 35 Abs. 1 S. 1 und 2 SpkG RP 1958.

279 Bayerisches Sparkassengesetz und -ordnung vom 04.05.1942 (GVBl. S. 139 und 150 sowie 1943, 4).

280 Hessisches Sparkassengesetz vom 08.08.1902 (RegBl. S. 363) und hessische Verordnung vom 21.12.1931 (RegBl. S. 231).

281 Vgl. § 35 Abs. 1 S. 3 SpkG RP 1958.

282 SpkG RP 1970, 1972 (im Zuge einer allgemeinen Verwaltungsvereinfachung), 1982, 1985, 1993 I, 1993 II, 1996, 1999 I, 2002, 2004 (teilweise) und 2008. Zum SpkG RP 1982 siehe *O. V.,* Sparkasse 1983, 19, und *Schmitt-Weigand,* Sparkasse 1983, 22. Die jeweils aktuelle Fassung des Gesetzes (zuletzt SpkG RP 1999 II), der amtlichen Begründung der letzten Änderung sowie weitere Vorschriften sind abgedruckt bei *Dietrich,* Sparkassengesetz, 7. Aufl., und in den Vorauflagen.

283 SpkG RP 1999 II.

284 SpkG RP 2004 (teilweise).

285 SpkG RP 1994 und 2006.

286 Zunächst in § 25 Abs. 8 SpkG RP 1958 und ab 1982 in § 4 Abs. 1 SpkG RP 1982. Der Inhaltskatalog ist zunächst stetig gewachsen, vergleiche zuletzt § 4 Abs. 1 und 2 SpkG RP 1993 II. Seit dem SpkG RP 1999 I enthält § 4 Abs. 1 nurmehr eine Generalklausel. Zu den Veränderungen im Geschäftsrecht um 1989 siehe *Strunk,* Sparkasse 1990, 559 (562 ff.).

287 Durch Art. 2 Abs. 2 Nr. 1 des Sechsten Gesetzes zur Änderung des Sparkassengesetzes vom 06.07.1999 (GVBl. S. 127) = SpkG RP 1999 I.

288 Vgl. § 4 Abs. 2 SpkG RP 1970 mit § 4 Abs. 2 SpkG RP 1982. Zu einschneidenden Änderungen der Mustersatzung siehe *Pressmar,* Sparkasse 1962, 265, und *Pressmar,* Sparkasse 1965, 296. Die aktuelle Fassung der Mustersatzung ist abgedruckt bei *Fischer/Herbst,* RSP, B 2.9.2.2.

5. Schleswig-Holstein

Als drittes und letztes Land im Jahr 1958 erließ Schleswig-Holstein sein erstes Sparkassengesetz.[289] Es trat gem. § 48 SpkG SH 1958 vollständig am 01. Juni, und damit noch vor Teilen des Gesetzes aus Rheinland-Pfalz, in Kraft. Mit seinen zwanzig Änderungen, wobei 1994 zwei Änderungsgesetze am gleichen Tag erlassen wurden, ist es das am häufigsten geänderte Sparkassengesetz der Bundesrepublik. Nur sieben dieser Änderungen sind allerdings sparkassenspezifischer Natur.[290] Die übrigen Änderungen gehen zum größten Teil auf häufige Zuständigkeits- und Bezeichnungswechsel der Ministerien[291] sowie auf Anpassungen an andere Rechtsgebiete[292], eine Vereinfachung des Verwaltungsverfahrens[293] und Regelungen zur Investitionsbank und zur Landesbank[294] zurück.

Schleswig-Holstein ist eines der wenigen Länder, das in der ersten Fassung seines Gesetzes noch zwei Mustersatzungen mit ein bzw. zwei Hauptorganen für die öffentlich-rechtlichen Sparkassen vorsah.[295] Seit jeher gibt es eine weitere Mustersatzung für die in Schleswig-Holstein gelegenen freien Sparkassen.[296]

Es ist auch eine freie Sparkasse, die den Anlass für die nächste Änderung des Sparkassengesetzes von Schleswig-Holstein liefern könnte. Die Landesregierung zieht (soweit die Kommission der EU keine Einwände äußert) in Erwägung, der privaten Hamburger Sparkasse eine Beteiligung ähnlich der eines Trägers bzw. stimmberechtigten Gesellschafters an der öffentlichrechtlichen Sparkasse Südholstein zu ermöglichen, um dieser bei der Bewältigung der Finanzkrise zu helfen.[297] Dem steht aktuell § 1 Abs. 1 SpkG

---

289 SpkG SH 1958. Näher hierzu *Kujath,* Sparkasse 1958, 147, und *Pahlke,* Sparkasse 1958, 271. Eine Kommentierung mit dem Stand 1998 II liefert *Krüger,* Sparkassengesetz.

290 SpkG SH 1971, 1980, 1985, 1994 (teilweise), 1998 I, 2002 und 2008.

291 SpkG SH 1989, 1996, 1998 II, 2003 II, 2005 II und 2005 III.

292 SpkG SH 1977, 1994 (teilweise), 2005 I und 2009.

293 SpkG SH 1982.

294 SpkG SH 1990 und 2003.

295 § 3 Abs. 2 SpkG SH 1958, siehe auch oben Fn. 223.

296 Zunächst § 34 Abs. 2 SpkG SH 1958 und heute – nach mehrfacher Änderung der Paragraphennummer – § 35 Abs. 2 SpkG SH 2008. Näher zu den freien Sparkassen unten S. 71 ff.

297 *Drost,* Handelsblatt vom 08./09./10.05.2009, Nr. 88, S. 28 (»Kiel schottet Sparkassen ab, Schleswig-Holstein will verhindern, dass sich private Investoren an Sparkassen beteiligen«). Vgl. zu den rechtlichen Möglichkeiten und Gefahren der

SH 2009 entgegen, nach dem eine öffentlich-rechtliche Sparkasse keine Personen des Privatrechts als Träger haben kann. Außerdem wird darüber nachgedacht, Sparkassen Beteiligungen untereinander bis 49,9 Prozent zu ermöglichen.[298] Ferner wurde – allerdings mit geringen Erfolgsaussichten – vorgeschlagen, die Umwandlung der Sparkassen in Aktiengesellschaften und die Gründung einer an den Sachsen-Finanzverband erinnernden Holding zu erzwingen. Über die Holding wäre dann der Einstieg privater Minderheitsaktionäre bei den Sparkassen möglich.[299]

6. Berlin

Das erste Sparkassengesetz der 60er-Jahre wurde in Berlin (West) erlassen.[300] Es fand allein Anwendung auf die Sparkasse der Stadt Berlin West[301], welche die einzige Sparkasse im alliierten Sektor war, die Neukundengeschäfte tätigen durfte[302]. Bis zur Wiedervereinigung wurde das Gesetz sechs Mal in auffällig geringem Maße geändert. Die vier sparkassenspezifischen Änderungen betreffen zum größten Teil die Organe.[303] Im Übrigen fanden eine Änderung zur Anpassung an das Haushaltsrecht[304] und eine Änderung zur Aufhebung von Übergangsvorschriften[305] statt. Es existierte ferner eine Satzung für die Sparkasse Berlin West, die aufgrund der Alleinstellung der Sparkasse als Rechtsverordnung erlassen wurde. Sie

---

angedachten Änderung des Sparkassengesetzes ferner *Wissenschaftlicher Dienst des Landtags Schleswig Holstein,* Umdruck 16/4264 vom 06.04.2009, insb. S. 14 ff.

298 *Drost,* Handelsblatt vom 07.01.2009, Nr. 4, S. 27 (»Schleswig-Holstein drängt auf Sparkassen-Reform, CDU favorisiert Beteiligungen innerhalb der Sparkassenorganisation – Koalitionspartner SPD sperrt sich«), auch zur Beteiligung der Haspa an öffentlich-rechtlichen Instituten.

299 *O. V.,* Kieler Nachrichten vom 22.01.2009, Nr. 18, S. 17 (»FDP: Sparkassen sollen Aktiengesellschaften werden, Der Plan stößt auf breite Ablehnung im Regierungs- und Oppositionslager«).

300 SpkG Bln 1960. Zu dem Gesetz siehe *Beckmann,* Sparkasse 1961, 38 und 56.

301 Zur Geschichte des Vorgängerinstituts, der Anfang des 19. Jahrhunderts gegründeten Sparkasse Berlin, siehe *Böhme,* Sparkasse 1966, 352. Es wurde am 11.12.1948, wie die Stadt, in zwei Teile geteilt, vgl. *aaO.,* (352).

302 Es existierten ferner die Sparkassen der Kreiskommunalverbände Niederbarnim und Teltow, denen aber das Betreiben von Bankgeschäften 1945 komplett verboten wurde. 1953 wurden dann Altkundengeschäfte von dem Verbot ausgenommen, vgl. *Beckmann,* Sparkasse 1961, 38 und 56 (38). Die beiden Sparkassen wurden durch § 19 SpkG Bln 1973 aufgelöst.

303 SpkG Bln 1964, 1965, 1968 und 1973.

304 SpkG Bln 1966.

305 SpkG Bln 1984.

war zugleich Mustersatzung für andere Sparkassen in Berlin West.[306] Diese Regelung, die auf den ersten Blick ohne praktischen Anwendungsfall erscheint, war für den Fall gedacht, dass in einem wiedervereinigten Groß-Berlin neue Sparkassen gegründet oder Altsparkassen ihr ruhendes Geschäft wieder aufnehmen könnten.[307] Mit der Gründung der Landesbank Berlin – Girozentrale (AöR), welche die Gesamtrechtsnachfolge der Sparkasse der Stadt Berlin West und der Sparkasse der Stadt Berlin Ost antrat, wurden das Sparkassengesetz und die »Satzungsverordnung« aufgehoben.[308]

Ein neues, bisher unverändertes Sparkassengesetz wurde 2005 erlassen.[309] Es enthält in knapper Form übliche Regelungen zur Organisation der Berliner Sparkasse, wartet aber auch mit einer großen Besonderheit auf. In ihm ist bestimmt, dass die Landesbank Berlin – Girozentrale (AöR) in eine AG umgewandelt wird,[310] um sie in einem wegen zuvor geflossener Beihilfen[311] von der EG-Kommission geforderten »transparenten und diskriminierungsfreien Veräußerungsverfahren« zu verkaufen[312]. Die Berliner Sparkasse wurde aus der Organisation der Landesbank wieder ausgegliedert. Sie ist seitdem eine öffentlich-rechtliche Sparkasse in der Rechtsform einer teilrechtsfähigen Anstalt des öffentlichen Rechts. Die Landesbank Berlin AG ist mit ihrer Trägerschaft beliehen.[313]

306 §§ 11, 15 SpkG Bln 1960.

307 *Beckmann,* Sparkasse 1961, 38 und 56 (40).

308 §§ 1 Abs. 2 und 3, 18 des Gesetzes über die Errichtung der Landesbank Berlin – Girozentrale – vom 27.09.1990 (GVBl. S. 2115). Vgl. zu dieser Entwicklung *Strunk,* Sparkasse 1990, 559 (560).

309 SpkG Bln. 2005. Ein Presseecho liefert *Drost,* in; Handelsblatt vom 12.04.2005, Nr. 70, S. 1 (»Berlin ändert Sparkassengesetz: Durchbruch für Privatbanken, Landesregierung will erstmals Verkauf eines öffentlich-rechtlichen Kreditinstituts ermöglichen«).

310 § 10 Abs. 1 SpkG Bln 2005.

311 Die Beihilfen sollten Verluste durch fehlgeschlagene Immobiliengeschäfte in den 90er-Jahren ausgleichen, vgl. *Rose,* Eine ehrenwerte Gesellschaft, S. 54 ff.

312 Art. 1 Abs. 2 und Art. 2 Abs. 1 lit. b mit Anhang der Entscheidung der *EG-Kommission* vom 18.02.2004 über eine Umstrukturierungsbeihilfe Deutschlands zugunsten der Bankgesellschaft Berlin AG (2005/345/EG; ABl. Nr. L 116 vom 04.05.2005, S. 1). Zur Umstrukturierung der Berliner Sparkasse siehe *Thiemann,* Rechtsprobleme der Marke Sparkasse, S. 1 ff. und 66 ff.

313 § 3 Abs. 1 und 2 SpkG Bln 2005.

7. Niedersachsen

In Niedersachsen gibt es seit 1962 ein Sparkassengesetz.[314] Es wurde seither 14 Mal geändert. Nur fünf der Änderungsgesetze, von denen das erste erst 1990 erlassen wurde, hatten hauptsächlich das Sparkassengesetz zum Gegenstand.[315] Der Schwerpunkt der neun übrigen Änderungsgesetze lag in anderen Rechtsgebieten.[316] Die Auswirkungen der großen Verwaltungs- und Gebietsreform wurden in einem gesonderten Gesetz geregelt.[317]

Ein Grund für die lange Zurückhaltung des Gesetzgebers hinsichtlich »echter« Änderungen des Sparkassengesetzes liegt im mehrfachen Wechsel zwischen Mustersatzung und Sparkassenverordnung. Anfangs gab es eine durch Verordnung erlassene detaillierte Mustersatzung[318] mit genehmigungspflichtiger Abweichungsmöglichkeit.[319] In dieser Zeit war das Sparkassengesetz als Rahmengesetz ausgestaltet.[320] Erst nach der Wiedervereinigung – zeitgleich mit dem ersten »echten« Änderungsgesetz – wurde dann eine unmittelbar verbindliche Sparkassenverordnung eingeführt, während Abweichungen von der Mustersatzung keiner Genehmigung mehr bedurften.[321] Vor wenigen Jahren wurde dann die Sparkassenverordnung wieder aufgehoben. Seither besteht wieder eine Genehmigungspflicht für Abweichungen von der Mustersatzung.[322]

8. Saarland

Ende 1964 zog das Saarland durch den Erlass seines Sparkassengesetzes mit den meisten alten Ländern gleich.[323] Das Saarland ist ein Flächenland,

---

314 SpkG Nds 1962. Zum Inhalt siehe *Müller,* Sparkasse 1962, 195. Eine Kommentierung mit dem Stand 2005 liefert *Berger,* Sparkassengesetz.

315 SpkG Nds 1990, 1996, 2002, 2004 II und 2008.

316 SpkG Nds 1970 I, II, III, 1972, 1977, 1983, 1998, 2004 I und 2005.

317 Gesetz über die Auswirkungen der Verwaltungs- und Gebietsreform in Niedersachsen auf die Sparkassen vom 14.07.1972 (GVBl. S. 389), geändert durch Art. X des Achten Gesetzes zur Verwaltungs- und Gebietsreform vom 28.06.1977 (GVBl. S. 233).

318 Zum Inhalt der Mustersatzung siehe *Müller,* Sparkasse 1963, 38.

319 § 6 Abs. 2 SpkG Nds 1962.

320 *Mura,* Sparkassengeschichte, Teil 1, S. 125.

321 § 6 (insb. Abs. 1) SpkG Nds 1990. Hierzu und zu den weiteren Änderungen (insb. im Geschäftsrecht) von 1990 vgl. *Strunk,* Sparkasse 1990, 559 (561 ff.).

322 §§ 35 Abs. 2 Nr. 2, 6 Abs. 3 SpkG Nds 2004.

323 SpkG Saar 1964. Zum Gesetz allgemein und zur früheren Rechtslage, die teilweise auch vom französischen Recht geprägt war, siehe *Reyert,* Sparkasse 1965, 153.

wenn auch das kleinste. Besonderheiten wie bei den nur für eine Sparkasse geltenden Gesetzen von Bremen oder Berlin gibt es daher nicht.[324] Das Sparkassengesetz wurde bis dato zehn Mal geändert. Die Hälfte der Änderungsgesetze änderte im Schwerpunkt oder ausschließlich Vorschriften hinsichtlich der Sparkassen.[325] Ferner fanden mehrere Rechts- bzw. Bezeichnungsanpassungen statt[326]. Zwei Änderungen fanden schließlich mit Blick auf die Landesbank Saar statt.[327]

Im Saarland existiert ferner eine Mustersatzung. Früher waren Abweichungen von ihr genehmigungspflichtig, seit 1993 ist ohnehin jede Satzung genehmigungspflichtig.[328]

9. Baden-Württemberg

Das erste Sparkassengesetz für das gesamte Land Baden-Württemberg wurde 1967 erlassen.[329] Es löste die auf unterschiedlichen Systemen beruhenden Sparkassengesetze von Baden[330] (Bezirkssparkassensystem) und

---

324 Im Saarland existieren zur Zeit immerhin sieben selbständige Sparkassen (http://www.sparkassen-finanzgruppe-saar.de, Stand 12/2005, abgerufen am 06.03.2010).

325 SpkG Saar 1975, 1984, 1993, 2006 und 2009. Zur Novelle von 1975 vgl. *Kriechbaum,* Sparkasse 1975, 179. Zur Novelle von 2006 siehe den Ansatz des Wirtschaftsministers *Georgi,* Saarländischer Modernisierungsansatz, in: Fischer/Pape, Handbuch der deutschen Sparkassen, S. 42.

326 SpkG Saar 1970, 1994 und 1998.

327 SpkG Saar 1988 und 2002. Letztere Änderung enthielt ferner die Anpassung der Vorschriften für die Sparkassen an den Wegfall von Anstaltslast und Gewährträgerhaftung. Vgl. zu ihrem Vorfeld die Äußerungen des Wirtschafsministers *Georgi,* Kreditwesen 2002, 745.

328 § 4 SpkG Saar 1993 (Neubekanntmachung), im Änderungsgesetz § 3a. Zur ersten Fassung der Mustersatzung vgl. *Reyert,* Sparkasse 1965, 449.

329 SpkG BW 1967. Vgl. zu diesem Gesetz *Wünsch,* Sparkasse 1967, 252. Die im Vorfeld geäußerten, sparkassenkritischen Äußerungen des Innenministers *Renner* finden sich auszugsweise bei *Beyer-Fehling,* Sparkasse 1960, 190. Eine Kommentierung mit Stand 2004 II liefern *Klüpfel u. a.,* Sparkassengesetz.

330 Bekanntmachung vom 30.03.1940 der neuen Fassung des Sparkassengesetzes vom 02.02.1940 und anderer Rechtsvorschriften (GVBl. Baden S. 19), im Regierungsbezirk Nordbaden geändert durch Gesetz Nr. 380 zur Abänderung des Badischen Sparkassengesetzes vom 16.11.1949 (RegBl. Württemberg-Baden (sic) S. 219). Zur Entwicklung des badischen Sparkassenrechts von den Anfängen bis nach dem Zweiten Weltkrieg siehe *Raule,* Sparkasse 1952, 153 und 174.

Württemberg[331] (Kreissparkassensystem) ab.[332] Das Gesetz wurde bis heute zwölf Mal geändert. Acht Mal wurde im Schwerpunkt das Sparkassengesetz geändert,[333] während vier Änderungen zur Anpassung an andere Rechtsgebiete erfolgten[334].

Weiterhin wurde in Baden-Württemberg – ähnlich den Sparkassenverordnungen der anderen Länder[335] – eine Sparkassenanlageverordnung erlassen.[336] Sie regelte lediglich das Aktivgeschäft der Sparkassen und wurde aufgehoben, als den Sparkassen erlaubt wurde, grundsätzlich alle bankühlichen Geschäfte zu führen.[337] Die Regelungen hinsichtlich des Passivgeschäfts und anderer Geschäfte mussten demgegenüber in den Satzungen geregelt werden, wobei jede Satzung und ihre Änderung genehmigungspflichtig waren und sind.[338]

Eine Besonderheit bestand bis 1975 darin, dass es drei Mustersatzungen[339] gab, die nach Maßgabe des Sparkassengesetzes unterschiedlich Regelungen über die Organe enthielten. Zwar musste eine Sparkasse stets zwei Hauptorgane haben.[340] Jedoch war für alle Angelegenheiten im Grundsatz entweder der Vorstand (Vorstandsverfassung)[341] oder der Verwaltungsrat (Verwaltungsratsverfassung) zuständig. Im letzteren Fall hieß das Vertre-

---

331 Sparkassengesetz vom 24.03.1932 (RegBl. Württemberg S. 97), geändert durch Gesetz zur Änderung des württembergischen Sparkassengesetzes vom 18.11.1957 (GBl. Baden-Württemberg S. 139). Anfang der 50-er Jahre wurden bereits Änderungen angemahnt von *Breitmeyer,* Sparkasse 1951, 227, und *Mahringer,* Sparkasse 1951, 259.

332 *Mura,* Sparkassengeschichte, Teil 1, S. 127.

333 SpkG BW 1975, 1983, 1987, 1991, 1999, 2002, 2004 II und 2008.

334 SpkG BW 1993, 1995 und 2004 I. Weiterhin SpkG BW 1971 im Zuge der Kreisreform, obgleich die Änderungen am Sparkassengesetz recht umfangreich waren.

335 Anders *Mura,* Sparkassengeschichte, Teil 1, S. 127, der die Anlageverordnung in die Nähe der Mustersatzungen rückt. Dies überzeugt aber nicht, denn es wurden auch Mustersatzungen in Baden-Württemberg erlassen (siehe sogleich).

336 Kommentierung hierzu bei *Klüpfel,* Sparkassenrecht, Teil 2.

337 Art. 4 Nr. 2 des Gesetzes zur Änderung des Sparkassengesetzes für Baden-Württemberg vom 12.12.1991 (= SpkG BW 1991).

338 Vgl. § 9 SpkG BW 1967 und 2008.

339 Die Mustersatzungen A und B kommentiert *Klüpfel,* Satzungsmuster, 1. Aufl. Siehe ferner die zwei folgenden Auflagen hinsichtlich der ab 1975 allein geltenden Mustersatzung.

340 § 9 SpkG BW 1967. Andere Länder erlaubten auch bzw. verlangten, dass die Sparkasse nur ein Hauptorgan hatte, siehe oben Fn 223.

341 §§ 9 S. 1 Var. 1 und 19 Abs. 1 S. 2 SpkG BW 1967 (MuSa A). Zu dieser Verfassung siehe *Eckstein,* Sparkasse 1968, 196.

tungsorgan Geschäftsleitung und konnte aus einem[342] oder mehreren[343] Mitgliedern bestehen. Diese Zweigleisigkeit war ein Zugeständnis an die verschiedenen Sparkassensysteme der Länder Baden und Württemberg.[344] Mit der ersten echten Änderung des Sparkassengesetzes entschied man sich aber für die Vorstandsverfassung als allein zulässige Verfassung.[345]

10. Bayern

Bayern war 1970 das letzte alte Bundesland, das sein Sparkassengesetz nach der Gründung der Bundesrepublik änderte[346] und die Vorstandsverfassung mit ihren zwei Hauptorganen einführte[347]. Es existiert zwar eine Neubekanntmachung des Sparkassengesetzes von 1956[348], die laut ihres Einleitungssatzes Änderungen durch die Gemeinde- und Landkreisordnung[349] von 1952 berücksichtigt. In den beiden Gesetzen von 1952 findet sich jedoch kein Anhaltspunkt für eine Änderung des Sparkassengesetzes.[350] Die nächstfrühere Änderung erfolgte kurz vor der Gründung der Bundesrepublik Ende 1948.[351]

Das Sparkassengesetz wurde nach 1970 zwar neun Mal geändert. Die Änderungen waren aber meist nur minimal[352] oder erfolgten zur Anpassung an andere Rechtsgebiete[353]. Größere, selbständige Änderungen gab

---

342 §§ 9 S. 1 Var. 2, 21 Abs. 1 S. 1 und 24 S. 1 Var. 2 SpkG BW 1967 (MuSa B).

343 §§ 9 S. 1 Var. 2, 21 Abs. 1 S. 1 und 24 S. 1 Var. 1 SpkG BW 1967 (MuSa C).

344 *Mura,* Sparkassengeschichte Teil 1, S. 128.

345 Vgl. § 9 SpkG BW 1975 und den unveränderten § 19 Abs. 1 S. 2 SpkG BW 1967.

346 SpkG Bay 1970. Zu dieser Änderung Krebs, Sparkasse 1970, 90 (90 f.). Das Sparkassengesetz und weitere Normen des Sparkassenrechts kommentieren *Krebs/ Dülp,* Bayerisches Sparkassenrecht.

347 Vgl. Art. 5 SpkG Bay 1956 mit Art. 5 SpkG Bay 1970.

348 Bekanntmachung über den Wortlaut des Gesetzes über die öffentlichen Sparkassen (SpkG) vom 01.10.1956 (GVBl. S. 187 = SpkG Bay 1956).

349 Gemeindeordnung für den Freistaat Bayern vom 25.01.1952 (GVBl. S. 19) und Landkreisordnung für den Freistaat Bayern vom 16.02.1952 (GVBl. S. 39, berichtigt S. 97).

350 Auch der zeitgenössische Autor *Weidinger* erwähnt weder in Sparkasse 1961, 67, noch in Sparkasse 1954, 263 (insb. *aaO.,* [264], linke Spalte, Fußnote), eine Änderung des Sparkassengesetzes im Jahr 1952.

351 Gesetz zur Aenderung (sic) des Sparkassengesetzes vom 22.10.1948 (GVBl. S. 242).

352 SpkG Bay 1973, 1994.

353 SpkG Bay 1972 (Gründung der Bayerischen Landesbank), 1991, 2002 II (teilweise), 2009.

es nur wenige,[354] wobei die Änderungen 2002 dem Wegfall von Anstaltslast und Gewährträgerhaftung geschuldet waren.

Viele Male wurden demgegenüber die Mustersatzung und Sparkassenordnung geändert. Letztere enthält neben dem Geschäftsrecht auch Vorschriften zu den Organen und zur Überschussverwendung.[355]

11. Sonderfall: Hamburg

Die einzige Sparkasse im Land Hamburg ist die Hamburger Sparkasse AG. Sie wird von der dem öffentlichen Gemeinwohl verpflichteten HASPA Finanzholding, einer juristischen Person alten hamburgischen Rechts, getragen. Die HASPA Finanzholding war – in gleichbleibender Rechtsform – bis 2003 selbst die Hamburger Sparkasse. Diese wiederum ging 1972 aus der Verschmelzung der Neuen Sparcasse von 1864 und der Hamburger Sparcasse von 1827 hervor. Diese waren ebenfalls juristische Personen alten hamburgischen Rechts.[356]

Das aktuelle Konstrukt erinnert an das Berliner Modell. Jedoch gab und gibt es keine öffentlich-rechtliche Sparkasse in Hamburg. Dementsprechend existieren auch keine für diese Untersuchung relevanten Sparkassengesetze oder sonstige öffentlich-rechtliche Normen.

B. Entwicklung in der Deutschen Demokratischen Republik

Das Sparkassenwesen der DDR[357] hatte – oberflächlich betrachtet –, durchaus gewisse Gemeinsamkeiten mit dem Sparkassenwesen der BRD. Die Sparkassen waren öffentliche Einrichtungen, die zumeist in der Trägerschaft eines Kreises standen. Sie waren einem öffentlichen Auftrag verpflichtet und an das Regionalprinzip gebunden.[358] Dennoch überwogen bei

354 SpkG Bay 2002 I und II, 2008.

355 Zu den frühen Änderungen der Sparkassenordnung siehe Krebs, Sparkasse 1970, 90 (91 f.), und *Weidinger,* Sparkasse 1961, 67. Zu einer frühen Änderung der Sparkassenordnung und der Mustersatzung siehe *Weidinger,* Sparkasse 1954, 263. Vgl. schließlich zu den Veränderungen im Geschäftsrecht nach der Wiedervereinigung *Strunk,* Sparkasse 1990, 559 (562 ff.).

356 http://www.haspa-finanzholding.de/Haspa/Finanzholding/Geschichte/Geschichte.html, abgerufen am 14.05.2009.

357 Zur Entwicklung ausführlich m. w. N.: *Ashauer,* Ersparungscasse, S. 269 ff.; *Mura,* Sparkasse 1982, 23; *Wysocki/Günther,* Geschichte der Sparkassen in der DDR. Zum Bankwesen der DDR allgemein *Ashauer,* Sparkasse 1990, 8.

358 *Klein,* Sparkassenwesen in Deutschland und Frankreich, S. 44.

weitem die Unterschiede, vor allem in den grundsätzlichen organisatorischen Fragestellungen. Die Sparkassen waren fest in die allgegenwärtige Planerfüllung eingebunden und von zentralen Vorgaben – etwa hinsichtlich der anzubietenden Bankleistungen – abhängig, so dass eine individuelle Geschäftsausrichtung nicht möglich war. Dies war aber auch nicht nötig, denn auch die Kunden wurden den einzelnen Sparkassen zugewiesen.[359]

Bereits im Sommer 1945 machte der Oberbefehlshaber der sowjetischen Militäradministration tabula rasa und löste alle Sparkassen auf.[360] Die Städte und Kreise wurden gleichzeitig ermächtigt, neue Sparkassen mit sehr eng gesteckten Betätigungsgrenzen zu gründen, die allerdings nicht in Rechtsnachfolge zu den zuvor aufgelösten Instituten stehen durften.[361]

Im Jahr 1956 wurden Geschäftsrecht, Organisation sowie Kontrolle und Aufsicht der Sparkassen im Statut der volkseigenen Sparkassen[362] neu geregelt. Das Statut gewährte den Sparkassen vielfältige Aufgaben und rückte sie in die Nähe von Universalkreditinstituten. Die Realität aber sah anders aus. Die Sparkassen sammelten vor allem Spareinlagen und wickelten den Zahlungsverkehr ab.[363] Eine Kreditvergabe fand kaum statt, weil die Sparkassen ihre Gelder bei der Staatsbank anlegten.[364] Ein 1975 erlassenes und mehrfach geändertes Statut[365] brachte erneut Änderungen. Der

---

359 *Geiger/Günther,* Neugestaltung des ostdeutschen Sparkassenwesens, S. 35 f.; *Wysocki,* in: Wysocki/Günther, Geschichte der Sparkassen in der DDR, S. 46 ff.

360 Die Auflösung erfolgte durch Befehl Nr. 01/45 vom 23.07.1945 zur Neuorganisation der deutschen Finanz- und Kreditorgane. Vgl. hierzu *Wysocki,* in: Wysocki/Günther, Geschichte der Sparkassen in der DDR, S. 28 ff. und 33 ff., sowie *Mura,* Sparkasse 1982, 23 (23). Der Befehl ist abgedruckt in *Wysocki/Günther,* Geschichte der Sparkassen in der DDR, S. 500.

361 *Günther,* in: GS Wysocki, S. 279 f.; *Pohl,* Universalisierung und Strukturwandel, in: Europäisches Kolloquium für Sparkassengeschichte 1998, Die europäischen Sparkassen nach 1945, S. 111 f.; *Richter,* Sparkasse 1955, 200 (200 f.).

362 Statut der volkseigenen Sparkassen der Deutschen Demokratischen Republik, Verordnung des Ministerrates vom 15.03.1956 (GBl. I Nr. 22 S. 281). Siehe näher zum Inhalt *Mura,* Sparkasse 1982, 23 (24 f.).

363 *Ashauer,* Ersparungscasse, S. 270 ff.; *Mura,* Sparkassengeschichte Teil 1, S. 280 ff.

364 *Ashauer,* Sparkasse 1990, 8 (16 f.); *Günther,* in: Wysocki/Günther, Geschichte der Sparkassen in der DDR, S. 354 f.; *Klein,* Sparkassenwesen in Deutschland und Frankreich, S. 46; *Mura,* Sparkassengeschichte, Teil 1, S. 287 ff.

365 Statut der Sparkassen der Deutschen Demokratischen Republik, Beschl. des Ministerrates vom 23.10.1975 (GBl. I Nr. 43 S. 703), i. d. F. der Änderung vom 22.09.1983 (GBl. I Nr. 29 S. 289), zuletzt i. d. F. der Änderung vom 08.03.1990 (GBl. I Nr. 19 S. 174). Das Statut ist i. d. F. v. 1975 auch abgedruckt bei *Mura,* Sparkasse 1982, 23 (32 ff.). Siehe näher zu seinem Inhalt *aaO.,* (25 ff.).

Geschäftskatalog wurde der Realität angepasst[366] – also enger gefasst – und Kontrolle und Aufsicht der Sparkassen gingen vom Finanzminister auf den Präsidenten der Staatsbank über.

Im Vorfeld der Wiedervereinigung gelang es den Sparkassen, sich dem schwindenden Einfluss des DDR-Staatsapparats zu entziehen. Sie begannen mit der tatsächlichen Entwicklung zu Universalkreditinstituten[367] und gründeten den Vorgängerverband des heutigen Ostdeutschen Sparkassen- und Giroverbands[368]. Am 01.07.1990 trat schließlich das Sparkassengesetz der DDR[369] in Kraft. Es setzte einen kompatiblen Rechtsrahmen zum Recht der alten Länder und stellte auch und gerade für eine Wiedervereinigung Deutschlands die Wettbewerbsfähigkeit der Sparkassen der DDR sicher.[370] Wenig später folgte eine an die Sparkassenverordnung Nordrhein-Westfalens angelehnte Sparkassenanordnung, die eine Mustersatzung beinhaltete.[371] Kurz darauf bestimmte der Einigungsvertrag, dass das Sparkassengesetz in den fünf neuen Bundesländern als einheitliches Landesrecht fortgelten sollte.[372]

C. Entwicklung in den neuen Ländern

Mittlerweile haben aber alle neuen Bundesländer eigene Sparkassengesetze erlassen und auch bereits überarbeitet.[373] Die Länder Brandenburg, Mecklenburg-Vorpommern, Sachsen und Sachsen-Anhalt hatten sich im Vorfeld

---

366 *Klein,* Sparkassenwesen in Deutschland und Frankreich, S. 46.

367 Hierzu *Hennemann,* Sparkasse 1990, 146.

368 *Geiger/Günther,* Neugestaltung des ostdeutschen Sparkassenwesens, S. 58 ff.; *Klein,* Sparkassenwesen in Deutschland und Frankreich, S. 46.

369 Gesetz über den Status und die Organisation der Sparkassen (Sparkassengesetz) vom 29.06.1990 (GBl. I Nr. 40 S. 567). Siehe hierzu *Geiger/Günther,* Neugestaltung des ostdeutschen Sparkassenwesens, S. 123 ff.; *Möller,* Sparkasse 1990, 306; *Stern/Nierhaus,* Regionalprinzip im öffentlich-rechtlichen Sparkassenwesen, S. 22 ff.

370 *Möller,* Sparkasse 1990, 306 (306).

371 Anordnung über den Betrieb und die Geschäfte der Sparkassen (Sparkassenanordnung) vom 26.07.1990 (GBl. I Nr. 56 S. 1275). Hierzu kurz *Strunk,* Sparkasse 1990, 559 (565).

372 Art. 9 Abs. 2 i. V. m. Anlage II B, Kapitel IV, Abschnitt I Nr. 1 des Vertrags zwischen der Bundesrepublik Deutschland und der Deutschen Demokratischen Republik über die Herstellung der Einheit Deutschlands (Einigungsvertrag) vom 31.08.1990 (BGBl. II S. 889 und GBl. DDR I Nr. 64 S. 1629).

373 Vgl. zu den für die Sparkassen wichtigen Aspekten der wirtschaftlichen Lage der neuen Länder kurz nach der Wiedervereinigung *Heise,* Sparkasse 1991, 283. Die positive Entwicklung und Integration der ostdeutschen Sparkassen bescheinigt *Holtmann,* Kreditwesen 2008, 551.

per Staatsvertrag verpflichtet, ihr Sparkassenrecht weitestgehend einheitlich zu gestalten.[374] Vertreter der Länder erarbeiteten gemeinsam einen ersten Gesetzesentwurf.[375] Thüringen entschloss sich demgegenüber, sein Sparkassenrecht weitestgehend einheitlich mit dem Sparkassenrecht von Hessen auszugestalten.[376]

Es folgt wiederum ein knapper Überblick über die formelle Entwicklung der Sparkassengesetze nach der Reihenfolge des jeweils ersten Erlasses.

I. Sachsen

Ende 1993 löste Sachsen als erstes neues Land das fortgeltende Sparkassengesetz der DDR mit einem eigenen Sparkassengesetz ab.[377] Das Gesetz wurde seither fünf Mal geändert. Die erste Änderung geschah im Zuge der Gründung des Sachsen-Finanzverbands.[378] Der Finanzverband stieß aber auf große Kritik in der Bevölkerung. Der Verfassungsgerichtshof erklärte seine Einführung, wenn auch mit Bedenken, im Jahr 2000 für verfassungsgemäß.[379] Ein Jahr später wurde aber per Volksentscheid beschlossen, den Finanzverband abzuschaffen. Gleichzeitig wurde die erste Änderung des Sparkassengesetzes weitestgehend rückgängig gemacht.[380] Wiederum ein Jahr später wurde das Sparkassengesetz im Vorfeld der Gründung der Sachsen-Finanzgruppe dann erneut geändert, unter anderem wegen des Wegfalls von Anstaltslast und Gewährträgerhaftung.[381] Diese Fassung des

374 § 8 Abs. 1 des Staatsvertrags über den Ostdeutschen Sparkassenverband vom 17.12.1992, zuletzt geändert durch Staatsvertrag vom 02.05.2005. Der Staatsvertrag ist abgedruckt in *Herbst/Lang,* RSP, B 6.13.1, und in den Ratifizierungsgesetzen der Länder, z. B. Brandenburg (GVBl. 1993 S. 90 und 2005 S. 213).

375 *Radau/Wittlinger,* Finanzwirtschaft 1994, 115 (116).

376 Art. 37 Abs. 1 S. 1 des Staatsvertrags über die Bildung einer gemeinsamen Sparkassenorganisation vom 10.03.1992 (GVBl. He S. 190 und GVBl. Th S. 291), zuletzt geändert durch Staatsvertrag vom 30.11./01.12.2006 (GVBl. He S. 696 und GVBl. Th S. 708). Abgedruckt in *Herbst/Lang,* RSP, B 6.14.

377 SpkG Sachs 1993. Vgl. hierzu *Radau/Wittlinger,* Finanzwirtschaft 1994, 115.

378 SpkG Sachs 1999. Vgl. näher zur rechtlichen Ausgestaltung des Sachsen-Finanzverbands und seiner Nachfolgerin, der Sachsen-Finanzgruppe, *Berger,* Sparkassengesetz, § 3 Rn. 29 ff., und unten S. 79 ff.

379 *VerfGH Sachs,* Urt. v. 23.11.2000, – Vf. 62-II-99 –, in: DVBl. 2001, 293 = LKV 2001, 216.

380 SpkG Sachs 2002 I.

381 SpkG Sachs 2002 II. Siehe zu diesem Gesetz und insbesondere den Unterschieden zwischen Finanzverband und Finanzgruppe den Beitrag des Finanzministers *Metz,* Gesetz zur Herstellung einer einheitlichen Sparkassenstruktur im Freistaat Sachsen, Kreditwesen 2002, 747.

Sparkassengesetzes wurde jedoch mit der Gründung der Finanzgruppe im Jahr 2003, als Nachfolgerin des Finanzverbandes, aufgehoben.[382] Stattdessen regelt fortan Teil 1 des Gesetzes über die öffentlich-rechtlichen Kreditinstitute im Freistaat Sachsen und die Sachsen-Finanzgruppe das Recht der Sparkassen.[383] Dieses wurde 2007 ein weiteres Mal im Zuge der Umwandlung der Landesbank Sachsen in eine AG geändert.[384]

In Sachsen regelt eine Sparkassenverordnung das Geschäftsrecht.[385] Ferner gibt es eine Mustersatzung, von der unverändert nur mit Genehmigung abgewichen werden darf. Die Mustersatzung wird für kommunale Sparkassen von der Sparkassenaufsichtsbehörde und für Zweckverbandssparkassen von der obersten Kommunalaufsichtsbehörde im Einvernehmen mit der Sparkassenaufsichtsbehörde erlassen. Für die Genehmigung ist jeweils die Aufsichtsbehörde zuständig, die die Mustersatzung auch erlassen hat.[386]

II. Sachsen-Anhalt

Ein halbes Jahr nach Sachsen erließ Sachsen-Anhalt sein erstes Sparkassengesetz im Juli 1994.[387] Neben der Streichung von Übergangsvorschriften durch eine Rechtsbereinigung[388] erfuhr das Sparkassengesetz zwei umfangreichere Änderungen[389]. Der Inhalt der letzten dieser beiden Änderungen wurde – wie in vielen anderen Ländern auch – maßgeblich durch den Wegfall von Anstaltslast und Gewährträgerhaftung bestimmt. Hiernach erfolgten keine Änderungen mehr, so dass das Sparkassengesetz Sachsen-Anhalts das Sparkassengesetz mit der bundesweit am längsten zurückliegenden Änderung ist.

---

382 Durch § 1 der Verordnung der Sächsischen Staatsregierung vom 22.07.2003 zur Gründung der Sachsen-Finanzgruppe (GVBl. S. 198) i. V. m. Art. 12 Abs. 3 Nr. 2 des Gesetzes über das öffentlich-rechtliche Kreditwesen im Freistaat Sachsen vom 13.12.2002 (GVBl. S. 333).

383 SpkG Sachs 2003. Aufgrund des gleichen Regelungsinhalts wird trotz der Bezeichnungsänderung weiterhin die Abkürzung »SpkG« verwendet.

384 SpkG Sachs 2007.

385 Zu ihrem Inhalt siehe den nahezu unveränderten § 32 Abs. 1 SpkG Sachs 1993 bis 2007.

386 § 4 SpkG Sachs 1993 bis 2007.

387 SpkG SA 1994.

388 SpkG SA 2002 I.

389 SpkG SA 2001 und 2002 II.

Die Ermächtigung zum Erlass der Sparkassenverordnung ist fast wortgleich mit der Bestimmung in Sachsen.[390] Es besteht ebenfalls seit Anfang an eine Mustersatzung, von der nur mit Genehmigung abgewichen werden darf. Die Zuständigkeiten für ihren Erlass und die Genehmigung bei Abweichungen sind wie in Sachsen geregelt.[391]

III. Thüringen

Wenige Tage später als in Sachsen-Anhalt wurde der Gesetzgeber in Thüringen tätig und erließ das erste dortige Sparkassengesetz.[392] Es wurde seither nur ein Mal in größerem Maße geändert.[393] Im Übrigen fanden zwei Anpassungen aufgrund der Umstellung auf den Euro und aufgrund der Einführung der Insolvenzordnung sowie anlässlich der Abschaffung der Gewährträgerhaftung statt.[394] Anfang 1994 hatte der Gesetzgeber außerdem im Rahmen der kommunalen Gebietsreform einige Vorschriften mit Sparkassenbezug eingeführt.[395]

Thüringen hat eine Sparkassenverordnung, in der das Geschäftsrecht und Einzelheiten zu den Organen geregelt werden.[396] Von der Mustersatzung darf damals wie heute nur mit Genehmigung abgewichen werden. Es fällt auf, dass zwar wie in Sachsen und Sachsen-Anhalt für die Genehmigung der Satzung und den Erlass der Mustersatzung zwischen kommunalen Sparkassen und Zweckverbandssparkassen unterschieden wird. Jedoch ist diese Aufteilung nicht nachvollziehbar, da in beiden Fällen stets die Sparkassenaufsichtsbehörde im Einvernehmen mit der obersten Kommunalaufsichtsbehörde für Genehmigung und Erlass zuständig ist.[397]

---

390 § 32 SpkG SA 1994 bis 2002 II.

391 § 4 SpkG SA 1994 bis 2007 II.

392 SpkG Th 1994.

393 SpkG Th 2007.

394 SpkG Th 2001 und 2002.

395 §§ 11 bis 13 des Thüringer Gesetz über Maßnahmen zur kommunalen Gebietsreform vom 03.01.1994 (GVBl. S. 5).

396 Ermächtigungsgrundlage zu ihrem Erlass ist § 25 Abs. 1 und 2 SpkG Th 1994 bis 2007.

397 Vgl. § 5 SpkG Th 1994 bis 2007. Ein weiterer Kritikpunkt am Gesetzgeber liegt darin, dass die Regelungen für die kommunalen Sparkassen (Abs. 2) und die Zweckverbandssparkassen (Abs. 4) – wie ausgeführt – inhalts-, aber dennoch nicht wortgleich sind. Dies erschwert die Verständlichkeit der Regelung zusätzlich.

IV. Mecklenburg-Vorpommern

Das dritte Land, das im Juli 1994 sein erstes Sparkassengesetz verabschiedete, ist Mecklenburg-Vorpommern.[398] Das Gesetz wurde seither fünf Mal geändert, davon drei Mal in sparkassenspezifischer Hinsicht.[399] Weiterhin erfolgten im Jahr 2006 zwei Rechtsanpassungen.[400] Die erste wurde allerdings durch das Landesverfassungsgericht – abgesehen von der Bezeichnungsänderung des Ostdeutschen Sparkassenverbandes – für unwirksam erklärt.[401]

Hinsichtlich Sparkassenverordnung und Mustersatzungen kann auf die Ausführungen zu Sachsen und Sachsen-Anhalt verwiesen werden.[402]

V. Brandenburg

Als letztes neues Land erließ Brandenburg im Jahr 1996 ein Sparkassengesetz.[403] Das Gesetz erfuhr bis dato erst eine »echte« Änderung.[404] Ferner wurde es an die Insolvenzordnung und eine Änderung des Kommunalrechts angepasst.[405]

Die Bestimmungen zur Sparkassenverordnung und Mustersatzung sind inhaltsgleich mit den Regelungen in Sachsen, Sachsen-Anhalt und Mecklenburg-Vorpommern.[406]

---

398 SpkG MV 1994.

399 SpkG MV 1999, 2002 und 2004.

400 SpkG MV 2006 I und II.

401 *LVerfG MV,* Urt. v. 26.07.2007 – 9/06 bis 17/06 –, in: GVBl. MV 2007, 194 = DVBl. 2007, 1102, Nr. 2 lit. b des Tenors. Das Gericht kippte damit in einem bundesweit beachteten Prozess den Versuch einer Kreisreform, durch welche zwölf Landkreise und sechs kreisfreie Städte durch fünf neue Landkreise ersetzt werden sollten. Die umfangreichsten Aufsätze und Entscheidungsbesprechungen hierzu liefern: *Bull,* DVBl. 2008, 1; *Katz/Ritgen,* DVBl. 2008, 1525 und *Meyer,* NVwZ 2008, 24.

402 Vgl. §§ 4 und 32 SpkG MV 1994 bis 2006 II, die inhaltsgleich mit den Bestimmungen von Sachsen und Sachsen-Anhalt sind.

403 SpkG Bbg 1996.

404 SpkG Bbg 2002.

405 SpkG Bbg 1998 und 2008.

406 §§ 4 und 32 SpkG Bbg 1996 bis 2008.

Zweiter Teil: Regelungsbereiche des Sparkassenorganisationsrechts

Im ersten Teil wurde die Entwicklung des Sparkassenrechts aus allgemeiner, eher historischer Sicht dargestellt. Es folgt nun eine stärker an den einzelnen Normen orientierte Darstellung der Entwicklung einzelner Regelungsbereiche. Die Darstellung wird keine vollständige Synopse enthalten, denn dies ist zur Erreichung des Untersuchungsziels nicht erforderlich. Es soll vielmehr die Spannbreite der eingeführten Regelungen aufgezeigt werden, die sich aus den Materialien zur Erneuerung des Sparkassenrechts von 1953[407] entwickelt haben.[408] Grundsätzlich werden hierbei zunächst der zu regelnde Sachverhalt und gegebenenfalls die widerstreitenden Interessen aufgeführt. Anschließend werden die historischen und die aktuellen Lösungswege der Länder vorgestellt. Nach Möglichkeit enden die Ausführungen jeweils mit einem knappen Ausblick.

§ 5 Organisationsformen und formelle Privatisierung

Die Darstellung beginnt mit einer Auflistung der möglichen öffentlich-rechtlichen (A.) und privatrechtlichen (B.) Organisationsformen von Sparkassen. Der Begriff »Rechtsformen« wäre zu eng gewählt, weil mittlerweile auf öffentlich-rechtlicher Seite verschiedene organisatorische Ausgestaltungen der Rechtsform der Anstalt existieren.[409] Hiergegen bestehen keine Bedenken, da es kein höherrangiges Anstaltsorganisationsrecht gibt und die Länder auch im Übrigen nicht an der Weiterentwicklung der tradierten Organisationsstrukturen gehindert sind.[410]

---

407 Siehe zu den Materialien oben S. 37 f.

408 Dementsprechend werden auch nicht zu jeder erwähnten Teilregelung stets die jeweiligen genauen Normen in den Sparkassengesetzen aufgezählt. Es findet sich aber am Anfang jedes Abschnitts ein möglichst konkreter Verweis auf die für den Abschnitt relevanten Normen.

409 Dies gilt übrigens nicht nur für das Sparkassenrecht, sondern allgemein für das Anstaltsrecht. In der Vergangenheit fand eine Angleichung der Anstaltsträgerschaft an die Beteiligung an einer Kapitalgesellschaft statt, vgl. *Siekmann,* NWVBl. 1993, 361 (362 f.).

410 Vgl. *Oebbecke,* Die Zukunft der kreditwirtschaftlichen Versorgung, in: Oebbecke u. a. (Hrsg.), Aktuelle Fragen der Sparkassenpolitik, S. 52 (63); *Püttner,* Die öffentlichen Unternehmen, S. 153 f.; *Mann,* Die öffentlich-rechtliche Gesellschaft, S. 113 f.; *Siekmann,* NWVBl. 1993, 361 (365). Eine ausführliche Darstellung der möglichen Rechtsformen und Kriterien für die Wahl der jeweils am besten geeigne-

Dies kann unmerklich und in kleinen Schritten geschehen, etwa indem der Anstaltszweck der Sparkassen in »Unternehmenszweck« umgetauft wird.[411] Es kann aber auch in größerem Umfang geschehen, wie man an der Annäherung der baden-württembergischen Universitäten an die Organisationsform der Aktiengesellschaft sehen kann. Die Hochschulen in Baden-Württemberg sind zwar weiterhin Körperschaften des öffentlichen Rechts. Der Hochschulrat ist nun jedoch vermehrt mit der Aufsichtsführung befasst, während die Entscheidungsbefugnisse der Hochschulleitung erheblich gestärkt wurden. Das Bild wird dadurch abgerundet, dass die beiden erwähnten Organe die Bezeichnungen »Aufsichtsrat« und »Vorstand« tragen.[412]

A. Öffentlich-rechtliche Organisationsformen

I. Klassische Anstalt des öffentlichen Rechts

Zunächst sei aber auf die Anstalt des öffentlichen Rechts in ihrer Reinform und ohne Modifikationen eingegangen.[413] Nach wie vor führt bei der Befassung mit Anstalten kein Weg an der von *Otto Mayer* eingeführten

---

ten Rechtsform liefert *Hauser,* Wahl der Organisationsform kommunaler Einrichtungen. Siehe außerdem *Pitschas/Schoppa,* DÖV 2009, 469, zu den Rechtsformen und insb. *ebd.,* (476), die Einordnung der AöR als die den gesellschaftsrechtlichen Formen vorzuziehende »Organisationsform der Wahl«. Vgl. *Schuppert,* Erfüllung öffentlicher Aufgaben, S. 72 ff., zum Grenzbereich zwischen öffentlich-rechtlichen und privaten Organisationsformen. Zur Umwandlung einer Anstalt des öffentlichen Rechts beispielsweise in eine Aktiengesellschaft siehe *Lange,* Privatisierung der Rechtsform, S. 17 ff. Dementsprechend lässt sich die Frage, ob eine Anstalt nun sich selbst oder ihrem Träger »gehört«, nicht für alle Zeiten beantworten. Hiermit befassten sich u. a. *Burgard,* WM 2008, 1997; *Sprengel,* Sparkasse 1965, 248; *Türk,* Sparkasse 1958, 71; *Wohltmann,* Der Landkreis 2009, 64.

411 Vgl. etwa § 3 SpkG NW 1994.

412 Vgl. §§ 8 Abs. 1. S. 1, 15 Abs. 1, 16 Abs. 3, 20 Abs. 1 Landeshochschulgesetz BW vom 01.01.2005 (GBl. S. 1), zuletzt geändert durch Art. 2 des Gesetzes vom 03.12.2008 (GBl. S. 435). Kritisch zu dieser Änderung m. w. N. *Groß,* DVBl. 2006, 721.

413 Siehe zur Anstalt allgemein statt vieler: *Jecht,* Die öffentliche Anstalt; *Lange/Breuer,* VVDStRL 44 (1986), 169; *Laubinger,* in: FS Maurer, S. 641; *Maurer,* Allgemeines Verwaltungsrecht, § 23 Rn. 46, und jüngst *Pencereci/Brandt,* LKV 2008, 293. Vgl. außerdem *Henneke,* VBlBW 2000, 337, und *Schlierbach/Püttner,* Sparkassenrecht, 5. Aufl., S. 57 ff., welche die Anstaltsform hinsichtlich des Sparkassenwesens beleuchten.

Definition vorbei.[414] Hiernach ist die »öffentliche Anstalt (...) ein Bestand von Mitteln, sächlichen wie persönlichen, welche in der Hand eines Trägers öffentlicher Verwaltung einem besonderen öffentlichen Zweck dauernd zu dienen bestimmt sind«[415].

Die Rechtsform der rechtsfähigen Anstalt des öffentlichen Rechts kann als die klassische Rechtsform der Sparkassen bezeichnet werden. Mit dem Erlass der dritten Notverordnung des Reichspräsidenten im Jahr 1931 und ihrer landesrechtlichen Umsetzungen wurden alle Sparkassen des öffentlich-rechtlichen Lagers zu rechtsfähigen Anstalten des öffentlichen Rechts.[416] Dies wurde in den ersten Sparkassengesetzen der Länder für die Sparkassen in kommunaler Trägerschaft ausnahmslos beibehalten.[417] Bis heute ist sie die mit großem Abstand vorherrschende – und vielfach einzig zulässige – Rechtsform für Sparkassen.[418]

II. Teilrechtsfähige Anstalten: Beleihung (Berlin) und AIDA (Braunschweig)

Regionale Besonderheiten haben allerdings dazu geführt, dass vereinzelt Sparkassen in der Form einer nur teilrechtsfähigen Anstalt des öffentlichen Rechts entstanden sind. Hinter diesen Instituten steht jeweils ein voll rechtsfähiges Kreditinstitut.

---

414 Die Definition wurde zwar von *Breuer,* VVDStRL 44 (1986), 211 (217), als organisationsrechtlich konturenlos kritisiert. Jedoch enthalten Neuansätze, wie etwa der von *Chen,* Öffentlich rechtliche Anstalten, S. 14 ff. m. w. N., keine wesentliche inhaltliche Abkehr vom althergebrachten Ansatz *Mayers,* vgl. *Obermann,* Kommunale Bindung der Sparkassen, S. 39 f.

415 *Mayer,* Verwaltungsrecht, Bd. 2, S. 268, 331.

416 Siehe oben S. 35.

417 § 1 SpkG HB 1955 für die Sparkasse Bremerhaven; § 1 SpkG He 1954; § 3 Abs. 1 SpkG Nds 1962; § 2 SpkG NW 1958; § 1 Abs. 1 SpkG SH 1958; § 1 SpkG BW 1967; Art. 3 SpkG Bay 1970; § 1 Abs. 1 SpkG RP 1958; § 1 Abs. 1 SpkG Saar 1964; § 1 Abs. 1 S. 1 SpkG Bln für die Sparkasse der Stadt Berlin als gemeinnützige Anstalt; § 1 Abs. 1 SpkG Thür 1994; § 1 Abs. 1 S. 2 SpkG Bbg 1996, MV 1994, Sachs 1993, SA 1994.

418 § 1 SpkG HB 2008 jetzt allgemein für kommunale Sparkassen; § 1 SpkG He 2008; § 3 SpkG Nds 2008; § 1 Abs. 1 S. 1 SpkG NW 2008; § 1 Abs. 1 SpkG SH 2008; § 1 SpkG BW 2008; Art. 3 SpkG Bay 2008; § 1 Abs. 1 SpkG RP 2008; § 1 Abs. 1 S. 1 SpkG Saar 2006; § 1 Abs. 1 SpkG Thür 2007; § 1 Abs. 1 S. 2 SpkG Bbg 2008, § 1 Abs. 1 S. 2 Sachs 2007; § 1 Abs. 1 SpkG MV 2006; § 1 Abs. 2 SpkG SA 2002. Siehe aber zu der in den 60er-Jahren angedachten Splittung der Sparkassen in Anstalten und Aktiengesellschaften unten S. 106 f.

Genannt sei zum einen die Berliner Sparkasse (teilrechtsfähige AöR), die sich seit 2005 über eine Beleihung in der Trägerschaft der Landesbank Berlin AG befindet.[419] Zum anderen sei hingewiesen auf die Braunschweigische Landessparkasse (teilrechtsfähige AöR), die seit 2008 in dieser Rechtsform besteht.[420] Sie ist nach außen rechtsfähig, aber im Innenverhältnis in die Organisation der Nord/LB (AöR) als sog. »Anstalt in der Anstalt (AIDA)« eingegliedert.[421]

III. Trägerkapital bzw. Stammkapital

Das Vermögen der Sparkassen wurde 1931 aus guten Gründen zu einem von den Trägern abgeschirmten Sondervermögen.[422] Die einzige Möglichkeit der Träger, am Gewinn der Sparkassen zu partizipieren, bestand seither in den zweckgebundenen Gewinnausschüttungen[423]. Daher suchte man nach einem Weg, das Interesse der Träger an ihren Sparkassen und die Verantwortung der Träger für ihre Sparkassen zu stärken.[424] Außerdem wollte man die enge Beziehung zwischen Träger und Sparkasse nach außen transparenter darstellen und dem Träger eine Bezugsgröße für die Ertrags- und Ausschüttungsziele an die Hand geben.[425]

---

419 Vgl. § 3 Abs. 1 und 2 SpkG Bln 2005. Siehe hierzu näher oben S. 49.

420 Dies sowie die genauere Ausgestaltung regelt § 13 des Staatsvertrags vom 22.08.2007 zwischen dem Land Niedersachsen, dem Land Sachsen-Anhalt und dem Land Mecklenburg-Vorpommern über die Norddeutsche Landesbank – Girozentrale (GVBl. Nds S. 631; GVBl. SA S. 392; GVBl. MV S. 372). Näher *Löblich,* Demo 2008, 60, und *Stegemann,* KOPO 2008, 30.

421 Das Sparkassenwesen wurde im alten Braunschweiger Land von Anfang an von der jeweiligen Staatsbank bzw. durch die Nord/LB in einer gesonderten, unselbständigen Abteilung geführt. Dieser Zustand, welcher wegen der Verselbstständigung der kommunalen Sparkassen 1931 als Anachronismus bezeichnet werden kann, dauerte bis 2007 an. Nunmehr haben die Stadt Braunschweig und die Kommunen des ehemaligen Landes Braunschweig über den Verwaltungsrat erstmals maßgeblichen Einfluss auf das Sparkassenwesen in ihrer Region (vgl. *Stegemann,* KOPO 2008, 30 [31]). Wegen der bestehen gebliebenen Verknüpfung mit der Nord/LB ist die Braunschweigische Landessparkasse zwar weiterhin keine kommunale, aber immerhin eine »kommunalnahe Sparkasse« (*Löblich,* Demo 2008, 60 [60]).

422 Vgl. *Horn,* Sparkasse 1999, 187 (188); *Berger,* Sparkassengesetz, § 3 Rn. 23.

423 Zu den Gewinnausschüttungen siehe näher unten S. 109 ff.

424 Begründung der Regierungsvorlage des SpkG RP 1999 I, Drs. RP 13/4077, S. 11.

425 Begründung zu § 7 Abs. 1 des Referentenentwurfs des SpkG NW 2008, Drs. NW 14/6831, S. 7 f.

1. Gesetzliche Ausgestaltung

Eine Verwirklichung all dieser Ziele erhoffte man sich in einer bisher überschaubaren Zahl von Ländern durch die Einführung des sogenannten Stammkapitals.[426] Als Nebeneffekt schuf man damit eine Alternative zum normalen Beitritt eines Trägers zu einer Sparkasse.[427] In Nordrhein-Westfalen wird der Begriff des Trägerkapitals verwandt, um eine begriffliche Abgrenzung zum Stammkapital der Aktiengesellschaft vorzunehmen.[428] Viel wichtiger als diese Bezeichnungsfrage ist aber die inhaltliche Diskussion, inwiefern durch das Stammkapital die Sparkassen in ihrem Bestand gefährdet sind. Es wird befürchtet, dass sich aufgrund des EG-Rechts die beschränkte Fungibilität des Stammkapitals nicht halten lässt. Konsequenz wäre eine freie Handelbarkeit gleichsam wie Aktien und damit der Einstieg Privater in den Sparkassensektor.[429] Aus diesem Grund wurde das Stammkapital in Hessen nach nur eineinhalb Jahren – und dem Verlust der absoluten Mehrheit der hessischen CDU im Landtag – wieder abgeschafft.[430] Bereits gebildetes Kapital kann fortgeführt oder aber in sog. »Trägeranteile« umgewandelt werden.[431] Trägeranteile können von allen hessischen Sparkassen im Zuge von Sparkassenübertragungen gebildet werden. Nach ihnen richtet sich das Stimmrecht in der Trägerversammlung.[432]

Die Bildung des Stammkapitals erfolgt durch Beschluss des Verwaltungsrats mit Zustimmung des Trägers. In Rheinland-Pfalz muss der Träger außerdem die Satzung entsprechend anpassen. Das Stammkapital wird durch Umwandlung von Rücklagen oder Einbringung neuer Einlagen gebildet.

---

426 § 3a SpkG HB 2003; § 3 Abs. 4 SpkG He 2007; § 3 Abs. 1, 3 und 4 SpkG RP 1999 I. Zu den Bestimmungen in den drei Flächenländern siehe auch *Schalast,* Stammkapital, stille Beteiligung und Zusammenschlussoptionen, S. 32 ff. Für Hessen siehe ferner *Schuster/Sohns,* ZBB 2006, 342 (351 f.).

427 Siehe hierzu unten S. 84 ff., insbesondere zur Bildung einer Trägerversammlung in Hessen.

428 § 7 Abs. 1 SpkG NW 2008.

429 Vgl. statt vieler *Henneke,* KOPO 2009, 17 (18).

430 *O. V.,* INF. HStT 2008, 76. Trotz der angeführten Bedenken entschieden sich etwa die Sparkasse Offenbach und die Taunus-Sparkasse zuvor zur Bildung von Stammkapital. Dies geschah nicht zuletzt auch, um zu zeigen, dass die Einführung des Stammkapitals kein zahnloser Papiertiger ist, vgl. *Köhler,* in: FAZ vom 22.11.2007, Nr. 272, S. 47 (»Stammkapital macht vieles möglich, Taunus-Sparkasse will rechtliche Chancen nutzen«).

431 § 33 S. 1 und 2 SpkG HE 2008.

432 §§ 1 Abs. 4, 17 Abs. 1 S. 2, 17d Abs. 3 S. 3 SpkG He 2008. Näher zur Übertragung von Sparkassen siehe unten S. 91 ff. Näher zur Trägerversammlung siehe unten S. 85 f.

Während das Trägerkapital in Nordrhein-Westfalen nicht fungibel ist, kann bzw. konnte es – unter bestimmten Bedingungen, wie u. a. der Genehmigung durch die Aufsicht – innerhalb von Rheinland-Pfalz auf Sparkassen und ihre Träger und innerhalb Hessens zusätzlich auf die Helaba übertragen werden.[433] In Bremen kann das Stammkapital, mangels anderer in Betracht kommender öffentlich-rechtlicher Kapitalhalter, nur auf eine Stiftung des öffentlichen Rechts übertragen werden, welche hierdurch zum Träger der Sparkasse wird. Anschließend dürfen bis zu 49,9 % des Stammkapitals auf Mitglieder der (lies: bundesweiten) Sparkassenorganisation übertragen werden.[434]

Anlässlich der Einführung des Stammkapitals wurden ferner in einigen Ländern die Beschränkungen der Gewinnausschüttung der Sparkassen zunächst gelockert, aber später wieder verschärft. In Rheinland-Pfalz war zunächst eine Ausschüttung der Gewinne ohne Zweckbindung möglich.[435] Im Laufe der Jahre wurde allerdings festgelegt, dass eine Ausschüttung nur unter Beachtung des Eigenkapitalbedarfs der Sparkasse und zur Erfüllung gemeinnütziger Zwecke erfolgen darf.[436] Nunmehr liegt der Unterschied nur noch in der Festlegung der Höhe der Ausschüttungen, welche bei Sparkassen ohne Stammkapital stärker reglementiert ist.[437] In Hessen liefen Regelungen zur Ausschüttung weitgehend parallel. Ein wichtiger Unterschied bestand aber darin, dass bei mehreren Trägern die Ausschüttung nach dem Verhältnis der Trägeranteile erfolgen musste, während bei Stammkapitalsbildung hiervon in der Satzung abgewichen werden konnte.[438]

Im Zivilrecht wird die Bildung von Stammkapital als eines der essentiellen Elemente einer Aktiengesellschaft angesehen. Die fehlende persönliche Haftung der Gesellschafter wird durch das Stammkapital ersetzt.[439] Es sei dahingestellt, ob die Bildung von Stammkapital einen Systemwiderspruch

---

433 § 7 Abs. 1 S. 3 SpkG NW 2008; § 3 Abs. 4 SpkG RP 1999 I; § 20a Abs. 1 SpkG He 2007.

434 § 3a S. 2 und 3 SpkG HB 2003 = SpkG HB 2008.

435 Hierauf weist auch *Berger,* Sparkassengesetz, § 3 Rn. 23, hin.

436 Vgl. zunächst § 20 Abs. 1 SpkG RP 1999 I und dann die Einschränkungen durch die neu formulierten §§ 20 Abs. 3 SpkG RP 2002 und 20 Abs. 1 S. 2. SpkG RP 2008.

437 Vgl. § 20 Abs. 2 SpkG RP 2008.

438 Vgl. § 16 Abs. 3 und 5 SpkG He 2007, jeweils letzter Satz.

439 *Ballof u. a. (Hrsg.),* Gesellschaftsrecht für die Praxis, Rn. 20.460; *Schalast,* Stammkapital, stille Beteiligung und Zusammenschlussoptionen, S. 31.

zu den Aufgaben der Sparkasse darstellt.[440] Jedenfalls ist sie in den angesprochenen Ländern vorgesehen. Damit findet sich in den entsprechenden Sparkassengesetzen nun – neben der Aufteilung der Leitungsaufgaben auf ein Vertretungs- und ein Kontrollorgan – ein weiteres typisches Element aus dem Recht der Aktiengesellschaften. Für die Sparkassen wurde mithin erneut eine wichtige organisationsrechtliche Regelung in Anlehnung an das Organisationsrecht der von den privaten Kreditinstituten bevorzugten Rechtsform getroffen.

2. Grenzen durch höherrangiges Recht

Die Regelungen zum Stammkapital stoßen unter mehreren Gesichtspunkten an die rechtlich zulässigen Grenzen.

Zunächst stellt sich die Frage, inwiefern die Länder die Gesetzgebungskompetenz innehaben. Es ist sicher vertretbar, das Stammkapital der Verwaltungsorganisation und somit in kompetenzrechtlicher Hinsicht den Ländern zuzuordnen. Gleiches gilt für seine Übertragung an andere öffentlich-rechtliche Rechtsträger, da die Sparkassen weiterhin von Hoheitsträgern gelenkt werden.[441] Die Grenze zur konkurrierenden Bundeskompetenz für das Recht der Wirtschaft aus Art. 74 Abs. 1 Nr. 11 GG wäre aber dann erreicht, wenn das Stammkapital zu Anteilen umgestaltet werden würde, welche auch unter Privaten frei handelbar wären.[442] Das bedeutet, dass die Länder entscheiden können, ob sie Stammkapital für Sparkassen einführen und in welchem Umfang sie seine Fungibilität erlauben. Für das »Wie« (i. e. die Ausgestaltung) der Fungibilität haben die Länder aber nur für solches Stammkapital die Gesetzgebungskompetenz, welches nicht oder nur beschränkt fungibel ist. Für unbeschränkt fungibles Stammkapital haben sie demgegenüber nur solange und soweit die Gesetzgebungskompetenz, wie der Bund nicht von seiner konkurrierenden Kompetenz Gebrauch macht.

Im Hinblick auf das Demokratieprinzip begegnet bereits die aktuelle Ausgestaltung des Stammkapitals – insbesondere in Rheinland-Pfalz – Bedenken. Gemäß § 3 Abs. 4 S. 2 SpkG RP 2008 üben alle Inhaber des Stammkapitals die unternehmerische Führung gemeinsam – wenn auch nach einem von der

---

440 Dies ablehnend *Schalast,* Stammkapital, stille Beteiligung und Zusammenschlussoptionen, S. 31.

441 Vgl. *Berger,* Sparkassengesetz § 3 Rn. 26.

442 So auch *Siekmann,* NWVBl. 1993, 361 (369). Ähnlich *Becker,* DÖV 1998, 97 (102 ff.), und *Mann,* Die öffentlich-rechtliche Gesellschaft, S. 351.

Aufsichtsbehörde genehmigten Vertrag – aus. Dies führt dazu, dass gebietsfremde, nicht von den Einwohnern der Stammkommune der Sparkasse legitimierte Kommunen Einfluss auf die Sparkasse nehmen können.[443] Dieser Eingriff in das Demokratieprinzip kann nicht mit einem Verweis auf die mit dem Regionalprinzip konforme Möglichkeit, Sparkassen das Tätigwerden in fremden Hoheitsgebieten zu erlauben,[444] gerechtfertigt werden. Denn während dort für jedermann erkennbar ein Hoheitsträger außerhalb seines Hoheitsgebiets auftritt, geht es vorliegend um das verdeckte Tätigwerden des fremden Hoheitsträgers im Gewand der lokalen Sparkasse mittels seiner Anteile an selbiger. Eine Rechtfertigung gelingt ebensowenig über die für die Einführung des Stammkapitals angeführten Gründe: Steigerung des Interesses des Trägers an und seiner Verantwortung für seine Sparkasse sowie Schaffung von mehr Transparenz.[445] Diese stärken zwar das Recht des Trägers auf kommunale Selbstverwaltung und könnten daher den Eingriff in das Demokratieprinzip kompensieren. Jedoch sprechen sie eben nur für die Einführung, nicht aber die Fungibilität des Trägerkapitals. Mit sinkendem Anteil des ursprünglichen Trägers an seiner Sparkasse dürften vielmehr sein Interesse und Verantwortungsgefühl für seine Sparkasse sinken. Ferner ist zu befürchten, dass nicht größere Transparenz, sondern vielmehr von privaten Konzernen bekannte, unübersichtliche Beteiligungsstrukturen entstehen könnten. Daher spricht vieles dafür, Modelle wie das rheinland-pfälzische als unvereinbar mit dem Demokratieprinzip anzusehen.

Schließlich sei auf den in der Sache veralteten Wortlaut des § 10 Abs. 2a S. 1 Nr. 4 KWG hingewiesen, nach dem ausschließlich die Rücklagen von Sparkassen als haftendes Kernkapital gelten. Wäre dies so, bedeutete die Einführung von Stammkapital für eine Sparkasse einen nicht unerheblichen Nachteil.[446] Jedoch existierten bei Einführung dieser Regelung die Vorschriften zum Stammkapital noch nicht. Unstreitig wollte der Bundesgesetzgeber vollumfänglich an das zu *dieser* Zeit geltende Organisationsrecht der

443 *Berger,* Sparkassengesetz, § 3 Rn. 27; *Gerick,* BB 1998, 494 (496). Rechtlich nur schwer fassbare Auswirkungen auf die Geschäftspolitik der Sparkasse befürchten *Henneke/Wohltmann,* Der Landkreis 2005, 82 (87).

444 Siehe hierzu oben S. 23.

445 Vgl. oben S. 64.

446 Früher stellte sich darüber hinaus die Frage, ob die Nichtberücksichtigung der Gewährträgerhaftung von § 10 KWG verfassungskonform war. Siehe hierzu näher unten S. 102 f.

Länder anknüpfen.[447] Es wird daher vertreten, das Stammkapital so wie das Dotationskapital anderer öffentlich-rechtlicher Kreditinstitute analog § 10 Abs. 2a S. 1 Nr. 5 KWG als Kernkapital anzuerkennen, weil eine Unterscheidung sachlich nicht gerechtfertigt sei.[448]

3. Exkurs: Beteiligungen ohne Einfluss auf die Sparkasse – Stille Beteiligungen, Genussrechte und nachrangige Verbindlichkeiten

Im Laufe der Zeit wuchs bei den Sparkassen das Bedürfnis, sich jenseits des normalen Passivgeschäfts ebenso wie private Kreditinstitute Fremdkapital zu beschaffen. Die privaten Institute erreichen dieses Ziel u. a. über die stille Beteiligung, die Gewährung von Genussrechten und durch die Eingehung nachrangiger Verbindlichkeiten.[449]

Die meisten Länder haben in ihre Sparkassengesetze mittlerweile eins oder mehrere dieser aus dem Zivilrecht stammenden Instrumente aufgenommen.[450] Am weitesten gehen Nordrhein-Westfalen und die neuen Länder, die alle drei Möglichkeiten – zum Teil schrittweise –[451] eingeführt haben.[452] Die Bestimmungen sehen dabei unterschiedliche Verfahrensweisen und Beschränkungen vor, begrenzen aber den Kreis der möglichen Kapitalgeber zumeist nicht oder relativ gering. Nordrhein-Westfalen allerdings, welches auch bei seinem nicht fungiblen Trägerkapital die restriktive Gang-

447 *Von Friesen,* Staatliche Haftungszusagen für öffentliche Kreditinstitute, S. 49; *Schneider,* in: FS Riesenfeld, S. 237 (241).

448 *Berger,* Sparkassengesetz, § 3 Rn. 28. Jedoch offengelassen vom *BVerfG,* Beschl. v. 23.09.1994, – 2 BvR 1547/85 –, in: WM 1994, 1971 (1972) = NVwZ 1995, 370.

449 Gem. § 10 Abs. 4, 5 und 5a KWG. Mit den genannten Mitteln befassen sich aus zivilrechtlicher Sicht ausführlich und jeweils m. w. N. *Post/Hoffmann,* Die stille Beteiligung; *Thielemann,* Das Genußrecht als Mittel der Kapitalbeschaffung; *Driever,* Das nachrangige Haftkapital.

450 Mit den genannten Mitteln und weiteren Möglichkeiten, die Eigenkapitalausstattung der Sparkassen zu verbessern, befasst sich *Kurze,* Eigenkapitalausstattung kommunaler Sparkassen, S. 138 ff. Der Autor geht, *aaO.,* S. 212 ff., auch der Frage nach, welche möglichen Auswirkungen die (unbegrenzte) Zufuhr privaten Eigenkapitals haben kann.

451 So in Nordrhein Westfalen z. B. zunächst nur die stillen Beteiligungen, vgl. § 29 SpkG NW 1994.

452 § 26 SpkG NW 2008; § 3 Abs. 4 SpkG Bbg 2008; § 3 Abs. 4 SpkG MV 2006; § 3 Abs. 3 SpkG Sachs 2007; § 3 Abs. 3 SpkG SA 2002; § 4 SpkG Th 2007. Stille Beteiligungen und Genussrechte erlauben Art. 20 Abs. 1 Nr. 1 SpkG Bay i. V. m. § 6 SpkO Bay (Verordnung über die Organisation und den Geschäftsbetrieb der Sparkassen vom 21.04.2007 [GVBl. S. 332]) §§ 21 f. SpkG He 2008; § 21 f. SpkG RP 2008. Nur stille Beteiligungen gestatten § 32 SpkG BW 2008; § 26 SpkG Saar.

art gewählt hat, lässt als Kapitalgeber nur den jeweiligen Träger und die beiden Sparkassen-Förderungsgesellschaften im Land zu.

Den Gegenpol zu Nordrhein-Westfalen nimmt das Saarland – welches nur stille Beteiligungen gestattet – mit einer sehr weitgehenden Regelung ein. Üblicherweise wird bestimmt, dass die Kapitalgeber keine Mitwirkungs- und Beschlussrechte haben. Im Saarland dürfen jedoch die stillen Gesellschafter, welche langjährige Kunden oder Mitarbeiter der jeweiligen Sparkasse sein müssen, Vertreter mit beratender Stimme in den Verwaltungsrat entsenden.[453] Vor diesem Hintergrund gewinnt die Äußerung *Scheikes,* der die Aufnahme stiller Gesellschafter bereits vor Einführung dieser Regelung als Privatisierung ansah,[454] mehr Substanz. Ähnlich handelte Sachsen mit der Einführung sog. »atypisch stiller Beteiligungen« an Verbundsparkassen, welche der Finanzgruppe und ihren Anteilseignern sowie den übrigen Verbundsparkassen mitunternehmerische Rechte im Sinne des Einkommensteuerrechts gewähren.[455]

IV. Stiftung

Es ist ferner denkbar, Sparkassen als Stiftungen des öffentlichen Rechts zu betreiben, zumal die Unterschiede zwischen Anstalt und Stiftung nicht so groß sind, wie es zunächst scheint, wenn man letztere als einen Unterfall der ersteren ansieht.[456] Die jüngst in Bremen und Hessen eingeführten Regelungen zu Stiftungen beinhalten diese Option allerdings nicht. Sie schreiben vielmehr weiterhin den Betrieb der Sparkassen als AöR vor und gestatten den Stiftungen lediglich, Träger der Sparkassen zu werden. Dementsprechend erfolgen Ausführungen hierzu unten bei der Trägerschaft.[457]

B. Privatrechtliche Organisationsformen

Kreditinstitute können, das ist von den Privat- und Genossenschaftsbanken hinlänglich bekannt und hat sich dort bewährt, in privatrechtlicher Form

---

453 Gem. § 26a Abs. 1 SpkG Saar 2008 entsenden die stillen Gesellschafter ein bzw. zwei Vertreter, wenn die stillen Einlagen mind. 6 % bzw. 12 % des haftenden Eigenkapitals ausmachen.

454 *Scheike,* Materielle Privatisierung kommunaler Sparkassen, S. 52. § 26a wurde mit dem SpkG Saar 2006 eingeführt, während *Scheike* sich 2004 äußerte.

455 § 3 Abs. 4 SpkG Sachs 2007.

456 So *Breuer,* VVDStRL 44 (1986), 211 (231).

457 Siehe unten S. 81 ff.

betrieben werden. Aus organisationsrechtlicher Sicht ist es nicht abwegig, dies auch für die Sparkassen zu ermöglichen.[458] Es ist ferner auch nicht zwingend, dass eine von einer Kommune getragene Sparkassen-AG den öffentlichen Auftrag schlechter erfüllen sollte als eine von einer Kommune getragene AöR.[459] Die generelle Ablehnung privater Organisationsformen für Sparkassen durch die Kommunen, welche diese in anderen ähnlich wichtigen Bereichen (z. B. beim Betrieb von Stadtwerken), durchaus nutzen, ist daher nicht nachzuvollziehen.[460]

Es folgt eine Auflistung der wenigen Fälle, in denen das Sparkassengeschäft derzeit in privatrechtlicher Organisationsform wahrgenommen wird. Es liegt auf der Hand, dass die Landesgesetzgeber – vorbehaltlich höherrangigen Rechts – nicht gehindert sind, weitere Organisationsformen einzuführen.[461] So bietet z. B. die Selbständigkeit der einzelnen Sparkassen bei gleichzeitig zentral gesteuertem Auftreten, sei es etwa als Sachsen-Finanzgruppe oder bundesweit als Sparkassen-Finanzgruppe, Ansatzpunkte für die Einführung eines Franchisingmodells.[462]

I. Freie Sparkassen

Eine Sonderstellung kommt aus historischen Gründen den zu Beginn des Sparkassenwesens gegründeten[463] freien Sparkassen zu. Heute existieren von ihnen noch eine gute Hand voll.[464] Eine Neugründung von Sparkassen

458 Siehe zur Organisation einer Sparkasse als Aktiengesellschaft die kritischen und umfangreichen Ausführungen von *Laudenbach,* Organisationsform Aktiengesellschaft.

459 Hiervon wird aber in der Diskussion zumeist unreflektiert ausgegangen, vgl. etwa *Grapentin/Berg/Pfingsten,* ZBB 2007, 399 (400).

460 In diesem Sinne zum Referentenentwurf des SpkG NW 2008 auch *Oebbecke,* Stellungnahme 14/2081, S. 6.

461 Zur Wahl der Organisationsform von öffentlichen Unternehmen, insb. im Falle der Privatisierung, siehe *Bull,* in: FS Maurer, S. 545; *Peine,* DÖV 1997, 353; *Pielow,* in: FS Ipsen, S. 725; *Schink,* VerwArch 85 (1994), 251, und allgemein zur Wahl der Rechtsform die Nachweise oben in Fn. 410.

462 Obgleich dieser Vorschlag nicht überall auf Gegenliebe stoßen wird, kann nicht geleugnet werden, dass sich das Franchising mittlerweile als erfolgreiches Modell vor allem in der sog. Systemgastronomie bewährt hat. Siehe zum Franchising statt vieler *Ahlert,* Franchising; *Ditges,* Franchising, und die mit Hilfe der Sparkassen erschienene Publikation von *Morin,* Franchising.

463 Siehe oben S. 31.

464 Siehe näher zu den Freien Sparkassen *Ossenbühl,* Grundfragen zum Rechtsstatus der freien Sparkassen; *Schmitt-Wellbrock,* Freie Sparkassen und Regionalprinzip, sowie

in privater Organisationsform ist nicht möglich.[465] Abgesehen von den Sonderregelungen in den Stadtstaaten[466] und der Frankfurter Sparkasse[467] finden sich Freie Sparkassen nur noch in Schleswig-Holstein.[468] Dementsprechend ist Schleswig-Holstein das einzige Land, in dem Regelungen zu ihnen – wenn auch rudimentärer Natur – existieren.[469]

Die klassischen Rechtsformen der Freien Sparkassen sind die des wirtschaftlichen Vereins und der Stiftung. In den letzten Jahren wurden sie aber allesamt in Aktiengesellschaften umgewandelt. Sie dürfen unter den Voraussetzungen des § 40 Abs. 1 Nr. 3 KWG weiterhin die Bezeichnung »Sparkasse« führen.[470]

Hervorzuheben ist hier die Frankfurter Sparkasse. Auch sie war ursprünglich eine freie Sparkasse und wurde in der Rechtsform des wirtschaftlichen Vereins geführt. Im Jahr 2005 erfolgte dann die Umwandlung in eine AG. Kurz nach der Umwandlung erwarb die Landesbank Hessen-Thüringen (Helaba) sämtliche Aktien der Frankfurter Sparkasse.[471] 2007 wurde die Frankfurter Sparkasse in eine landesunmittelbare Anstalt des öffentlichen Rechts umgewandelt[472] und hat somit die gleiche Rechtsform wie die Helaba.[473] Die freie Frankfurter Sparkasse wurde also, mit einem Umweg über die AG als typische privatrechtliche Organisationsform, ins Lager der

---

kurz *Schlierbach/Püttner,* Sparkassenrecht, 5. Aufl., S. 314 ff., und *Schuster/Sohns,* ZBB 2006, 342 (347 f.).

465 Siehe aber zur Umwandlung bestehender Sparkassen unten S. 73 f.

466 Siehe oben S. 43 f., S. 48 f. und S. 54.

467 Siehe hierzu sogleich unten.

468 Die Freien Sparkassen aus Schleswig-Holstein sowie die Sparkasse Bremen AG und die Hamburger Sparkasse AG sind im Verband der Deutschen Freien Öffentlichen Sparkassen e. V. organisiert. Mitglied des Verbands ist außerdem die Sparkasse Westholstein (AöR). Dies verwundert zunächst, erklärt sich aber dadurch, dass diese Sparkasse aus der Verschmelzung mehrerer, teilweise privatrechtlicher Sparkassen hervorgegangen ist.

469 §§ 32 ff. SpkG SH 2008. Das Gesetz fasst die Sparkassen des Privatrechts und die öffentlich-rechtlichen Sparkassen unter dem Begriff der »öffentlichen Sparkassen« zusammen.

470 Näher *Thiemann,* Rechtsprobleme der Marke Sparkasse, S. 142 f.

471 Vgl. bis hierher *Schuster/Sohns,* ZBB 2006, 342 (347 ff.).

472 § 1 Abs. 1 und 2 Nr. 1 des Gesetzes vom 14.05.2007 (GBl. 283) zur Errichtung der Frankfurter Sparkasse als Anstalt des öffentlichen Rechts, zuletzt geändert durch Gesetz vom 29.09.2008 (GBl. S. 875). Das Gesetz stellt umfangreiche Sondervorschriften für die Frankfurter Sparkasse auf. Das SpkG He gilt gem. § 1 Abs. 3 des Gesetzes nur hilfsweise.

473 Vgl. hierzu und zur gesamten Historie der Frankfurter Sparkasse https://www.frankfurter-sparkasse.de, abgerufen am 02.06.2009.

öffentlich-rechtlichen Sparkassen geholt. Der Preis aus Sicht des Sparkassenlagers hierfür war jedoch, dass es zu einer von ihm vehement abgelehnten Vertikalisierung einer Sparkasse mit einer Landesbank gekommen ist.[474]

Bis Ende des vergangenen Jahrhunderts existierte ferner in Baden-Württemberg eine Sparkasse in Zwitterstellung. Die mittlerweile in der Landesbank Baden-Württemberg aufgegangene[475] sog. Landesgirokasse (öffentliche Bank und Landessparkasse) war de lege eine rechtsfähige Anstalt des öffentlichen Rechts.[476] Laut ihrer im Rang unter dem Sparkassengesetz stehenden Satzung sollte sie aber gleichzeitig eine freie öffentliche Sparkasse sein.[477] Ihr Sonderstatus fand ferner darin Ausdruck, dass nicht alle Vorschriften des Sparkassengesetzes auf sie anzuwenden waren und dass sie anstatt der damals üblichen Gewährträger nur (Anstalts-)Träger hatte.[478]

II. Umwandlung der Sparkasse Bremerhaven in eine AG

In Bremerhaven nehmen die Dinge zur Zeit den umgekehrten Verlauf zur Frankfurter Entwicklung. Während hüben – wie ausgeführt – eine ehemals freie Sparkasse nun öffentlich-rechtlich organisiert ist, wurde drüben die Möglichkeit geschaffen, die in Trägerschaft einer Stiftung stehende[479] Sparkasse Bremerhaven in eine AG umzuwandeln.[480] Allerdings bedarf die Umwandlung der Genehmigung der Aufsichtsbehörde. Außerdem dürfen nur vinkulierte Namensaktien (§ 68 Abs. 2 AktG) ausgegeben werden. Mindestens 50,1 % der Aktien müssen *einer* Stiftung des öffentlichen Rechts gehören. Die restlichen Aktien dürfen nur an Bürger der Stadtgemeinde des Sitzes der Sparkasse, Kunden der Sparkasse und Mitglieder der Sparkassenorganisation übertragen werden. Da in Zukunft die Mehrheit der Aktien durchaus im Besitz gebietsfremder Personen sein könnte, könnte sich

---

474 Näher zur Vertikalisierung unten S. 93 f.

475 Gem. § 1 Abs. 1 S. 2 des Gesetzes über die Landesbank Baden-Württemberg vom 11.11.1998 (GBl. S. 589).

476 Vgl. § 34 Abs. 1 S. 1 SpkG BW 1992.

477 Näher zum historischen Hintergrund der Landesgirokasse *Schlierbach/Püttner,* Sparkassenrecht, 5. Aufl., S. 314.

478 Vgl. § 34 Abs. 1 SpkG BW 1992. Die Träger waren das Land Baden-Württemberg und die Stadt Stuttgart.

479 Siehe zur Sparkassenstiftung Bremerhaven oben S. 43 f.

480 § 3b SpkG HB 2003.

wie beim Trägerkapital[481] die Frage nach der demokratischen Legitimation der Sparkasse stellen.

Der »Kniff« mit den vinkulierten Namensaktien böte sich zur Nachahmung durch andere Länder an. Sie könnten ihren öffentlich-rechtlichen Sparkassen so zu Eigenkapital von privater Seite verhelfen, ohne dass der frühere Träger seine Stellung als Hauptaktionär durch Weiterverkäufe der Aktien verlieren könnte. Allerdings hat die Umwandlung einer öffentlich-rechtlichen Sparkasse in eine AG nach überwiegender Ansicht zur Folge, dass das Institut nicht mehr die Bezeichnung »Sparkasse« führen darf.[482]

Denn gem. § 40 Abs. 1 Nr. 1 KWG dürfen dies nur öffentlich-rechtliche Sparkassen – worunter die umgewandelte ehemalige Sparkasse nicht mehr fällt – und »andere Unternehmen« im Sinne des § 40 Abs. 1 Nr. 2 und 3 KWG. Dies aber sind nur solche Kreditinstitute, die bereits vor dem Inkrafttreten des KWG am 01.01.1962 privatrechtlich organisiert waren und die Bezeichnung »Sparkasse« getragen haben. Gemeint sind die freien Sparkassen, wohingegen solche Sparkassen, die in Kenntnis des § 40 KWG privatisiert wurden, keinen Bezeichnungsschutz verdienen und daher auch nicht erhalten sollen.[483] Für eine analoge Anwendung der Vorschrift auf privatisierte Sparkassen fehlt es an der Voraussetzung einer Regelungslücke. Es ist zwar richtig, dass durch den Wegfall von Gewährträgerhaftung und die Modifizierung der Anstaltslast[484] die Sparkassen nicht mehr auf einen unbeschränkt haftenden Gewährträger zurückgreifen können und daher ein gewichtiger Unterschied zwischen privaten Kreditinstituten und Sparkassen weggefallen ist.[485] Dennoch ist hierdurch keine nachträgliche Regelungslücke entstanden, weil die Sparkassen – anders als die privaten Kreditinstitute – weiterhin dem am Gemeinwohl orientierten öffentlichen Auftrag[486] verpflichtet sind. Dies rechtfertigt weiterhin den Schutz der Bezeichnung »Sparkasse«, um die Staatlichkeit der Sparkassen auszudrücken.[487]

---

481 Siehe oben S. 67 f.

482 Vgl. statt vieler *Thiemann,* Rechtsprobleme der Marke Sparkasse, S. 140 f. mit Nachweisen auch zur Gegenansicht.

483 *Thiemann,* Rechtsprobleme der Marke Sparkasse, S. 141 ff. Siehe zu den freien Sparkassen oben S. 71 ff.

484 Siehe hierzu S. 103 f.

485 Vgl. *Bredow/Schick/Liebscher,* BKR 2004, 102 (106 f.).

486 Siehe hierzu S. 105 ff.

487 *Thiemann,* Rechtsprobleme der Marke Sparkasse, S. 143 f.

§ 6 Die Trägerschaft, ihre Veränderungen und materielle Privatisierung

Mit den Ausführungen zu den möglichen Organisationsformen einer Sparkasse wurde noch keine Aussage darüber getroffen, wer hinter der Sparkasse steht. Eine Sparkasse wickelt zwar ihren alltäglichen Geschäftsbetrieb autonom ab. Es gibt jedoch Handlungen, die von einem Hintermann, einem Lenker oder – um im Sprachgebrauch der auf der Anstaltsdogmatik beruhenden Sparkassengesetze zu sprechen – einem Träger logisch zwingend vorgenommen werden müssen oder zumindest sollen. Zur ersten Kategorie gehört etwa die Errichtung einer Sparkasse. Die zweite Kategorie umfasst all diejenigen Handlungen, die von so großer Relevanz sind, dass sie nicht der Sparkasse selbst überlassen, sondern dem Träger selbst als Errichter und (jedenfalls anfänglichem) Finanzierer der Sparkasse vorbehalten sein sollen.[488]

Es folgen zunächst Ausführungen zu den möglichen und tatsächlich existierenden Trägern (A.). Daran schließt sich eine Darstellung der Regelungen zu den Änderungen des Trägers einer Sparkasse an (B.).

A. Formen der Trägerschaft

Die Träger einer Sparkasse können theoretisch, entsprechend der Zweiteilung der Rechtsordnung, Personen des öffentlichen Rechts (I.) oder Personen des Privatrechts (II.) sein.

I. Öffentlich-rechtliche Trägerschaft

Die klassischen Träger[489] einer öffentlich-rechtlichen Sparkasse sind allesamt Personen des öffentlichen Rechts. Dies gilt zunächst direkt für die Träger der Sparkassen in klassischer Anstaltsform[490], welche nach Otto

488 Mit diesen Handlungen befasst sich eingehend *Heinen,* Rechtsstellung der Gemeinden und Gemeindeverbände, S. 20 ff. Siehe ferner ausführlich *Rolvering,* Der wechselseitige Zusammenhang, zu den wechselseitigen Beziehungen zwischen den Sparkassen und ihren Trägern in Westfalen-Lippe. Das SpkG NW 2008 listet die Aufgaben des Trägers in einem eigenen § 8 auf, ebenso § 6 SpkG Saar 2006, SpkG Bbg 2008, SpkG MV 2006, SpkG Sachs 2007, SpkG SA 2002.

489 In Rheinland-Pfalz: »Errichtungsträger«.

490 Zur Anstaltsform siehe oben S. 62 f.

Mayer auch »Muttergemeinwesen«[491] genannt werden, für die Träger der sog. AIDA[492] und für die sparkassentragenden Stiftungen des öffentlichen Rechts.[493] Ferner trifft diese Aussage (zumindest derzeit) im Ergebnis auch auf die Trägerstruktur der Sparkasse Berlin zu. Diese wird zwar von der Landesbank Berlin AG getragen.[494] Letztere wird aber von der Landesbank Berlin Holding AG getragen, welche wiederum (teilweise über die Sparkassen, teilweise direkt) über die Kommunen getragen wird.[495]

Zu den Aufgaben und Rechten eines Trägers gehören – in unterschiedlichen landesrechtlichen Ausgestaltungen – die Errichtung, Vereinigung und Auflösung der Sparkasse,[496] der Erlass der Sparkassensatzung,[497] eine maßgebliche Partizipation an der Besetzung der Organe der Sparkasse[498] und der Überschussverwendung[499] sowie die Kontrolle des Jahresabschlusses[500].[501] Eine weitere Pflicht des Trägers lag bis 2001 in der Übernahme der Gewährträgerhaftung und nach herrschender Meinung der Anstaltslast.[502]

Die aktuellen und vergangenen Regelungen zu den möglichen Trägern einer Sparkasse unterscheiden sich stärker voneinander, als man zunächst anneh-

---

491 *Mayer,* Verwaltungsrecht, Bd. 2, S. 378. *Rüfner,* DÖV 1985, 605 (609), verwendet den engeren Begriff der »Mutterkörperschaft«.

492 Zur Anstalt in der Anstalt siehe näher oben S. 63 f.

493 Zur Stiftungsform siehe oben S. 70.

494 Siehe oben S. 48 f.

495 http://www.lbb-holding.de/lbb_holding/de/10_lbb_holding/index.html, abgerufen am 17.06.2009.

496 Siehe unten S. 90 ff.

497 Siehe unten S. 122 f.

498 Siehe unten S. 126 ff.

499 Siehe unten S. 109 ff.

500 Siehe hierzu näher *Schlierbach/Püttner,* Sparkassenrecht, 5. Aufl., S. 247 ff.

501 Vgl. außerdem allgemein zur Verbindung zwischen Träger und Sparkasse *Schlierbach/Püttner,* Sparkassenrecht, 5. Aufl., S. 41 ff. Lesenswert sind die Ausführungen von *Kierstein,* Beziehungen zwischen den Muttergemeinwesen und rechtsfähigen Anstalten, S. 76 ff. Er beschreibt das rechtliche Verhältnis der Sparkassen zu ihren Gewährträgern von den Anfängen bis zu den ersten Sparkassengesetzen der Bundesrepublik. Siehe ferner zur historischen Entwicklung der Trägerschaft an einer Anstalt allgemein *Krebs,* NVwZ 1985, 609. Die Trägerschaft wird in der Literatur oft gemeinsam mit der Rechtsform der Anstalt untersucht. Daher sei im Übrigen auf die Nachweise oben, Fn. 410 und 413, verwiesen.

502 Siehe unten S. 97 ff.

men mag.[503] Teilweise sind diese Unterschiede die Folge von Unterschieden im allgemeinen Landesorganisationsrecht. Teilweise sind sie aber auch – insbesondere durch die neueren Änderungen – bewusst eingeführt worden.[504]

1. Kommunale Selbstverwaltungsträger

Es gibt derzeit ersichtlich kein Rechtssubjekt, das in allen Ländern als Träger einer Sparkasse in Frage kommt. Für diesen Umstand ist das Land Berlin verantwortlich, welches als einzigen Träger seiner einzigen Sparkasse im Wege der Beleihung die Landesbank Berlin bestimmt hat.[505]

In allen übrigen Ländern können *kreisfreie Städte* Träger von Sparkassen sein. *Kreisangehörige Gemeinden* haben dieses Recht nur in den alten Ländern.[506] Es lässt sich vermuten, dass man in den neuen Ländern von Anfang an hinreichend große Sparkassen von hinreichend großen Trägern schaffen wollte, um späteren Fusionen vorzubeugen. Neben den Gemeinden werden die *Gebietskörperschaften,* teilweise auch direkt die *(Land-)Kreise* als Hauptfall genannt. Ebenso wie die in Schleswig-Holstein zwischen den Gemeinden und Kreisen angesiedelten *Ämter* gehören die rheinland-pfälzischen *Verbandsgemeinden* zum Kreis der möglichen Träger. Niedersachsen verweigert demgegenüber seinen *Samtgemeinden* die Trägerstellung.

Ferner war im ersten Sparkassengesetz für Baden-Württemberg bestimmt, dass Gemeinden, welche vor dem Inkrafttreten des Gesetzes für eine Sparkasse die Bürgschaft übernommen hatten, zu den Gewährträgern dieser Sparkasse wurden.[507]

---

503 Für alle Länder grundsätzlich § 1 des jeweiligen aktuellen oder vergangenen Gesetzes. Falls die folgenden Ausführungen sich auf eine andere Fundstelle beziehen, wird diese gesondert genannt.

504 Einen allerdings nicht mehr gänzlich aktuellen Überblick über die möglichen Träger einer Sparkasse liefert die Tabelle in *Schlierbach/Püttner,* Sparkassenrecht, 5. Aufl., S. 49 f.

505 § 3 Abs. 2 SpkG Bln 2005.

506 Folglich könnte in den neuen Ländern ein Verstoß gegen das Subsidiaritätsprinzip vorliegen. Siehe hierzu und zu einer vom *LVerfG Bbg* zugelassenen Ausnahme für eine einzelne Gemeinde unten Fn. 724.

507 § 53 SpkG BW 1967.

2. Zusammenschlüsse, Sparkassenverbände und Landesbanken

Zweckverbände sind wiederum oftmals als Träger zugelassen,[508] wobei teilweise ausdrücklich bestimmt ist, dass diese sich nur aus kommunalen Körperschaften zusammensetzen oder nur von benachbarten Trägern gegründet werden dürfen.[509] Diese Regelungen sind zumeist zu den Zeiten der Gebietsreformen entstanden. Als Alternative hierzu bietet sich einer Gemeinde und einem Gemeindeverband die Bildung einer *Gemeinschaftssparkasse* an. Ihr Träger ist dann nicht ein hierfür gegründeter Zweckverband, sondern die Gemeinde und der Gemeindeverband selbst als »Mitträger«.[510] Nicht zu verwechseln ist eine Sparkasse in Trägerschaft eines Zweckverbands mit einer Sparkasse, die nach neuerem Recht in Niedersachsen, Nordrhein-Westfalen, Rheinland-Pfalz und Baden-Württemberg in der Trägerschaft eines *Sparkassen- und Giroverbands* steht.[511] Während Baden-Württemberg dies bereits unter Berücksichtigung des öffentlichen

508 Näher zu den Zweckverbänden, ihrer Geschichte und ihrer verfassungsrechtlichen Einordnung jeweils m. w. N. ausführlich *O. V,* Der Zweckverband als Organisationsform, und ferner *Ellgering,* Sparkasse 1970, 187, und Sparkasse 1998, 322; *Heinevetter,* Sparkasse 1973, 235; *Schlierbach/Püttner,* Sparkassenrecht, 5. Aufl., S. 48 f., und *Seifarth,* Sparkasse 1974, 302. Zweckverbände können auf freiwilliger Basis gegründet werden. Die Sparkassengesetze enthalten aber auch Vorschriften zur zwangsweisen Gründung, um das öffentliche Wohl und die Leistungsfähigkeit der Sparkassen zu erhalten. Vgl. hierzu *Hoppe/Oebbecke,* Kommunalwirtschaft 1978, 241.

509 Die Sparkassengesetze enthalten zu den Zweckverbandssparkassen nähere, teilweise von den grundsätzlichen Regelungen für kommunale Sparkassen abweichende Vorschriften. Zumeist wird auf das Landesgesetz über die kommunale Zusammenarbeit, wiederum unter gelegentlichen Abweichungsmöglichkeiten im Verordnungswege verwiesen, vgl. etwa Art. 17 SpkG Bay 2008; § 7 SpkG HB 2008; § 7 SpkG Nds 2008. Aber auch ohne einen solchen Verweis ist auf die allgemeinen Vorschriften des Landesrechts zu den Zweckverbänden zurückzugreifen. Teilweise finden sich auch Vorschriften, die der Aufsichtsbehörde zur Erhaltung der Leistungsfähigkeit der Sparkasse die zwangsweise Anordnung der Bildung eines Zweckverbands gestatten, vgl. etwa Art. 17 Abs. 3 SpkG Bay 2008; § 17 Abs. 3 SpkG He 2008; § 2 Abs. 4 SpkG Nds 2008; § 27 Abs. 5 SpkG 2008 NW; § 28 Abs. 4 SpkG SH 2008; § 28 Abs. 4 und 5 SpkG Bbg 2008, SpkG MV 2006, SpkG Sachs 2007, SA 2002; § 22 Abs. 4 und 5 SpkG Th 2007.

510 Näher zu den Gemeinschaftssparkassen *Schlierbach/Püttner,* Sparkassenrecht, 5. Aufl., S. 51 f. Die Gemeinschaftssparkasse ist in § 1 SpkG He 2008 ausdrücklich erwähnt. Sie darf aber grundsätzlich auch in jedem anderen Land gebildet werden, wenn eine Auslegung nicht ergibt, dass die Bildung einer Zweckverbandssparkasse vorzuziehen ist, vgl. *aaO.,* S. 51.

511 So die Regelung seit folgenden Gesetzesänderungen: § 29 Abs. 3 SpkG Nds. 2004; § 38 Abs. 1 und 2 SpkG NW 2008; § 25 a SpkG RP 2008; § 9 Abs. 1 und 2 SpkG BW 2002.

Wohls erlaubt, verlangt Nordrhein-Westfalen, dass anderenfalls die Erfüllung des öffentlichen Auftrags gefährdet ist. Rheinland-Pfalz und Nordrhein-Westfalen erlauben die Übernahme der Trägerschaft durch den Sparkassenverband weiter einschränkend nur auf Zeit. In Nordrhein-Westfalen ist es ferner möglich, wenn eine Trägerschaft des Sparkassen- und Giroverbands nicht zustande kommt, die Trägerschaft als letzten Rettungsanker auf die *Sparkassenzentralbank* (d. h. die *WestLB AG* [!])[512] auf Zeit zu übertragen.[513]

3. Sachsen-Finanzverband, Sachsen-Finanzgruppe und Holdingmodell

Ende der 90er-Jahre wurden in Sachsen Überlegungen zu einer zentraleren Organisation des Sparkassenwesens im sog. *Sachsen-Finanzverband* angestellt. Man wollte eine wettbewerbsfähige und ertragsstarke öffentlich-rechtliche Finanzdienstleistungsgruppe schaffen, um einen wichtigen dispositiven Faktor der Finanzwirtschaft langfristig in Sachsen zu halten. Die Kommunen sollten an den Überschüssen der Kreditwirtschaft partizipieren.[514] Nicht wegen des für die Gegner des Finanzverbands erfolglosen Verfahrens vor dem Landesverfassungsgericht, sondern aufgrund eines erfolgreichen Volksbegehrens wurde wenig später der Finanzverband abgeschafft, bevor er vollends entstehen konnte. Die bis dahin entstandenen Strukturen wurden zur sog. *Sachsen-Finanzgruppe* umgestaltet.[515] Diese Entwicklung ist eines der markantesten Beispiele dafür, dass die Bemühungen zum Gleichlauf der Sparkassengesetze nicht stets von allen Ländern gleichermaßen unterstützt werden. Im Gegenteil lässt sich aus der amtlichen Begründung sogar herauslesen, dass eine Absetzung von den übrigen

512 Vgl. § 37 Abs. 1 SpkG NW, der bestimmt, dass die WestLB AG mit den Aufgaben einer Sparkassenzentralbank beliehen wird.

513 *Breuer* nennt laut *Fischer,* Sparkasse 2008, 10 (12), als milderes Mittel zur Übertragung der Trägerschaft auf einen Sparkassen- und Giroverband die Fusion mit einer anderen Sparkasse zu einer Zweckverbandssparkasse, um die Erfüllung des öffentlichen Auftrags zu sichern. Er bezeichnet die Regelung in Nordrhein-Westfalen als »Notfallklausel mit Kaskadenprinzip«. Die »Kaskade« sieht demnach als mögliche Träger einer notleidenden Sparkasse einen Zweckverband, einen Sparkassen- und Giroverband und die Landesbank vor. *Breuer* sieht hierin *ebd.* das »Gegenteil von Vertikalisierung«, weil die Landesbank nur als ultima ratio als Träger der Sparkasse in Betracht komme und nicht von vornherein eine Verschmelzung der beiden Institute angeordnet werde. Zur Vertikalisierung siehe näher unten S. 93 f.

514 Amtliche Begründung zum Entwurf des SpkG Sachs 1999, Drs. 2/10015, S. 1.

515 Siehe zum zeitlichen Ablauf der Rechtsänderungen oben S. 57 f.

Ländern gewollt war.[516] Denn die gewünschte Wettbewerbsfähigkeit und Ertragsstärke ließen sich nach damaliger Auffassung am besten erreichen, indem man sich von den hier als Konkurrenten angesehenen Ländern in (vermeintlich) positiver Hinsicht unterscheidet.

Die Organisationsformen der beiden Zusammenschlüsse wurden folgendermaßen ausgestaltet:[517] Zu Zeiten des Finanzverbands war es den Trägern der sächsischen Sparkassen freigestellt, ihre Trägerschaft auf den Finanzverband zu übertragen.[518] Im Gegenzug erhielten sie Anteile am Stammkapital des Finanzverbands.[519] Die Verbandssparkassen blieben rechtlich selbständig, behielten dementsprechend ihre Organe und waren weiterhin auf das dezentrale Kundengeschäft in ihrer Region ausgerichtet. Die allgemeinen Richtlinien der Geschäfts- und Personalpolitik wurden aber zentral vom Finanzverband bestimmt.[520]

Zur »Wiederherstellung der bewährten Sparkassenstrukturen«[521], namentlich des regionalen Bezugs und der Eigenständigkeit der Verbandsinstitute,[522] wurden die Regelungen zur Finanzgruppe abweichend von den Vorschriften zum Finanzverband formuliert.[523] Die Finanzgruppe ist Träger ihrer Verbundinstitute, betreibt aber selbst dezidiert keine Bankgeschäfte.[524] Weiterhin findet keine zentrale Festlegung der Geschäfts- und Personalpolitik mehr statt. Die Finanzgruppe nimmt zwar »Aufgaben wahr, die der Ausübung von Anteilseignerfunktionen bei öffentlich-rechtlichen Kreditinstituten gleichgesetzt werden können«. Jedoch geschieht dies nicht mehr

516 Amtliche Begr. zum Entwurf des SpkG Sachs 1999, Drs. 2/10015, S. 1.

517 Vgl. insgesamt zur rechtlichen Ausgestaltung, jeweils m. w. N. *Berger,* Sparkassenrecht, § 3 Rn. 29 ff.; *Milbradt/Thode,* Die Sächsische Verbundlösung; *Niggemeyer,* Sparkassenfusionen, S. 17 f.; *Thode,* ZKF 2003, 329.

518 Gem. § 16 des Gesetzes über den Sächsischen Finanzverband (Art. 1 des Gesetzes zur Neuordnung der öffentlich-rechtlichen Kreditinstitute im Freistaat Sachsen einschließlich der Sächsischen Aufbaubank GmbH = SpkG Sachs 1999). Sieben Sparkassenträger sowie der Träger Sachsen LB entschieden sich zu diesem Schritt, vgl. *Berger,* Sparkassengesetz, § 3 Rn. 30.

519 Vgl. §§ 4 Abs. 1 S. 2, 18 des Gesetzes über den Sächsischen Finanzverband.

520 Vgl. § 2 Abs. 1 und 2 des Gesetzes über den Sächsischen Finanzverband.

521 Begründung des Entwurfs des SpkG Sachs 2001 II, Drs. 3/6573, S. 48 f.

522 Begründung des Entwurfs des SpkG Sachs 2001 II, Drs. 3/6573, S. 50 ff.

523 §§ 49 ff. SpkG Sachs 2001 II. Das SpkG Sachs 2001 II enthält ferner auch in seinem ersten Teil an vielerlei Stellen Vorschriften, die die Regelungen über die kommunalen Sparkassen an den Fremdkörper »Verbundsparkassen« anpassen (z. B. § 4 Abs. 4, § 5 Abs. 1 S. 2, § 9 Abs. 2 S. 2 und 3, § 11 Abs. 2, § 27 Abs. 1, § 28 Abs. 2 S. 2).

524 § 50 Abs. 1 S. 2 SpkG Sachs 2001 II.

zur Zentralisierung der Geschäfte, sondern vielmehr zur Förderung der Eigenverantwortlichkeit der Verbundinstitute und unter Berücksichtigung regionaler Besonderheiten.[525]

In Hessen besteht seit kurzem eine an das sächsische Modell erinnernde Möglichkeit, die Trägerschaft an einer Sparkasse auf eine *Sparkassen-Holding* zu übertragen.[526] Während man in Sachsen von einer übermäßigen Zentralisierung abgerückt ist, hat die FDP in Schleswig-Holstein kürzlich einen an den Sachsen-Finanzverband erinnernden, aber deutlich über ihn hinausgehenden Vorschlag unterbreitet. Sie fordert die Umwandlung der öffentlich-rechtlichen Sparkassen in Aktiengesellschaften und die Gründung einer Sparkassenholding AG, deren Aktionäre zunächst nur die einzelnen Sparkassen wären. Die Träger sollen dauerhaft mindestens 50,1 % am Stammkapital ihrer Sparkasse halten. Die Holding wäre ihrerseits zunächst mit 25,1 % an jeder Sparkasse beteiligt. Unter diesen Startvoraussetzungen sollen ab dann Anteile an der Holding auch an Private übertragen werden können.[527] Die Landesregierung favorisiert währenddessen das aus Rheinland-Pfalz und Hessen bekannte Modell mit beschränkt fungiblem Stammkapital.[528]

4. Stiftungen

Die lange nur von den Trägern freier Sparkassen[529] für selbige genutzte und vom Aussterben bedrohte Rechtsform der *Stiftung* erfreut sich in den letzten Jahren – wenn auch in öffentlich-rechtlicher Form – einer Renaissan-

---

525 § 50 Abs. 2 S. 1 bis 3 SpkG Sachs 2001 II.

526 Vgl. § 17c Abs. 1 SpkG He 2008. Abs. 3 schafft ferner die Möglichkeit der Gründung einer gesonderten »Sparkassen-Holding Rhein-Main« für die Frankfurter und die Nassauische Sparkasse sowie für die Taunussparkasse und die Stadtsparkasse Offenbach. Genauere Aussagen zu Gemeinsamkeiten und Unterschieden mit dem sächsischen Modell sind nach dem Gesetz nicht möglich, weil § 17c Abs. 2 SpkG He 2008 die Regelung der näheren Ausgestaltung der Holding – einschließlich ihres Auftrags (!) – eigenverantwortlich den Trägern der Holding überlässt.

527 *O. V.*, in: Kieler Nachrichten vom 22.01.2009, Nr. 18, S. 17 (»FDP: Sparkassen sollen Aktiengesellschaften werden, Plan stößt auf breite Ablehnung im Regierungs- und Oppositionslager«).

528 *Drost*, Handelsblatt vom 06.01.2009, Nr. 3, S. 24 (»Regierung greift Sparkassen unter die Arme, Schleswig-Holstein gibt Garantien für Beteiligungen an der HSH Nordbank«).

529 Siehe zu den freien Sparkassen oben S. 71 ff.

ce.[530] Neben der in Bremen speziell für die Sparkasse Bremerhaven erlassenen Regelung, welche darüber hinaus *allen Mitgliedern der Sparkassenorganisation* (!) die Möglichkeit der Trägerstellung einräumt,[531] hat Hessen einen entsprechenden Passus eingeführt[532]. Hier bestätigt sich die anfangs aufgestellte These, dass totgeglaubte Regelungen zu neuem Leben erwachen können. Die Regelung in Hessen sieht als Stiftungsvermögen die sog. Trägeranteile vor, welche zu diesem Zweck gebildet werden können, sofern die Sparkasse über sie nicht bereits aufgrund einer Umwandlung[533] des zuvor kurzzeitig erlaubten Stammkapitals verfügt. In Bremen wurde zeitgleich mit der Änderung des Sparkassengesetzes die Sparkassenstiftung Bremerhaven gegründet, welche seitdem Trägerin der Sparkasse Bremerhaven (AöR) ist.[534]

Es trifft sicherlich zu, dass im Stiftungsmodell[535] die kommunalen Vermögensinteressen geschwächt werden,[536] insbesondere weil die Gewinnausschüttungen nicht mehr der Kommune, sondern der Stiftung zufließen. Jedoch hat die Stiftung die Gewinne im Rahmen des zuvor vom Stifter festgelegten Stiftungszwecks zu verwenden, so dass im Ergebnis die selben (oder zumindest gleichwertige) gemeinwohlorientierte(n) Aufgaben gefördert werden dürften. Das Sparkassenlager steht dem Stiftungsmodell offen bis positiv gegenüber. Es wird der dadurch gewährleistete Schutz vor Vertikalisierungen gesehen.[537] Außerdem wird an die 1931 bezweckte

530 Näher zum Stiftungsmodell *Bockamp/Tesfaiesus,* KommJur 2009, 88; *Henneke/Wohltmann,* Landkreis 2005, 82 (86). Allgemein zur Ausgestaltung einer Stiftung *Reuter,* AcP 207 (2007), 1.

531 §§ 2 Abs. 4, 3a S. 2 SpkG HB 2003. Noch weitergehend als in Nordrhein-Westfalen kann in Bremen demnach theoretisch jede Landesbank Trägerin einer Sparkasse (d. h. der Sparkasse Bremerhaven) werden.

532 § 1 Abs. 4 SpkG He 2008.

533 Gem. § 33 S. 2 SpkG HE 2008.

534 Durch das Gesetz zur Errichtung der Sparkassenstiftung Bremerhaven (Art. 3 des Gesetzes vom 08.04.2003 zur Änderung des Sparkassengesetzes für öffentlich-rechtliche Sparkassen im Lande Bremen und zur Errichtung der Sparkassenstiftung Bremerhaven[GBl. S. 168] = SpkG HB 2003). Näher zur Sparkassenstiftung Bremerhaven *Berger,* Sparkassengesetz, § 3 Rn. 12.

535 *Oebbecke* weist darauf hin, dass die von der Stiftung getragene Sparkasse nicht zwingend als Anstalt des öffentlichen Rechts organisiert sein muss. Denkbar ist vielmehr auch, die Sparkasse als Kapitalgesellschaft auszugestalten, vgl. *Hörster,* DVBl. 2000, 1044 (1047 f.).

536 *Berger,* Sparkassengesetz, § 3 Rn. 14 m .w. N. Dementsprechend lehnen die Kommunen die Stiftungslösung ab, vgl. die Äußerungen von *Duppré,* in: *O. V.,* Der Landkreis 2008, 296, und *Fuchs,* Stadt und Gemeinde 2008, 269.

537 *Knörr,* Kommunalwirtschaft/Sonderausgabe 2008, 97 (98).

Trennung der Sparkassen von den Kommunen erinnert und bemerkt, dass damals »eine stiftungsähnliche Motivation – umgesetzt in der Anstalt öffentlichen Rechts« geherrscht habe.[538]

In Bremerhaven schließlich dürften derzeit keine Ängste vor einem Einflussverlust auf kommunaler Seite bestehen. Denn solange die Sparkasse eine Anstalt des öffentlichen Rechts ist und nur von der Stiftung getragen wird, besteht Personalunion in den Organen: Der Stiftungsrat besteht aus Mitgliedern des Verwaltungsrats der Sparkasse, und in den Stiftungsvorstand dürfen nur Mitglieder des Sparkassenvorstands berufen werden.[539]

Zur Vermeidung von begrifflichen Unklarheiten sei abschließend – in Abgrenzung zur soeben behandelten sparkassentragenden Stiftung – auf die Möglichkeit jeder Sparkasse hingewiesen, ihrerseits eine Stiftung zu gründen. Von ihr wurde und wird nicht selten aus einem bestimmten Grund Gebrauch gemacht. Exemplarisch sei die Stiftung Monheim der Stadtsparkasse Düsseldorf – stellvertretend für viele andere solcher Stiftungen von Sparkassen – eingegangen. Sie wurde von der Stadtsparkasse Düsseldorf ins Leben gerufen. Im Gegenzug erfolgte die Übertragung der Sparkasse Monheim (im Wege der Vereinigung durch Aufnahme)[540] auf die Stadt Düsseldorf.[541]

Die Stadt Monheim hätte gewiss auch anteilige Trägerin einer leistungsfähigen Sparkasse bleiben können, indem sie die Vereinigung mit der Kreissparkasse Düsseldorf im Wege der Zweckverbandsbildung angestrebt hätte.[542] Hier zeigt sich, dass nicht alle Kommunen ein ausgeprägtes Interesse an ihrer Sparkassenträgerschaft haben. Der Stadt Monheim ging es laut Aussage des Bürgermeisters vielmehr um den »maximale(n) Profit für die Stadt und ihre Bürger«.[543]

---

538 *Haasis,* Stadt und Gemeinde 2008, 103 (104).

539 Vgl. §§ 6 und 8 des Gesetzes zur Errichtung der Sparkassenstiftung Bremerhaven (Fn. 534) und *Berger,* Sparkassengesetz, § 3 Rn. 14.

540 § 27 Abs. 1 S. 1 2. Var. SpkG NW 2008.

541 Nachweise zur lokalen Presse, welche im Vorfeld über diesen Vorgang berichtete, finden sich bei *Oebbecke,* Die Zukunft der kreditwirtschaftlichen Versorgung, in: Oebbecke u. a. (Hrsg.), Aktuelle Fragen der Sparkassenpolitik, S. 52 (60 f., Fn. 18 f.).

542 So *Oebbecke,* Die Zukunft der kreditwirtschaftlichen Versorgung, in: Oebbecke u. a. (Hrsg.), Aktuelle Fragen der Sparkassenpolitik, S. 52 (60).

543 Nachweis hierzu erneut bei *Oebbecke,* Die Zukunft der kreditwirtschaftlichen Versorgung, in: Oebbecke u. a. (Hrsg.), Aktuelle Fragen der Sparkassenpolitik, S. 52 (60). Auch in Stralsund war das Interesse an der stadteigenen Sparkasse vor

II. Private Trägerschaft (materielle Privatisierung)

Die immer lauter gewordenen Forderungen nach der materiellen Privatisierung der Sparkassen[544] wurden von den Gesetzgebern bisher nicht erhört. Wie ausgeführt, existieren aus historischen Gründen einige Sparkassen in privater Trägerschaft.[545] Daneben gestatten fast alle Sparkassengesetze weder den Betrieb noch die Gründung oder Übernahme einer Sparkasse durch eine Person des Privatrechts (materielle Privatisierung).[546] Die Ausnahme bildet Berlin. Hier liegt die Trägerschaft der Sparkasse unmittelbar bei einer AG, aber mittelbar weiterhin im öffentlich-rechtlichen Lager.[547] Ferner dürfte selbst bei landesrechtlicher Gestattung ein solches Kreditinstitut sich nach Bundesrecht nicht »Sparkasse« nennen.[548]

B. Trägeränderung

So wie sich die Zusammensetzung der Gesellschafter einer Gesellschaft verändern kann, sind auch Änderungen im Bestand der Träger einer Sparkasse möglich. Die Ursache kann entweder in einer Entscheidung des bzw. der Träger (I.) oder in einer Änderung des Trägergebiets (II.) liegen.

I. Beitritt, Ausscheiden und Übertragung der Trägerschaft

Aufgrund politischer Vereinbarungen können Veränderungen des Trägers einer Sparkasse gewünscht sein. Nach Änderung des Trägerbestands besteht die Sparkasse – wie beim Wechsel der Gesellschafter einer Kapitalgesellschaft oder eingeschränkt der Gesellschafter einer Personenhandelsgesell-

---

einigen Jahren nicht mehr sonderlich ausgeprägt. Siehe zu den dortigen Ereignissen unten S. 95 f.

544 Vgl. statt vieler m. w. N. *Donges,* Privatisierung von Landesbanken und Sparkassen; *Klein,* Privatisierung der Sparkassen und Landesbanken; *Karl-Bräuer-Institut des Bundes der Steuerzahler,* Privatisierung von Sparkassen und Landesbanken.

545 Siehe oben S. 71 ff.

546 Es gibt demgegenüber aber bereits einen Fall, in dem umgekehrt eine Sparkasse ein privates Institut übernommen hat. Die private Frankfurter Bankgesellschaft wurde durch die Frankfurter Sparkasse übernommen, vgl. *Drost,* in: Handelsblatt vom 18.05.2009, Nr. 94, S. 25 (»Hartnäckiger Sparkassen-Chef, Öffentlich-rechtliches Institut aus Potsdam erwirbt die edle Berliner Werbebank von der WestLB«).

547 In Berlin ist die Zwischenschaltung mehrerer Aktiengesellschaften zwischen die Sparkasse und ihren öffentlich-rechtlichen Träger vorgesehen, vgl. oben S. 49.

548 Siehe zu § 40 Abs. 1 Nr. 2 KWG oben S. 74.

schaft – in formeller Hinsicht fort.[549] Die Sparkasse erhält jedoch zumeist einen neuen Namen, einen neuen Verwaltungsrat und ein neues Geschäftsgebiet. Sie ändert die Zuteilung ihrer Überschüsse. Früher ergab sich außerdem durch Änderung des Gewährträgers eine neue Haftungssituation der Sparkasse.[550]

Es kann vereinbart sein, dass einer Sparkasse ohne Erweiterung ihres Geschäftsgebiets ein zusätzlicher Träger beitritt – und somit eine Gemeinschaftssparkasse entsteht –[551] oder wieder aus ihr ausscheidet (z. B. indem eine Gemeinde an die Seite ihres Kreises als Träger der Kreissparkasse tritt oder diese Stellung wieder aufgibt). Weiterhin kann eine Übertragung der Trägerschaft auf einen anderen Träger gewünscht sein. Insbesondere kommt dies im obigen Beispiel in Betracht, falls die Bildung einer Gemeinschaftssparkasse politisch nicht gewollt oder rechtlich nicht erlaubt ist. Dann können der bisherige und der künftige Träger einen Zweckverband gründen, auf den die Trägerschaft übertragen wird.

Der *Beitritt* und das *Ausscheiden* eines Trägers sind nur in Baden-Württemberg normiert. Bestehen nach einem Beitritt mehrere Träger, so tragen sie die Sparkasse gemeinsam, ihre gesetzlichen Vertreter bilden eine Trägerversammlung.[552] Die Idee der Trägerversammlung wurde jüngst von Hessen übernommen.[553] Aus Sicht des Untersuchungsziels dieser Arbeit ist diese Übernahme einer Regelung durch ein anderes Land besonders interessant, weil die Regelung mit großem zeitlichem Abstand und vor einem anderen Hintergrund eingeführt wurde. In Baden-Württemberg sollte die Normierung des Beitritts eines Trägers um eine Vorschrift zu der Frage ergänzt werden, wie nach dem Beitritt weiter zu verfahren ist. In Hessen suchte man nach einer Möglichkeit, eine Sparkasse mit mehreren Inhabern von Trägeranteilen (zunächst: Stammkapital) auszugestalten. Letztlich stellt aber die Über-

549 Der Aussage von *Schlierbach/Püttner,* Sparkassenrecht, 5. Aufl., S. 103, die Sparkasse sei nach der Änderung des Trägerbestands »rechtlich aufgrund der engen Verbindung zu ihrem Anstaltsträger nicht mehr dieselbe« kann nicht gefolgt werden. Wie die Ausführungen sogleich zeigen werden, kommt es gerade nicht zu einer Vereinigung mit einer anderen Sparkasse.

550 *Schlierbach/Püttner,* Sparkassenrecht, 5. Aufl., S. 103.

551 Siehe zu den Gemeinschaftssparkassen oben S. 78.

552 § 8 Abs. 2, 3, 6 bis 9 SpkG BW 2008, früher § 7 SpkG BW 1967.

553 Vgl. § 17d SpkG He 2008. Bei der Frankfurter Sparkasse ist die Trägerversammlung sogar Organ der Sparkasse (vgl. § 5 des Gesetzes vom 14.05.2007 zur Errichtung der Frankfurter Sparkasse als Anstalt des öffentlichen Rechts [Fraspa-Gesetz] [GVBl. S. 283], zuletzt geändert durch Art. 2 des Gesetzes vom 29.09.2008 [GVBl. S. 875]).

nahme von Trägeranteilen die moderne Form des Beitritts zu einer Sparkasse dar. Die Trägerversammlung dient in beiden Fällen dazu, die Interessen der einzelnen Träger untereinander auszugleichen und gleichzeitig die effektive Führung der Sparkasse so zu ermöglichen, als hätte sie nur einen einzigen Träger.[554]

Zumindest soweit man aber in den anderen Ländern die Bildung einer Gemeinschaftssparkasse anerkennt, muss dort jedenfalls auch der Beitritt als Mittel hierzu möglich sein. *Schlierbach/Püttner* gehen darüber hinaus davon aus, dass der beitretende Träger für eine juristische Sekunde eine eigene Sparkasse gründet und diese sogleich mit der Sparkasse des anderen Trägers vereinigt wird.[555] Diese Vorgehensweise ist jedoch unnötig kompliziert und nicht erforderlich. Sie ergänzt die allein gewollte Veränderung der Trägerschaft an einer Sparkasse mit einer über das erforderliche Maß hinausgehenden Veränderung der Sparkasse selbst durch ihre Vereinigung mit einer anderen Sparkasse.

Für eine *Übertragung der Trägerschaft*[556] auf einen anderen Träger findet sich nirgends eine Regelung. Sie kommt – wie ausgeführt – insbesondere in Betracht, wenn mehrere Träger eine zuvor in Alleinträgerschaft eines Selbstverwaltungsträgers stehende Sparkasse nicht gemeinsam als Gemeinschaftssparkasse, sondern über einen Zweckverband als Zweckverbandssparkasse weiterführen wollen. Entsprechend zur Dogmatik zur Auswechslung der Gesellschafter einer Personengesellschaft kann eine Auswechslung aber durch ein zweistufiges Vorgehen mit den bereits angesprochenen Werkzeugen – Beitritt des neuen und Ausscheiden des alten Trägers – erreicht werden. Auch hier bedarf es der Gründung einer weiteren Sparkasse für eine juristische Sekunde durch den eintretenden Träger und ihrer Vereinigung mit der Sparkasse des ausscheidenden Trägers grundsätzlich nicht.[557]

---

554 Siehe zur Trägerversammlung ferner unten S. 128.

555 *Schlierbach/Püttner,* Sparkassenrecht, 5. Aufl., S. 103.

556 *Schlierbach/Püttner,* Sparkassenrecht, 5. Aufl., S. 103, sprechen vom »Auswechseln des Trägers«.

557 Die Ausführungen von *Schlierbach/Püttner,* Sparkassenrecht, 5. Aufl., S. 103, sind insofern zu allgemein gefasst. Die Autoren verweisen auf die Ausführungen von *Stern/Nierhaus,* Neuordnung des Sparkassenwesens, S. 97, und ferner darauf, dass so die von den Aufsichtsbehörden in Hessen anerkannte Praxis aussehe. Dies mag so sein, bietet jedoch keinen Anhaltspunkt dafür, dass eine andere Lösung – wie etwa die hier vorgeschlagene – nicht gleichermaßen zulässig ist. Die Autoren bezeichnen ferner die Auswechslung des Trägers als eine in Anführungsstriche gesetzte »Umwandlung«, welche in den Sparkassengesetzen nicht geregelt sei. Die

Anders stellt sich die Rechtslage allerdings dar, wenn der neue Träger – wie im obigen Beispiel – ein Zweckverband werden soll. Der hier favorisierte Lösungsweg scheidet aus, weil ein Zweckverband nur solche Aufgaben wahrnehmen darf, die ihm seine Gründer übertragen haben. Die Gründer können den Zweckverband aber nur solche Aufgaben übertragen, die ihnen selbst zustehen.[558]

Der obige Lösungsweg führte dazu, dass der Zweckverband für eine kurze Zeit Träger der alten Sparkasse werden würde. Diese Aufgabe obliegt aber einzig dem ursprünglichen Träger der alten Sparkasse und nicht dem bzw. den übrigen Verbandsmitglied(ern). In diesem Fall ist es daher erforderlich, dass der Zweckverband zunächst eine eigene Sparkasse errichtet, welche anschließend mit der alten Sparkasse vereinigt wird.

Die Bestimmungen in Baden-Württemberg verlangen für Beitritt und Ausscheiden eines Trägers die Genehmigung der Aufsichtsbehörde. Auch in den übrigen Ländern wird man die Genehmigung als notwendig erachten müssen.[559] Begründen lässt sich dies mit einer Analogie zur Rechtslage bei der Errichtung einer Sparkasse.

II. Gebietsänderungen

Eine Änderung des Hoheitsgebiets eines Trägers hat insofern Auswirkungen auf seine Sparkasse, als dass ihr Geschäftsgebiet sich grundsätzlich mit dem

---

Auswechslung ist – wie ausgeführt – in der Tat nicht geregelt, aber der Vergleich mit einer Umwandlung hinkt und liefert gleichzeitig ein Indiz dafür, warum pauschal die nicht erforderliche Gründung einer weiteren Sparkasse und ihre Vereinigung mit der bestehenden Sparkasse als nötig erachtet wird. Es scheint, dass die Autoren zu sehr in den Kategorien des Umwandlungsrechts denken und daher eine Verschmelzung als Unterfall der Umwandlung (§§ 1 Abs. 1 Nr. 1, 2 Nr. 1 UmwG [Umwandlungsgesetz vom 28.10.1994 {BGBl. I S. 3210, ber. 1995 S. 428}, zuletzt geändert durch Art. 5 des Gesetzes vom 24.09.2009 {BGBl. I S. 3145}]) für nötig erachten. Dabei verlieren sie aus den Augen, dass das Ziel nicht die Änderung der Sparkasse selbst (hierfür existieren im Übrigen gesonderte Regelungen in den Sparkassengesetzen, siehe unten S. 91 ff.), sondern die Änderung ihres Trägerbestands ist.

558 Siehe hierzu mit dem jeweiligen Wortlaut der landesrechtlichen Vorschriften *Luppert,* Zweckverband, S. 126, 131 ff. Ferner *Stern,* in: Wissenschaftsförderung der Sparkassen e. V. (Hrsg.), Zweckverband als Organisationsform, S. 29 ff. (36 f.), und *Weides,* Sparkasse des Zweckverbandes, S. 55 f.

559 *Bosse,* Zusammenschluß von Sparkassen, S. 57; *Schlierbach/Püttner,* Sparkassenrecht, 5. Aufl., S. 104.

Hoheitsgebiet deckt.[560] Grund für eine Gebietsänderung sind in aller Regel kommunale Neuordnungen. Bei ihrer Normierung muss eine Vielzahl von Organisationsbestimmungen aus dem allgemeinen Kommunalrecht und anderen Bereichen des besonderen Kommunalrechts in aufeinander abgestimmter Weise geändert werden. Die Sparkassengesetze lagen dabei in der Vergangenheit nicht im Fokus der Aufmerksamkeit des Gesetzgebers.

Die entsprechenden Vorschriften in den Sparkassengesetzen[561] unterscheiden sich dementsprechend stark voneinander. Es existieren insbesondere in Nordrhein-Westfalen zahlreiche Urteile zu den Auswirkungen der Gebietsreform.[562] Sie lassen sich aufgrund der stark divergierenden Vorschriften auf andere Länder nur schwer übertragen.[563]

Mit Blick auf die starken Unterscheidungen folgen einige grundsätzliche Aussagen zum Inhalt der Vorschriften. Im Übrigen wird auf die weiterführende Literatur verwiesen.[564]

Die Normen führen in der Regel zu Ergebnissen, zu denen man auch aus allgemeinen Erwägungen heraus gelangt wäre. Gleichwohl sind sie erforderlich, um eine hinreichend bestimmte Rechtsgrundlage für aufsichtsbehördliches Einschreiten zu bieten. Die Vorschriften bemühen sich um eine Einhaltung des Regional- und des Subsidiaritätsprinzips, insbesondere bei der Neuordnung der Zweigstellen der Sparkassen.[565] Überschneidungen der Geschäftsgebiete der Sparkassen sind dabei aber – wie auch sonst – nicht grundsätzlich verboten. Bayern ordnet sogar an, dass unter bestimmten Voraussetzungen eine Gemeindesparkasse und eine Kreis- bzw. Zweckverbandssparkasse einen gemeinsamen Geschäftsbereich erhalten.[566]

---

560 Zum Geschäftsgebiet der Sparkasse siehe unten S. 115 ff.

561 § 4 SpkG BW 2008; § 18 SpkG He 2008; §§ 29 f. SpkG NW 2008; § 23 SpkG RP 2008; § 29 SpkG SH 2008.

562 Die wichtigsten Urteile fasst *Heinevetter,* DÖV 1981, 780, zusammen.

563 *Schlierbach/Püttner,* Sparkassenrecht, 5. Aufl., S. 105.

564 Vgl. ausführlich *Rothardt,* Sparkassen in der kommunalen Gebietsreform; *Stern/Nierhaus,* Neuordnung des Sparkassenwesens, und *Rost-Haigis/Hohmann,* Auswirkungen der Gebietsreform. Vgl. ferner *Klüber,* Sparkasse 1968, 128; *Schlierbach/Püttner,* Sparkassenrecht, 5. Aufl., S. 104 ff.; *Schmidt,* Sparkasse 1971, 267; *Weides,* EILDIENST LKT NRW 1981, 247, und zu den neuen Ländern *Wunsch,* Sparkasse 1992, 152.

565 Dementsprechend sei auf die Ausführungen unten, S. 112 ff., verwiesen, welche vereinzelt näher auf die Vorschriften zu den Gebietsänderungen eingehen.

566 Siehe hierzu näher unten S. 116.

Ein Sonderproblem stellt sich hinsichtlich Zweckverbandssparkassen, wenn sich das Hoheitsgebiet einer oder mehrerer ihrer Träger verändert. In diesem Fall trifft der Grundsatz der Deckungsgleichheit des Hoheitsgebiets des Trägers mit dem originären Geschäftsgebiet der Sparkasse auf die Gründungsvereinbarung des Zweckverbands. Wenn in der Gründungsvereinbarung eine entsprechende Regelung fehlt, ist regelmäßig davon auszugehen, dass das Gebiet des Zweckverbands sich nicht automatisch mit der Änderung des Hoheitsgebiets der Mitglieder ändern soll, da dies Auswirkungen auf die Effektivität des Zweckverbands haben kann.[567] Dementsprechend wird vorgeschlagen, gleichwohl von einer automatischen Anpassung des Gebiets des Zweckverbands auszugehen, wenn seine Effektivität nicht nennenswert leidet. Dies sei regelmäßig bei der Eingliederung einer kleinen Gemeinde der Fall.[568] Anders war und ist die Rechtslage in Nordrhein-Westfalen. Hier sind die Zweckverbände den Gemeindeverbänden gleichgesetzt.[569] Sie passen deshalb ihr Gebiet automatisch dem Gebiet ihrer Mitglieder an.[570]

---

567 So der *VGH He,* Entscheidung v. 25.11.1975, – II OE 54/74 –, zitiert nach *Schlierbach/Püttner,* Sparkassenrecht, 5. Aufl., S. 113.

568 *Schlierbach/Püttner,* Sparkassenrecht, 5. Aufl., S. 113. Unklar ist, ob »klein« hier umgangssprachlich oder in Abgrenzung zu den großen und mittleren kreisangehörigen Städten gemeint ist. Für ersteres spräche ein größerer Spielraum im Einzelfall, während letztere Lesart zu größerer Rechtssicherheit führen würde.

569 Gem. § 5 Abs. 2 1. Halbsatz GkG (Gesetz über die kommunale Gemeinschaftsarbeit i. d. F. d. Bek. v. 01.10.1979 [GVBl. S. 621], zuletzt geändert durch Art. V des Gesetzes vom 12.05.2009 [GVBl. S. 298 und 326]).

570 *OVG NW,* Urt. v. 18.12.1981, – 15 A 190/80 –, in: DVBl. 1982, 504. Kritisch hierzu *Bosse,* DVBl. 1982, 506.

§ 7 Errichtung, Vereinigung und Auflösung einer Sparkasse

Auf die Ausführungen zur Umgestaltung des Trägerbestands einer in ihrer Organisation unveränderten Sparkasse folgen nun Darstellungen zur Änderung dieser organisatorischen Einheit. Es handelt sich namentlich um die Errichtung (A.), Auflösung (C.) und Vereinigung (B.) der Sparkasse. Die beiden erstgenannten Vorgänge bilden dabei ein Beispiel für Regelungen, die lange keine praktische Relevanz mehr hatten, aber unverhofft in den Fokus rückten.

A. Errichtung

Die Vorschriften zur Errichtung einer Sparkasse finden sich in unmittelbarer Nähe zu den Bestimmungen über die zulässigen Träger.[571] Die Errichtung einer Sparkasse bedarf der Genehmigung durch die Aufsichtsbehörde, welche in den neuen Ländern im Einvernehmen mit dem Ostdeutschen Sparkassen- und Giroverband ergehen muss. Teilweise ist ausdrücklich bestimmt, dass die Sparkasse bereits mit der Genehmigung Rechtsfähigkeit erlangt. In Bremen und Berlin bestand und besteht aufgrund der sehr begrenzten Zahl möglicher Träger keine entsprechende Regelung. Die Gesetze sprechen vielmehr im Passiv von der »errichteten Sparkasse«.

Die Errichtung einer neuen Sparkasse war wegen der flächendeckenden Existenz von Anbietern von Sparkassenprodukten lange Zeit kein Thema. In Braunschweig und Umgebung war dieser Anbieter aber keine Sparkasse, sondern aus historischen Gründen die Nord/LB. Die Stadt Braunschweig wünschte sich einen stärkeren regionalen Bezug des Sparkassengeschäfts und fasste die Gründung einer eigenen Sparkasse ins Auge. Die Nord/LB wollte ihrerseits das Sparkassengeschäft weiterhin selbst betreiben. Man einigte sich dahingehend, dass die Nord/LB eine auch dem Einfluss der Kommunen ausgesetzte Sparkasse errichtet, welche das Sparkassengeschäft als Anstalt in der Anstalt (AIDA) führt.[572]

---

571 § 2 Abs. 1 SpkG BW 2008; Art. 1 SpkG Bay 2008; § 1 Abs. 2 SpkG He 2008; § 1 Abs. 2 SpkG Nds 2008; § 1 Abs. 1 S. 1 SpkG NW 2008; § 1 Abs. 2 SpkG RP 2008; § 1 Abs. 2 SpkG Saar 2006; § 1 Abs. 2 SpkG SH 2008; § 1 Abs. 2 SpkG Bbg 2008, SpkG MV 2006, SpkG Sachs 2007, SpkG Th 2007; § 1 Abs. 1 SpkG SA 2002.

572 Siehe näher oben S. 63 f.

B. Vereinigung

Die Zahl der Sparkassen ist in den letzten 110 Jahren von 2685 auf 438 Institute zurückgegangen.[573] Dieser Rückgang ist bei weitem nicht nur das Ergebnis kommunaler Gebietsreformen oder gar der sogleich zu behandelnden Auflösungen.[574] Daraus lässt sich schließen, dass in der Vergangenheit zahlreiche Vereinigungen von Sparkassen stattgefunden haben. Dies erfolgte im Rahmen der mittlerweile recht umfangreichen Vorschriften in den Sparkassengesetzen.[575] Es steht aber zu befürchten, dass die Vorschriften auch in Zukunft nicht an Bedeutung verlieren werden, denn die »Zwangsfusionen maroder Sparkassen werden zunehmen.«[576]

I. Voraussetzungen und Verfahren

Die Regelungen der Länder gehen grundsätzlich von einer freiwilligen Vereinigung von Sparkassen aus. Mittlerweile finden sich aber oft Regelungen, die zur Wahrung der Leistungsfähigkeit und des öffentlichen Auftrags der Sparkasse die Aufsichtsbehörde unter weiteren Voraussetzungen zu Zwangsvereinigungen ermächtigen. Teilweise ist erforderlich, dass die beteiligten Sparkassen in näher definierten Nachbarschaftsverhältnissen liegen.

Über die Vereinigung entscheiden die Träger. Zuvor sind allerdings die Verwaltungsräte und vereinzelt auch die Vorstände der Sparkassen zu hören. Ferner ist teilweise eine Anhörung des jeweiligen Sparkassen- und Giroverbands erforderlich.

---

573 Siehe oben S. 32 und S. 41.

574 Dies ergibt eine Betrachtung der auf http://de.wikipedia.org/wiki/Liste_der_Spar kassen_in_Deutschland (zuletzt abgerufen am 23.06.2009) aufgeführten Gründe für das Verschwinden der einzelnen Sparkassen. Wie in Fn. 240, sei erneut auf die Risiken einer Quelle aus der Wikipedia hingewiesen. Da die entnommenen Angaben aber – wie oben – nicht von grundsätzlicher Bedeutung sind, sondern nur der Hintergrundinformation dienen, kann ihre Inanspruchnahme hier verantwortet werden.

575 Derzeit § 3 SpkG BW 2008; Art. 16 und 18 SpkG Bay 2008; § 17 SpkG He 2008; § 2 SpkG Nds 2008; §§ 27 f. SpkG NW 2008; § 22 SpkG RP 2008; § 28 SpkG Saar 2006; § 28 SpkG SH 2008; § 28 SpkG Bbg 2008, SpkG MV 2008, SpkG Sachs 2007, SpkG SA 2002; § 22 SpkG Th 2007.

576 *Balzli/Pauly/Reuter*, in: Der Spiegel vom 25.05.2009, Nr. 22, S. 85 (»›Wir zahlen nicht‹«).

Die Vereinigung kann entsprechend den Regelungen im UmwG[577] – auch wenn es in einigen Sparkassengesetzen so nicht ausdrücklich normiert ist – auf zweierlei Art erfolgen. Einmal kann das Vermögen einer oder mehrerer Sparkassen auf eine andere Sparkasse übertragen werden (Aufnahme), oder zwei oder mehrere Sparkassenträger führen das Vermögen ihrer Sparkassen so zusammen, dass hieraus eine neue Sparkasse entsteht (Neubildung).[578]

II. Rechtsfolgen

In Baden-Württemberg werden bei einer Neubildung die Träger der beteiligten Sparkassen automatisch Mitträger der neuen Sparkasse. Bei einer Aufnahme hingegen wird der Träger der aufzunehmenden Sparkasse nur dann Mitträger der aufnehmenden Sparkasse, wenn er eine Gemeinde und der Träger der aufnehmenden Sparkasse kein Landkreis ist. In dem Fall, dass der Träger der aufnehmenden Sparkasse ein Zweckverband und der Träger der aufzunehmenden Sparkasse eine Gemeinde ist, wird die Gemeinde automatisch Mitglied des Zweckverbands.[579]

In den Sparkassengesetzen der übrigen Länder ist über die Trägerkonstellation nach der Vereinigung nichts bestimmt. Dementsprechend werden die Träger bei einer Neubildung Mitträger der neuen Sparkasse; sie können aber auch sofort oder später einen Zweckverband gründen. Bei einer Aufnahme bleibt die Stellung des Trägers der aufnehmenden Sparkasse unverändert, während der Träger der aufgenommenen Sparkasse seine Trägerstellung ersatzlos verliert.

Es wird vertreten, dass dem Träger einer aufgenommenen Sparkasse ohne gesonderte Abmachung auch kein Anspruch auf eine Ausgleichszahlung zusteht, um den Verlust der Trägerstellung zu kompensieren. Dies folge daraus, dass es sich bei der Vereinigung nicht um den zu entschädigenden Verlust einer zivilrechtlichen Vermögensposition, sondern letztlich nur um eine Zuständigkeitsverlagerung im kommunalen Raum handele. Das Vermögen der Sparkasse gehöre ohnehin nicht dem Träger. Es sei in zweckgebundener Weise dem öffentlichen Auftrag verschrieben.[580] Zwingend ist

---

577 Vgl. § 2 UmwG.

578 Siehe zu den Voraussetzungen und dem Verfahren ausführlich *Bosse*, Zusammenschluss von Sparkassen, S. 44 ff. und 115 ff., und ferner *Schlierbach/Püttner*, Sparkassenrecht, 5. Aufl., S. 83 ff.

579 Vgl. § 3 Abs. 3 S. 1 bis 4 SpkG BW 2008.

580 *Schlierbach/Püttner*, Sparkassenrecht, 5. Aufl., S. 90 f.

diese Schlussfolgerung allerdings nicht, denn Zuständigkeitsverlagerungen gehen oft mit einem Kostenausgleich einher.[581] Dementsprechend könnte man bei der Aufnahme einer Sparkasse eine Pflicht zum Vermögensausgleich annehmen. Jedenfalls schadet es nicht, wenn die beteiligten Träger insbesondere bei einer Aufnahme eine Vereinbarung über die künftige Trägerschaft und Ausgleichszahlungen treffen. Einige Sparkassengesetze schreiben eine solche Vereinbarung mittlerweile zwingend vor.

Die übrigen Rechtsfolgen halten keine großen Überraschungen bereit.[582] Die aufnehmende bzw. neue Sparkasse ist Gesamtrechtsnachfolgerin der bisherigen Sparkassen. Die Ausgestaltung der aufnehmenden Sparkasse – insbesondere ihre Satzung und ihr Verwaltungsrat – ändert sich grundsätzlich nicht, während bei der Neubildung einer Sparkasse diese selbstverständlich auch eine neue Satzung und neue Organe erhalten muss. In Baden-Württemberg und im Saarland ist allerdings bestimmt, dass auch bei einer Aufnahme der Verwaltungsrat der aufnehmenden Sparkasse neu gewählt werden muss. Die Vorstandsmitglieder sind grundsätzlich neu zu bestellen. Eine alte Firma kann unter Einhaltung der entsprechenden handelsrechtlichen Grundsätze beibehalten werden. Schließlich ist bestimmt, dass für die notwendigen Rechtshandlungen der Vereinigung keine Steuern, Abgaben oder Gebühren erhoben werden.

III. Vertikalisierung

Einen Sonderfall der Vereinigung einer Sparkasse mit einem anderen Kreditinstitut stellt die sog. Vertikalisierung dar.[583] Hierbei wird die Sparkasse mit einer Landesbank vereinigt. Die Vertikalisierung wird als mögliche Lösung zur Sanierung der Landesbanken genannt.[584]

---

581 Vgl. etwa Art. 78 Abs. 3 S. 1 der Verfassung für das Land Nordrhein-Westfalen vom 28.06.1950 (GVBl. S. 127), zuletzt geändert durch Art. I des Gesetzes vom 22.06.2004 (GVBl S. 360).

582 Siehe näher zu den übrigen Rechtsfolgen *Bosse,* Zusammenschluss von Sparkassen, S. 104, und *Schlierbach/Püttner,* Sparkassenrecht, 5. Aufl., S. 87 ff.

583 Allg. zur Vertikalisierung *Staats,* Fusionen bei Sparkassen und Landesbanken.

584 Gegen die Vertikalisierung trotz Finanzkrise spricht sich *Haasis* aus, vgl. *Köhler,* in: Handelsblatt v. 14.05.2009, Nr. 92, S. 24 (»Vier Fragen an: Heinrich Haasis«).Die gleiche Meinung vertritt *Henneke,* der durch eine Vertikalisierung die Erfüllung des öffentlichen Auftrags der Sparkassen gefährdet sieht und sich stattdessen für eine Fusion der Landesbanken untereinander ausspricht; vgl. *Hulverscheidt,* in: SZ vom 13.05.2009, S. 26 (»Die Kommunen rebellieren, Der Landkreistag wehrt sich vehement gegen Überlegungen des Bundes, Landesbanken und Sparkassen zu fusionieren«). Bei einer Vertikalisierung durch Aufnahme einer Sparkasse durch

Die Vertikalisierung ist, anders als mittlerweile die reine Trägerschaft einer Landesbank an einer Sparkasse,[585] in keinem Sparkassengesetz erlaubt. In Nordrhein-Westfalen wurde allerdings vor der letzten Novelle zunächst erwogen, die Vereinigung von Sparkassen und Landesbanken zu ermöglichen.[586] Angesichts der derzeitigen Finanzkrise ist zu erwarten, dass derartige Überlegungen nicht zum letzten Mal angestellt wurden.

C. Auflösung

Letzte Station im Leben einer Sparkasse, welche nicht mit einer anderen Sparkasse vereinigt wird, ist ihre Auflösung.[587] Die Sparkassengesetze haben in der Regel nur die freiwillige Auflösung der Sparkasse im Blick.

I. Grundsätzliche Normierung

In Bayern und Schleswig-Holstein besteht darüber hinaus die Möglichkeit einer Zwangsauflösung, wenn die Sparkasse keine Gewähr mehr für die ordnungsgemäße Erfüllung ihrer Aufgaben bietet. Das Vermögen der Sparkasse, welches nach Begleichung aller Verbindlichkeiten verbleibt, fließt an den Träger. Dieser hat es für gemeinnützige Zwecke zu verwenden.

Die Auflösung einer Sparkasse bedarf stets der Genehmigung der Aufsichtsbehörde. In den neuen Ländern ist – ähnlich wie bei der Errichtung einer Sparkasse – der ostdeutsche Sparkassen- und Giroverband zuvor zu hören. Bei ihrer Prüfung, welche nur die Rechtmäßigkeit und nicht die Zweckmäßigkeit der Auflösung erfasst,[588] hat die Aufsichtsbehörde zu beachten, dass der Betrieb einer Sparkasse eine freiwillige Selbstverwaltungsaufgabe

---

eine Landesbank hätte die Sparkasse keinen direkten kommunalen Bezug mehr. Jüngst hat die Mittelbrandenburgische Sparkasse den umgekehrten Weg beschritten und die Berliner Werbebank von der WestLB erworben, vgl. *Drost,* in: Handelsblatt vom 18.05.2009, Nr. 94, S. 25 (»Hartnäckiger Sparkassen-Chef, Öffentlich-rechtliches Institut aus Potsdam erwirbt die edle Berliner Werbebank von der WestLB«).

585 Siehe oben S. 79.

586 *Balzli/Pauly/Reuter,* in: Der Spiegel vom 25.05.2009, Nr. 22, S. 85 (»›Wir zahlen nicht‹«).

587 Die Auflösung ist geregelt in § 5 SpkG BW 2008; Art. 14 f. SpkG Bay 2008; § 4 SpkG HB 2008; § 19 SpkG He 2008; § 31 SpkG Nds 2008; § 31 SpkG NW 2008; § 1 Abs. 2 S. 2 bis 6 SpkG RP 2008; § 28 Abs. 6 SpkG Saar 2006; § 30 SpkG SH 2008; § 29 SpkG Bbg 2008, SpkG MV 2006, SpkG Sachs 2007, SpkG SA 2002; § 23 SpkG Th 2007.

588 Siehe zum Prüfungsmaßstab bei Genehmigungen unten S. 145 ff.

ist[589]. Als solche kann ein Träger aus der kommunalen Selbstverwaltung sie grundsätzlich jederzeit einstellen. Das Ermessen der Aufsichtsbehörde dürfte somit regelmäßig auf Null reduziert sein.

II. Modifikation durch den Fall Stralsund

Wie die Errichtung, stand auch die Auflösung einer Sparkasse über Jahrzehnte nicht zur Debatte. Die Kommunen und ihre Sparkassen bekundeten vielmehr, dass sie auf den Erhalt des Sparkassenwesens und jeder einzelnen Sparkasse großen Wert legten.[590] Dementsprechend sah man die Normierung der Auflösung einer Sparkasse als bloßes Mittel zur »Erreichung formaler Gesetzesvollständigkeit« an.[591] Vor einigen Jahren bekundete aber dann die Stadt Stralsund, ihre Sparkasse verkaufen zu wollen. Das Sparkassengesetz von Mecklenburg-Vorpommern sah zwar die Übertragung einer Sparkasse im Wege der Gesamtrechtsnachfolge an eine Person des Privatrechts nicht vor.[592] Man kam aber auf die Idee, stattdessen alle materiellen und immateriellen Vermögensgegenstände (assets) der Sparkasse an einen potentiellen Käufer zu verkaufen (asset deal) und ihm diese im Wege der Einzelrechtsnachfolge zu übereignen. Die Sparkasse Hansestadt Stralsund wäre als leere und wertlose Hülle zurückgeblieben und schließlich nach den lange ungenutzten Vorschriften aufgelöst worden. Es wurde vor allem deshalb massiver Protest laut, weil bei dieser Vorgehensweise nicht auszuschließen war, dass die Sparkasse an einen privaten Investor verkauft werden könnte. Die Aufsichtsbehörde schaltete sich ein und es wurde ein Eilantrag zur Verhinderung des Verkaufs beim VG Greifswald eingelegt.[593]

Der Verkauf der Sparkasse im Wege des asset deals wurde nach der damaligen Rechtslage überwiegend für zulässig erachtet. Es wurde insbesondere

---

589 *Thiemann,* Rechtsprobleme der Marke Sparkasse, S. 60 f. m. w. N.

590 Ausnahmen bestätigen allerdings auch hier die Regel, wie die Ereignisse um die Sparkasse Monheim zeigen, siehe oben S. 83.

591 *Schlierbach/Püttner,* Sparkassenrecht, 5. Aufl., S. 92.

592 Ebenso wenig war die Bildung und Übertragung von Anteilen der Sparkasse (shares) an ein oder mehrere Übernehmer vorgesehen. Zu den begrenzt fungiblen Anteilen in den anderen Ländern namens Stamm- bzw. Trägerkapital siehe oben S. 64 ff.

593 Siehe näher zu den Ereignissen in Stralsund und der rechtlichen Bewertung *Geerlings,* NordÖR 2004, 181; *Bredow/Schick/Liebscher,* BKR 2004, 102; *Pautsch,* DÖV 2005, 990; *Schmidt,* Kreditwesen 2004, 253, und *Thiemann,* Rechtsprobleme der Marke Sparkasse, S. 59 ff.

argumentiert, der Betrieb einer Sparkasse sei eine Angelegenheit der freiwilligen Selbstverwaltung und der Träger müsse daher die Möglichkeit haben, die Erfüllung dieser Aufgabe ohne finanzielle Verluste einzustellen.[594] Die Diskussion wurde durch den Gesetzgeber beendet. In Mecklenburg-Vorpommern ist die Auflösung einer Sparkasse subsidiär zu ihrer Vereinigung mit einer anderen Sparkasse. Über diese Möglichkeit ist ein Gutachten des Ostdeutschen Sparkassen- und Giroverbands einzuholen. Die Auflösung bedarf weiterhin der Genehmigung durch die Aufsichtsbehörde. Vorher dürfen außerhalb des laufenden Sparkassenbetriebs keine Vermögenswerte veräußert werden.[595] Weitere Gesetzgeber übernahmen diese Regelung.[596]

Die angesprochenen Regelungen sind nicht verfassungswidrig. Sie beschränken die kommunalen Träger zwar in ihrem Recht, den Betrieb ihrer Sparkassen als freiwillige Aufgabe jederzeit zu beenden. Die Regelungen dienen aber dem Erhalt einer lokalen Anstalt, die dem Gemeinwohl und damit letztlich dem Sozialstaatsprinzip verschrieben ist. Die Träger haben außerdem die Möglichkeit, ihre Sparkasse mit der eines anderen Trägers zu vereinigen und dann aus der gemeinsamen Trägerschaft auszuscheiden.[597] Ferner ist die Auflösung weiterhin – wenn auch als ultima ratio – möglich.

---

594 Vgl. *Thiemann,* Rechtsprobleme der Marke Sparkasse, S. 60 f. m. w. N. Der Autor weist darauf hin, dass dieser Umstand von *Geerlings,* NordÖR 2004, 181 (184 f.), übersehen wird.

595 So seit dem SpkG MV 2004 die Regelung des § 29 Abs. 1 und 2.

596 Eine im Wesentlichen inhaltsgleiche Regelung wurde eingeführt durch § 31 Abs. 2 und 3 SpkG Nds 2004 und § 29 Abs. 1 und 2 SpkG MV 2004. Vgl. ferner den neuen § 1 Abs. 2 S. 5 SpkG RP 2008 und den neuen § 31 Abs. 1 SpkG NW 2008, allerdings ohne ein ausdrückliches Veräußerungsverbot. Dafür erstreckt sich in Rheinland-Pfalz die Subsidiarität der Auflösung nicht nur auf die Vereinigung mit einer anderen Sparkasse, sondern auch auf die zeitweilige Übertragung der Sparkasse auf den Sparkassenverband gem. § 25a SpkG RP 2008 (siehe zur Verbandssparkasse oben S. 78 f.). In der Begründung zum nordrhein-westfälischen Referentenentwurf heißt es ferner ausdrücklich, die Regelung solle Fälle wie in Stralsund verhindern (Drs. 14/6831, Begründung zu § 31, S. 20).

597 Zum Ausscheiden eines Trägers siehe oben S. 85 f.

§ 8 Anstaltslast und Gewährträgerhaftung

Mit der Trägerschaft einer Sparkasse waren seit jeher die Institute der Anstaltslast (A.) und der Gewährträgerhaftung (B.) – wenn auch nicht explizit durch Gesetz, so doch zumindest durch Ausführungen der Literatur und Rechtsprechung – verknüpft.[598] Anfang dieses Jahrhunderts sorgte jedoch eine Intervention der EG dafür, dass die Landesgesetzgeber die Anstaltslast nicht unerheblich beschränkten und die Gewährträgerhaftung sogar gänzlich abschafften (C.).

A. Die Anstaltslast

Die Anstaltslast kann definiert werden als eine allgemeine Pflicht des Trägers einer Sparkasse zur Instandhaltung sowie Wahrung und Sicherung der Funktionsfähigkeit seiner Sparkasse, solange diese besteht. Sie umfasst insbesondere die spezielle Pflicht zum Bilanzausgleich. Sie wirkt nur im Innenverhältnis zwischen Träger und Sparkasse, so dass Dritte aus ihr keine Rechte herleiten können.[599]

I. Die Anfänge ohne Kodifizierung

Bis in die 80er-Jahre des letzten Jahrhunderts wurde die Anstaltslast in den Sparkassengesetzen nicht normiert. Sie war als ungeschriebener Grundsatz des allgemeinen Verwaltungsrechts bzw. als Institut des Gewohnheitsrechts weithin anerkannt.[600] Das *BVerfG* verstand sie in anderem Zusammenhang

---

598 Mit diesen beiden Instituten befassten sich zumeist anlässlich des Beihilferechts der EU ausführlich m. w. N. *Kinzl,* Anstaltslast und Gewährträgerhaftung; *Löhr,* Anstaltslast und Gewährträgerhaftung; *Immenga/Rudo,* Gewährträgerhaftung und Anstaltslast; *Hasselmann,* Die Ausschlußtatbestände für den Beihilfebegriff des Art. 87 EGV, S. 130 ff.; *Stern,* in: FS Maurer, S. 815 ff., und *Thode/Peres,* VerwArch. 89 (1998), 439 (450 ff.). Siehe zur Anstaltslast ferner *Kemmler,* Die Anstaltslast, und *Oebbecke,* Eigenkapitalausstattung der kommunalen Sparkassen, S. 23 ff.

599 Vgl. *Oebbecke,* Eigenkapitalausstattung der kommunalen Sparkassen, S. 43; *Schlierbach/Püttner,* Sparkassenrecht, 5. Aufl., S. 147, und *Stern,* in: FS Maurer, S. 815 (816).

600 Siehe m. w. N. *Berger,* Sparkassengesetz, § 5 Rn. 8, und *Schmidt,* Kreditwesen 1981, 762 (766).

als Bestandteil der »allgemeinen rechtsstaatlichen Grundsätze«[601], äußerte sich zuvor im Hinblick auf die Sparkassen allerdings nicht näher zu ihrem Ursprung[602]. Für die mehrheitliche Anerkennung der Anstaltslast trotz fehlender Kodifikation lassen sich zwei Gründe ausmachen.

Zum einen wurde die Anstaltslast zwar vielfach von den Sparkassen in Anspruch genommen. Jedoch bemühten sich die Kommunen und Sparkassen aus verständlichen Gründen, dies nicht publik werden zu lassen oder gar die Gerichte einzuschalten. Das Manko wurde »›unauffällig‹ bereinigt und das Ansehen der Sparkasse(n) gewahrt«[603].

Zum anderen sorgten drei Ereignisse und ihre Interpretationen im Schrifttum[604] dafür, dass die Existenz der Anstaltslast sich in den Köpfen verfestigte. Zunächst urteilte das Preußische OVG insb. zu der sich aus Nr. 19 des Preußischen Sparkassenreglements von 1838 ergebenden Pflicht der Kommunalaufsichtsbehörde, Unordnungen und Missstände bei der Sparkasse abzustellen. Im Falle der Unterbilanz einer Sparkasse umfasse dies in Zusammenschau mit Nr. 1 des Reglements – die die Kommune zur Vertretung der Sparkasse verpflichtete – ein Einwirken auf den Träger der Sparkasse zum Ausgleich dieser Unterbilanz.[605] Als zweites verabschiedeten der Innen- und der Wirtschaftsminister des Deutschen Reichs und Preußens im Zuge der Wirtschaftskrise einen Runderlass. In ihm heißt es, dass jede Gemeinde die kommunalrechtliche (und ausdrücklich nicht sparkassenrechtliche) Pflicht treffe, ihre Anstalten zur Erfüllung des Anstaltszwecks instand zu halten. Dies ergebe sich insbesondere hinsichtlich der Sparkassen aus der Bilanzveröffentlichungspflicht und gelte auch nach der

601 So für den Süddeutschen Rundfunk ausdrücklich *BVerfG,* Beschl. v. 05.10.1993 – 1 BvL 35/81 – »Konkursfähigkeit öffentlich-rechtlicher Rundfunkanstalten«, in: BVerfGE 89, 144 (154).

602 *BVerfG,* Beschl. v. 14.04.1987 – 1 BvR 775/84 – »Sparkasse«, in: BVerfGE 75, 192 (198). Auch das *BVerwG* will der Anstaltslast (jedenfalls hinsichtlich der Sparkassen) keinen Verfassungsrang zusprechen und spricht ihr sogar jegliche Rechtsatzqualität ab, vgl. Urt. v. 15.01.1987 – 3 C 3/81 –, in: BVerwGE 75, 318 (324).

603 *Schlierbach/Püttner,* Sparkassenrecht, 5. Aufl., S. 144.

604 Welche sich beim ersten Ereignis im Falle einer Zustimmung zumeist in wörtlichen Wiedergaben erschöpften, vgl. *Oebbecke,* Eigenkapitalausstattung der kommunalen Sparkassen, S. 32.

605 *Preußisches OVG,* Urt. v. 04.06.1897, in: Pr. VBl. 19 (1897/98), 280 ff. Die zentrale Passage ist abgedruckt bei *Oebbecke,* Eigenkapitalausstattung der kommunalen Sparkassen, S. 29 f. Siehe näher zu dem Urteil m. w. N. und Hintergrundinformationen *Oebbecke,* aaO., S. 26 ff., und ferner *Stern,* in: FS Maurer, S. 815.

Verselbständigung der Sparkassen.[606] Drittens veröffentlichte die Bundesregierung 1968 einen als »Wettbewerbsenquete« bekannten Bericht.[607] In ihm heißt es, alle Träger müssten ihre öffentlich-rechtlichen Kreditinstitute – notfalls auch durch Schließung finanzieller Lücken – funktionsfähig halten.[608] Kreditinstitute mit Haftung aber ohne Anstaltslast gebe es nicht.[609]

Ein gutes Jahrzehnt nach der Wettbewerbsenquete erschien die Schrift von *Oebbecke.*[610] Er gelangt zu dem Ergebnis, dass aus keinem der drei Ereignisse überzeugende Gründe für die Anerkennung der Anstaltslast erwachsen. Das Preußische OVG habe in seiner Entscheidung Vorschriften zur allgemeinen Kommunalaufsicht mit solchen der weitergehenden Sparkassenaufsicht vermengt. Hierdurch sei die allgemeine Kommunalaufsicht von einer Rechtsaufsicht zu einer Fachaufsicht gemacht worden.[611] Der Runderlass der Reichsminister könne allenfalls rechtspolitisch beachtliche Aussagen, aber kein materielles Recht enthalten, denn als Verwaltungsvorschrift sei er rechtlich im Außenverhältnis nicht bindend.[612] Ferner überzeuge der Verweis auf die Bilanzveröffentlichungspflicht nicht. Denn erstens treffe diese nicht die Kommunen als vermeintlich durch die Anstaltslast verpflichtete, sondern die Sparkassen, und zweitens sei es gewagt, aus einer bloßen Offenlegungspflicht eine Gestaltungspflicht herzuleiten.[613] Die schärfste Kritik übt *Oebbecke* schließlich an der Wettbewerbsenquete, für welche im Übrigen wie für den Runderlass gilt, dass sie kein

606 Gemeinsamer Runderlass des Innen- und des Wirtschaftsministers des Deutschen Reichs und Preußens vom 02.10.1937, RMBliV 1937, 1591. Die entscheidenden Sätze sind abgedruckt bei *Stern,* in: FS Maurer, S. 815 (816 f.).

607 Bericht der Bundesregierung vom 18.11.1968 über die Untersuchung der Wettbewerbsverschiebungen im Kreditgewerbe und über die Einlagensicherung, Drs. BT V/3500.

608 Drs. BT V/3500, S. 42 f.

609 Drs. BT V/3500, S. 47.

610 *Oebbecke,* Eigenkapitalausstattung der kommunalen Sparkassen.

611 *Oebbecke,* Eigenkapitalausstattung der kommunalen Sparkassen, S. 31. Nach den heutigen Vorschriften zur Aufsicht könnte die Begründung des Urteils so ohnehin nicht mehr ausfallen, weil die beiden Aufsichtsarten mittlerweile klar voneinander getrennt sind. Die Sparkassenaufsicht ist nur noch Rechtsaufsicht und hat als solche keinen Einfluss auf den Träger, sondern nur auf die Sparkasse, vgl. unten S. 144 f. Außerdem sind für die beiden Aufsichtsarten zumeist unterschiedliche Ministerien zuständig, vgl. unten S. 143 f.

612 *Oebbecke,* Eigenkapitalausstattung der kommunalen Sparkassen, S. 37, mit dem Hinweis, dass dies u. a. von *Rothe,* Sparkassengesetz, § 2 IV (S. 77), nicht erkannt werde.

613 *Oebbecke,* Eigenkapitalausstattung der kommunalen Sparkassen, S. 36 f.

materielles Gesetz ist. Sie beziehe sich nur auf amtliche, aber nicht auf wissenschaftliche Quellen. An ihrer Entstehung seien maßgeblich näher bezeichnete Lobbys beteiligt gewesen. Sie berufe sich auf von ihr nicht näher benannte herrschende bzw. einhellige Verwaltungsrechtslehren.[614] Ferner tue sie von ihren Aussagen abweichende Kreditinstitute als unbeachtliche historische Besonderheiten ab.[615]

II. Die Kodifizierung der Anstaltslast

Wenige Jahre nach Veröffentlichung der Arbeit von *Oebbecke,* der die Anstaltslast weder direkt noch im Wege der Analogie im damals geltenden Recht verortet sah,[616] wurden die Landesgesetzgeber tätig. Den Anfang machte Rheinland-Pfalz.[617] Alle neuen Länder und mehrere alte Länder folgten mit einigem zeitlichen Abstand.[618] Die Anstaltslast wird darin einhellig wie folgt legaldefiniert: »Der Gewährträger stellt sicher, dass die Sparkasse ihre Aufgabe erfüllen kann (Anstaltslast).« Teilweise wird ergänzt, dass mehrere Träger diese Aufgabe gemeinsam wahrnehmen und dass Näheres in der Satzung geregelt werden kann. Die Definition wirkt für

---

614 Nach der Veröffentlichung der Wettbewerbsenquete und der Schrift von *Oebbecke* meldeten sich in der Literatur allerdings Stimmen, die die Anstaltslast als ungeschriebenen Rechtsgrundsatz des allgemeinen Verwaltungsrechts klassifizieren, vgl. etwa *Nierhaus,* DÖV 1984, 662 (670), und *Engelsing,* Zahlungsunfähigkeit von Kommunen, S. 169.

615 *Oebbecke,* Eigenkapitalausstattung der kommunalen Sparkassen, S. 40 f.

616 *Oebbecke,* Eigenkapitalausstattung der kommunalen Sparkassen, S. 43 ff. Gegen dieses Ergebnis wendet sich *Schmidt,* Kreditwesen 1981, 762. Er fügt, *aaO.,* (764), der Diskussion aus dem allgemeinen Verwaltungsrecht das Institut der allgemeinen »Aufgabenlast«, deren Unterfall die Anstaltslast sei, hinzu. Er spricht sich ferner, *aaO.,* (768), für eine gewohnheitsrechtliche Begründung der Anstaltslast aus. *Oebbecke,* Kreditwesen 1982, 60 (60) entgegnet ihm, dass es im allgemeinen Verwaltungsrecht für eine Aufgabenlast weder Anhaltspunkte noch entsprechende Literatur gebe. Außerdem nennt er Beispiele zur Ausweitung des Tätigkeitsbereichs einer kommunalen Anstalt, die zeigen, dass es eine solche Aufgabenlast nicht geben könne. Ferner sieht er, *aaO.,* (60 f.), die Voraussetzungen einer gewohnheitsrechtlichen Verfestigung nicht als gegeben an. *Schmidt,* Kreditwesen 1982, 255 (255), antwortet, dass die Aufgabenlast zwar Ausweitungen der Geschäftstätigkeit von Sparkassen nicht erfasse, wohl aber den Ausgleich einer bei konstanter Geschäftstätigkeit entstandenen Unterbilanz. Er zieht ferner das Bekenntnis der Bundesregierung zur Anstaltslast in der Wettbewerbsenquete, unbeeindruckt von den Äußerungen *Oebbeckes,* als Argument heran.

617 § 3 Abs. 2 SpkG RP 1982.

618 § 8 Abs. 6 SpkG BW 1991; § 4 Abs. 1 SpkG Saar 1993 (= § 5 Abs. 1 der Neubekanntmachung); § 6 S. 3 SpkG NW 1994; § 4 Abs. 1 SpkG SH 1994; § 3 Abs. 2 SpkG Bbg 1996, MV 1994, Sachs 1993, SpkG SA 1994, SpkG Th 1994.

eine Rechtsnorm auffällig inhaltsleer und mithin eher wie eine politische Erklärung. Dies könnte dem Umstand geschuldet sein, dass man lediglich die Diskussion im Schrifttum beenden wollte und im Übrigen weiterhin darauf vertraute, dass Träger und Kommunen sich öffentlichkeitsfern über finanzielle Unterstützungen einigen würden.

Die geschilderte Gesetzgebungshistorie bietet sich gerade wegen ihrer Kürze und Übersichtlichkeit für eine Überprüfung der anfangs aufgestellten Thesen[619] an. Die Kodifizierung der Anstaltslast war zwar keine Reaktion auf einen Wandel der tatsächlichen Probleme, wohl aber auf den Wandel der wissenschaftlichen Bewertung der tatsächlichen Probleme. Der natürliche Widerstand gegen Änderungen zeigte sich darin, dass nicht alle alten Län der ihre Gesetze anpassten. Die neuen Länder regelten demgegenüber ausnahmslos die Anstaltslast in ihren jeweils ersten Sparkassengesetzen. Dies passt aber dennoch ins Bild, denn es erfolgte keine widerstandserregende Änderung, sondern ein Neuanfang. Offensichtlich hat sich die Neuregelung in Rheinland-Pfalz auch »bewährt« – so weit man dies ohne bekannte Anwendungsfälle sagen kann –, denn sie wurde unverändert übernommen. Allerdings erkannte man gleichzeitig weiteren Regelungsbedarf und fügte daher eine neu erdachte Regelung für Sparkassen mit mehreren Trägern ein.

Abschließend sei darauf hingewiesen, dass Thüringen sich hier entgegen seiner grundsätzlichen Absichtserklärung[620] nicht an Hessen – hier erfolgte keine Regelung der Anstaltslast –, sondern an den übrigen neuen Ländern orientierte.

B. Die Gewährträgerhaftung

Die Gewährträgerhaftung wurde in ihrer heutigen Form gleichzeitig mit der Verselbständigung der Sparkassen von den Kommunen festgeschrieben.[621] Sie betraf im Gegensatz zur Anstaltslast das Außenverhältnis zwischen dem Gewährträger und den Gläubigern der Sparkasse. In den Sparkassengesetzen war von Anfang an bestimmt, dass der Gewährträger für die Verbindlichkei-

619 Siehe oben S. 5 ff.

620 Siehe oben S. 57.

621 Vgl. Teil 5, Kapitel 1 der Dritten Notverordnung des Reichspräsidenten (Fn. 6), § 2 Abs. 1 S. 2.

ten der Sparkasse unbeschränkt haftet.[622] Hierin lag der Hauptgrund für die Mündelsicherheit der Sparkasse nach § 1807 Abs. 1 Nr. 5 BGB[623], welche bis 1990 sogar eine ausschließliche war.[624]

Es wurde allerdings niemals ein Gewährträger aus der Gewährträgerhaftung in Anspruch genommen.[625] Dies hat seinen Grund nicht zuletzt darin, dass in den Gesetzen die Subsidiarität der Gewährträgerhaftung gegenüber einer direkten Inanspruchnahme der Sparkasse festgeschrieben war. Die Gläubiger konnten nur gegen den Träger vorgehen, wenn sie aus dem Vermögen der Sparkasse nicht befriedigt werden konnten. Dementsprechend wird die Gewährträgerhaftung als Ausfallbürgschaft charakterisiert.[626] *Schlierbach/Püttner* bevorzugen den Begriff der Ausfallgarantie.[627] Sie beugen damit der Überlegung vor, Vorschriften des Bürgschaftsrechts, wie insbesondere die Einrede der Vorausklage (§ 771 BGB), analog auf die Gewährträgerhaftung anzuwenden. Dieser Einrede bedürfe es nicht, da der Gläubiger ohnehin die Vermögenslosigkeit der Sparkasse zu beweisen habe, wenn er vom Gewährträger Befriedigung verlange.[628] Ob die Gewährträgerhaftung auch gegenüber der Anstaltslast subsidiär war,[629] hing folglich davon ab, ob ein Anspruch der Sparkasse aus der Anstaltslast gegen ihren Träger zum Vermögen der Sparkasse im Sinne der Vorschriften zur Gewährträgerhaftung zählte.

Kurz hingewiesen sei in diesem Zusammenhang auf eine Frage aus dem Recht des Kreditwesens, die Anfang der 80er-Jahre diskutiert wurde. Nach der Abschaffung des Körperschaftssteuerprivilegs für die Sparkassen, welches immerhin sechs Prozentpunkte ausmachte, hatten viele Sparkassen

622 § 2 SpkG HB 1955; § 3 SpkG He 1954; § 5 SpkG Nds 1962; § 6 SpkG NW 1958; § 4 SpkG SH 1958; § 7 Abs. 4 SpkG BW 1967; Art. 4 SpkG Bay 1956; § 3 SpkG RP 1958; § 4 SpkG Saar 1965; § 3 SpkG Bln 1960; § 3 Abs. 1 SpkG Bbg 1996, MV 1994, Sachs 1993, SpkG SA 1994, SpkG Th 1994.

623 Bürgerliches Gesetzbuch vom 18.08.1896 (RGBl. S. 195) i. d. F. d. Bek. v. 02.01.2002 (BGBl. I S. 42, ber. S. 2909 und 2003, S. 738), zuletzt geändert durch Gesetz v. 28.09.2009 (BGBl. I S. 3161).

624 *Stern,* in: FS Maurer, S. 815 (819).

625 *Berger,* Sparkassengesetz, § 5 Rn. 6; *Schlierbach/Püttner,* Sparkassenrecht, 5. Aufl., S. 144.

626 *Stern,* in: FS Maurer, S. 815 (818).

627 *Schlierbach/Püttner,* Sparkassenrecht, 5. Aufl., S. 145.

628 *Schlierbach/Püttner,* Sparkassenrecht, 5. Aufl., S. 145. Nach zivilrechtlicher Dogmatik wäre die Vermögenslosigkeit der Sparkasse entweder als anspruchsbegründendes Tatbestandsmerkmal oder als rechtshindernde Einwendung einzuordnen gewesen.

629 So *Stern,* in: FS Maurer, S. 815 (819).

Probleme, das von § 10 KWG geforderte Eigenkapital ausweisen zu können.[630] Es wurde gefordert, entsprechend dem Haftsummenzuschlag für Genossenschaftsbanken eine Sonderregelung zu schaffen, durch die die Gewährträgerhaftung (und teilweise auch die Anstaltslast) bei der Berechnung des Eigenkapitals mit berücksichtigt werden konnte.[631] Die Literatur begegnete dieser Forderung größtenteils mit der Feststellung, dass Sparkassen und Genossenschaftsbanken jedenfalls gleichbehandelt werden müssen.[632]

C. Modifikation der Anstaltslast/Abschaffung der Gewährträgerhaftung

In den 90er-Jahren wurden Bedenken laut, Gewährträgerhaftung und Anstaltslast seien unzulässige Beihilfen i. S. d. Art. 107 AEUV. Die umfangreiche Literatur schließt sich dieser Ansicht teilweise an,[633] teilweise lehnt sie sie ab[634].[635] Es begannen Verhandlungen zwischen dem zuständigen Kommissar der EU und der Bundesregierung, welche von Vertretern der Sparkassen und Landesbanken begleitet wurde.[636] Diese endeten 2001 mit einem Kompromiss (sog. Verständigung oder neudeutsch »understanding«).

630 *Püttner/Gerber,* Eigenkapitalausstattung der Sparkassen, S. 1. Zu den Funktionen des Eigenkapitals für die Sparkassen siehe *Oebbecke,* Eigenkapitalausstattung der kommunalen Sparkassen, S. 4 ff.

631 Vgl. zum Haftsummenzuschlag für Genossenschaftsbanken und seinem Vergleich mit der Gewährträgerhaftung *Holdijk,* Eigenkapitalprobleme der deutschen Sparkassen, S. 199 ff., und ausführlich mit Rechenbeispiel *Kurze,* Eigenkapitalausstattung kommunaler Sparkassen, S. 172 ff.

632 Für eine Gleichbehandlung von Genossenschaftsbanken, sei es durch eine einheitliche Ausnahme oder die Versagung einer solchen, plädieren *Kurze,* Eigenkapitalausstattung kommunaler Sparkassen, S. 169 ff., 179, und *Oebbecke,* Eigenkapitalausstattung der kommunalen Sparkassen, S. 71 ff. und 109, und *Püttner/Gerber,* Eigenkapitalausstattung der Sparkassen, S. 48 ff. und 66 ff. *Holdijk,* Eigenkapitalprobleme der deutschen Sparkassen, S.190 ff. und 232, äußert demgegenüber schwerwiegende wettbewerbspolitische und bankaufsichtliche Bedenken hinsichtlich einer Ausnahmeregelung für die Gewährträgerhaftung.

633 Statt vieler *von Friesen,* EuZW 1999, 581; *Kinzl,* Anstaltslast und Gewährträgerhaftung, S. 155 f.; *Niemeyer/Hirsbrunner,* EuZW 2000, 364.

634 Statt vieler *Stern,* in: FS Maurer, S. 815; *Thode/Peres,* VerwArch 89 (1998), 439; *Scherer/Schödermeier,* ZBB 1996, 165 (172 ff.).

635 Weitere Nachweise liefern neben den zitierten Fundstellen *Schlierbach/Püttner,* Sparkassenrecht, 5. Aufl., S. 151.

636 Vgl. näher zum Ablauf der Verhandlungen *Berger,* Sparkassengesetz, § 5 Rn. 1 ff., und *Klüpfel u. a.,* Sparkassengesetz, § 8 Anm. IV, sowie aus zeitgenössischer Sicht *Aller,* Kreditwesen 2001, 524, und *Schröder,* Kreditwesen 2001, 526.

Er verpflichtete Deutschland, die Gewährträgerhaftung ganz abzuschaffen und die Anstaltslast in eine normale marktwirtschaftliche Eigentümerbeziehung (normal commercial owner relationship) umzuwandeln. Es wurde eine Übergangszeit bis zum 18.07.2005 gewährt.[637]

Die Länder haben diese Verständigung umgesetzt.[638] Sie haben die Gewährträgerhaftung zugunsten von Bestimmungen abgeschafft, nach denen den Gläubigern für Verbindlichkeiten der Sparkasse nur noch diese selbst haftet. Dies erfolgte allerdings jeweils erst zum 19.07.2005 und mit großzügigen Übergangsregelungen für die zuvor begründeten Verbindlichkeiten. Aus der Bezeichnung »Gewährträger« wurde der »Träger«[639]. Die Anstaltslast ersetzte man durch die Pflicht des Trägers, die Sparkasse bei der Erfüllung ihrer Aufgaben zu unterstützen. Hieraus folgt ausdrücklich kein Anspruch der Sparkasse gegen ihren Träger auf die Bereitstellung von (finanziellen) Mitteln.

---

637 *Schlierbach/Püttner,* Sparkassenrecht, 5. Aufl., S. 152. Siehe ausführlich zu der Verständigung *Henneke,* in: FS Brohm, S. 81. Vorschläge für eine Neuausrichtung der Sparkassen und Landesbanken nach diesem Einschnitt finden sich in dem abgedruckten Vortrag von *Fischer,* Der Weg nach vorn.

638 §§ 2, 26a SpkG HB 2002; §§ 3, 32 SpkG He 2002 I; §§ 5, 43 SpkG Nds 2002; §§ 6, 55 SpkG NW 2002; §§ 4, 53 SpkG SH 2002; § 8 Abs. 4 und 5 SpkG BW 2002 sowie Art. 4 des Änderungsgesetzes vom 22.10.2002 (GBl. S. 386); Art. 4, 33 SpkG Bay 2002 I; §§ 3, 30a SpkG RP 2002; §§ 5, 47 SpkG Saar 2002; §§ 3, 36 SpkG Bbg 2002; § 3 SpkG MV 2002; § 67 SpkG Sachs 2002 II sowie Art. 2 des Änderungsgesetzes vom 13.12.2002 (GVBl. S. 333); §§ 3, 33 SpkG SA 2002 II; §§ 3, 26 SpkG Th 2002.

639 In Rheinland-Pfalz: »Errichtungsträger«.

§ 9 Das Tätigkeitsfeld der Sparkassen und seine Grenzen

Die bisherigen Ausführungen des zweiten Teils haben im weitesten Sinne das Verhältnis zwischen Sparkasse und Träger beleuchtet. Unerwähnt blieb bislang, wo (B.) und in welchem geschäftspolitischen Rahmen (A.) die Sparkassen tätig sind.

A. Öffentlicher Auftrag

Juristischen Personen wird mit der Gründung ein bestimmter Zweck aufgetragen. Für die Gesellschaft bürgerlichen Rechts etwa ist ihr Zweck von so großer Wichtigkeit, dass ganze Werke über ihn verfasst werden und seine Erreichung oder Unmöglichwerdung zur Auflösung der Gesellschaft führt.[640] Der Anstaltszweck[641] der Sparkassen liegt im Betrieb eines Kreditunternehmens. Er unterscheidet sich mithin nicht vom primären Zweck der übrigen Kreditinstitute. Jedoch sind die Sparkassen bei der Erfüllung dieser Aufgabe nicht so frei wie ihre Konkurrenten. Sie müssen vielmehr im Sinne und Rahmen des öffentlichen Auftrags handeln.[642]

I. Traditioneller Inhalt und Entwicklung

Der öffentliche Auftrag der Sparkassen ist aus den Anfängen des Sparkassenwesens historisch gewachsen.[643] Seine Bezeichnung erhielt er allerdings erst 1965.[644] Nach der Dogmatik zur Garantie der kommunalen Selbstverwaltung ist die Erfüllung des öffentlichen Auftrags durch den Betrieb einer Sparkasse eine Angelegenheit der freiwilligen Selbstverwaltung.[645]

---

640 Vgl. § 726 BGB und *Kellermann,* Zweck der Gesellschaft.

641 In Nordrhein-Westfalen seit 1994: »Unternehmenszweck«, vgl. § 3 SpkG NW 1994 und § 2 SpkG NW 2008.

642 Der öffentliche Auftrag ist nicht weniger relevant, ihm wurde ein ganzes Symposium gewidmet, vgl. den Bericht von *Mura (Hrsg.),* Der öffentliche Auftrag der Sparkassen.

643 Siehe zu der angesprochenen Entwicklung oben S. 30 f.

644 *Wysocki,* Einführung in das sparkassenhistorische Symposium 1985, in: Mura, (Hrsg.), Der öffentliche Auftrag der Sparkassen, S. 10.

645 Anderenfalls wären die Vorschriften zur Auflösung einer Sparkasse verfassungswidrig. Siehe hierzu und zum Fall Stralsund oben S. 94 ff.

Der öffentliche Auftrag umfasst traditionell die Förderung des Gemeinwohls[646], die Versorgung des Mittelstands und der wirtschaftlich Schwachen mit Finanzdienstleistungen, die Schärfung des Sparsinns[647] und der Kompetenz – insbesondere der Jugend – in wirtschaftlichen Angelegenheiten[648], die Gewährleistung einer ausgewogenen Wirtschaftsstruktur und lokalen Wettbewerbs sowie die Hausbankfunktion für den Träger der Sparkasse.[649] In die Vorschriften der Sparkassengesetze[650] wurden im Laufe der Zeit weitere Inhalte aufgenommen, wie etwa Unterstützung der Aufgabenerfüllung der Kommune[651], Förderung des bargeldlosen Zahlungsverkehrs, Finanzierung der Schuldnerberatung. Es findet sich in Nordrhein-Westfalen ferner seit 1994 die Festlegung, dass die Sparkassen zwar unter Beachtung des öffentlichen Auftrags kaufmännisch zu wirtschaften haben, dass aber eine Gewinnerzielung nicht zu ihrem Hauptzweck gehört.[652]

Die Unterstützung der wirtschaftlich Schwachen hätte fast zu einem Umsturz des Sparkassenrechts geführt: In einem anlässlich des Kreditwesengesetzes 1961 gefertigten Gutachten heißt es, das Steuerprivileg der Sparkasse generiere bei der Sparkasse einen finanziellen Überschuss. Diesen könne die Sparkasse an ihre Kunden – etwa über höhere Sparzinsen – weiterleiten, aber nur an alle gleichermaßen, egal ob arm oder reich. Eine gezielte Förderung der wirtschaftlich Schwachen sei so nicht zu erreichen.[653] Das Gutachten schlug als geeignetste Lösung vor, diesen Zustand mit einer Teilung der Sparkassen in zwei gesonderte Institute (»Flurbereinigung«) zu

646 Etwa durch die Ausschüttung der Gewinne für gemeinwohlorientierte Zwecke, siehe unten S. 109 ff. Grundlegend zur Geschichte und Normierung der gemeinwohlorientierten Tätigkeit der Sparkassen *Zuber*, Der Gemeinnützigkeitsbegriff. Im Zusammenhang mit der Privatisierungsdiskussion meinen *Brümmerhöff/Lehmann*, ZögU 2000, 131, dass der öffentliche Auftrag nicht stets gemeinwohlorientiert sei.

647 Vgl. *Hahn*, Sparkasse 1967, 279, der sich mit der Frage befasst, ob das Sparen aus volkswirtschaftlicher Sicht positiv oder negativ zu bewerten ist.

648 Siehe zur Jugendarbeit *O. V.*, Landtag Intern (NW), 2008, 10.

649 So die Aufzählung von *Staats*, Fusionen bei Sparkassen und Landesbanken, S. 87 f.

650 Derzeit: § 6 Abs. 1 SpkG BW 2008; Art. 2 Abs. 1 SpkG Bay 2008; § 3 Abs. 1 und 2 SpkG HB 2008; § 2 SpkG He 2008; § 4 Abs. 1 SpkG Nds 2008; § 2 Abs. 1 bis 3 SpkG NW 2008; § 2 Abs. 1 bis 4 SpkG RP 2008; § 2 Abs. 1 SpkG Saar 2006; § 2 SpkG SH 2008; § 2 Abs. 1 SpkG Bbg 2008, SpkG MV 2006, SpkG Sachs 2007, SpkG SA 2002, SpkG Th 2007; § 2 Abs. 1 S. 1 SpkG Bln 2005.

651 Die Unterstützung der Kommune sowie der lokalen Wirtschaft durch die Sparkassen beschreibt *Weyer*, Sparkasse 1956, 363.

652 § 3 Abs. 3 SpkG NW 1994, im SpkG NW 2008 § 2 Abs. 3. Ebenso § 4 S. 2 SpkG Bln 2005.

653 Das Gutachten stammt von *Stützel* und wird zitiert nach *Hoffmann*, Sparkasse 1964, 295 (298).

lösen. Die aufgrund des öffentlichen Auftrags privilegierungswürdigen Geschäfte sollten bei öffentlich-rechtlichen Instituten (»beschränkte Sparkassen«) verbleiben, während die übrigen Geschäfte auf Aktiengesellschaften übertragen werden sollten (»Kommunalbanken im Hause der Sparkassen«).[654] Im Jahr 2002 wurde dieser Vorschlag in Nordrhein-Westfalen auf Ebene der Landesbank umgesetzt. Die WestLB AöR wurde aufgespalten in einerseits die Landesbank NRW (seit 2004: NRW.Bank), die für die Förderung Privater und die Finanzierung kommunaler und infrastruktureller Maßnahmen zuständig ist, und andererseits die im freien Wettbewerb auftretende WestLB AG.

Das Gutachten enthielt ferner zwei weitere Vorschläge, die zwar das aufgezeigte Problem nicht gelöst, aber ebenfalls zu einer grundlegenden Umstellung geführt hätten. Angedacht waren eine Privatisierung des gesamten Sparkassenwesens (»Nivellierung auf den Stand der Privaten«) und alternativ die Ausweitung der wichtigsten Privilegien der Sparkassen – insbesondere die Steuerfreiheit für Erträge aus den Spareinlagen – auf alle Kreditinstitute (»Nivellierung auf den Stand der Sparkassen«).[655] Bekanntermaßen wurde dem Gutachten nicht gefolgt.

II. Heutige Relevanz

Derzeit steht der öffentliche Auftrag an sich nicht im Mittelpunkt der Diskussionen. Er wird aber anlässlich anderer aktueller Fragen zur Argumentation herangezogen. So wird die formelle Privatisierung der Sparkassen abgelehnt, weil der öffentliche Auftrag nur von Anstalten des öffentlichen Rechts erfüllbar sei.[656] Ein anderes Beispiel ist die geforderte Stützung der verlustreichen Landesbanken durch die Sparkassen als ihre Miteigentümer. Letztere sträuben sich zum Teil gegen eine grenzenlose Beteiligung ihrerseits. Den privaten Banken sei vom Staat auch ohne Mitwirkung der Eigentümer geholfen worden. Außerdem sei der öffentliche Auftrag gefährdet, denn es könne jeder Euro nur einmal investiert werden, entweder in die Vergabe von Mittelstandskrediten oder in die Stützung der Landes-

654 *Hoffmann,* Sparkasse 1964, 295 (299).
655 *Hoffmann,* Sparkasse 1964, 295 (300).
656 Vgl. zu dieser hinterfragungswürdigen These oben S. 70 f.

banken.[657] Ferner wird der öffentliche Auftrag als Mittel gegen die Finanzkrise genannt[658] und zur Beurteilung einzelner bankrechtlicher Rechtsfragen herangezogen[659].

III. Exkurs: Die Erfüllung des öffentlichen Auftrags mit Hilfe der Sparkassen-Finanzgruppe und des neuen »Verbunds« in Nordrhein-Westfalen

Die Sparkassen und ihre Tochterunternehmen haben sich in Ansehung des öffentlichen Auftrags zur »Sparkassen-Finanzgruppe« zusammengeschlossen.[660] Sie unterstützt die Sparkassen bei der Erfüllung des öffentlichen Auftrags. Ferner ermöglicht sie die Nutzung von Synergieeffekten, die Streuung des Geschäftsrisikos durch wechselseitige Beteiligungen ihrer Mitglieder und einen gemeinsamen Marktauftritt (sog. »Allfinanzangebot«).[661]

Die Sparkassen-Finanzgruppe wird herkömmlich auch als »Sparkassenverbund« bezeichnet.[662] Allerdings kann dieser Begriff neuerdings zu Verwechslungen mit der neuen Legaldefinition in Nordrhein-Westfalen führen, nach welcher der »Verbund« sich nur aus den Sparkassen, den Sparkassen- und Giroverbänden und der Sparkassenzentralbank des Landes zusammensetzt.[663] Die Inhalte der Regelung des Verbunds sind aus rechtswissenschaftlicher Sicht nicht unproblematisch. So soll das Innenrecht des Verbunds in einem »satzungsmäßigen Verbundstatut« geregelt werden.[664]

---

657 So *Haasis,* zitiert nach *O. V.,* in: Handelsblatt vom 08.06.2009, Nr. 107, S. 25 (»Absage an Bad Bank, Die Sparkassen sagen Nein zum bundesweiten Rettungsmodell für die Landesbanken«). Die hessischen Minister für Finanzen (*Weimar*) und Wirtschaft (*Posch*) befürchten sogar, dass die Sparkassen bei zu hoher Hilfeleistung für die Landesbanken »selbst zu einem Stützungsfall« werden könnten, vgl. *O. V.,* in: F. A. Z. vom 12.06.2009, Nr. 133, S. 9 (»Hilfsmodell für Landesbanken stößt auf Widerspruch, Sparkassen, Bundesbank und das Land Hessen kritisieren Haftungsregelung als zu hart«).

658 *Haasis,* Kreditwesen 2009, 31.

659 Vgl. *Usslar,* BKR 2008, 177, zur Abwicklung von Problemkrediten.

660 Siehe hierzu die ausführliche Arbeit von *Wittmann,* Sparkassenverbund. Die Sparkassenfinanzgruppe ist nunmehr in § 4 Abs. 1 S. 1 SpkG NW 2008 legaldefiniert.

661 *Wittmann,* Sparkassenverbund, S. 85 ff.

662 *Wittmann,* Sparkassenverbund, S. 2 ff.

663 § 4 Abs. 2 S. 1 SpkG NW 2008

664 § 4 Abs. 2 S. 1 SpkG NW 2008.

Diese Wortschöpfung wird nicht weiter mit Inhalt gefüllt.[665] Der insofern missglückte Verweis auf § 33 S. 1 und 3 SpkG NW 2008 lässt vermuten, dass es sich im Kern um eine Satzung bzw. ein ihr wesensmäßig ähnliches Regelungswerk handelt. Warum dann nicht der Begriff »Satzung« gewählt wurde, ist nicht ersichtlich. Eventuell wollte man den Fragen ausweichen, ob zum Erlass einer Satzung der Verbund nicht Rechtssubjekt sein müsse und welche Rechtsqualität der Verbund habe. Oder das satzungsmäßige Verbundstatut ist doch eher als eine Art »Verbundvertrag« der Verbundmitglieder im Sinne eines die Organisation des Verbunds regelnden »öffentlich rechtlichen Gesellschaftsvertrags« gemeint. Dies provoziert allerdings nicht weniger Nachfragen. Ferner ist eines der Ziele des Verbunds, die Ertragskraft der Sparkassen zu steigern.[666] Da die Gewinnerzielung jedoch nicht Hauptzweck der Sparkassen ist,[667] ist bei der Steigerung der Ertragskraft darauf zu achten, dass die Erfüllung des öffentlichen Auftrags hierunter nicht leidet.

IV. Konkretisierungen

Der öffentliche Auftrag ist nicht nur als grundsätzliches Prinzip bei der Auslegung des Sparkassenrechts zu beachten. Mehrere Regelungen des Sparkassenrechts beinhalten Konkretisierungen des öffentlichen Auftrags.

1. Ausschüttung und Verwendung des Jahresüberschusses

Eine dieser Konkretisierungen des öffentlichen Auftrags stellen die Vorschriften zum Jahresüberschuss dar.[668] Sie schreiben die Verwendung des Jahresüberschusses für gemeinnützige Zwecke als klassischen Inhalt des

665 Auch nicht in der Begründung des Referentenentwurfs, vgl. Drs. 14/6831, S. 26 der Begründung.

666 § 4 Abs. 2 S. 2 SpkG NW 2008.

667 § 2 Abs. 3 S. 2 SpkG NW 2008, vgl. oben S. 106.

668 § 31 SpkG BW 2008; § 21 SpkO Bay; § 23 SpkG HB 2008; § 16 SpkG He 2008; § 24 SpkG Nds 2008; § 25 SpkG NW 2008; § 20 SpkG RP 2008; § 25 SpkG Saar 2006; § 27 SpkG SH 2008; § 27 SpkG Bbg 2008, SpkG MV 2006, SpkG Sachs 2007, SpkG SA 2002. In Berlin findet sich keine entsprechende Vorschrift im Sparkassengesetz. § 16 der Satzung der Landesbank Berlin AG (abgedruckt bei *Fischer/Herbst,* RSP, 4.0.1.1) enthält aber eine liberale Vorschrift zur Gewinnverwendung. Eine Synopse der Vorschriften aus 2006 findet sich bei *O. V.,* Kreditwesen 2006, 488.

öffentlichen Auftrags vor.[669] In Bremen gilt dies allerdings nur, wenn der Träger der Sparkasse aus dem öffentlich-rechtlichen Lager stammt.[670]

Früher war ferner zur langfristigen Sicherung des Bestands der Sparkasse – und damit letztlich zur Sicherung der Erfüllung des öffentlichen Auftrags – flächendeckend in fest definierten Abstufungen geregelt, welcher Anteil des Überschusses in die Sicherheitsrücklage fließen musste. Der übrige Betrag durfte entweder als freiwillige Rücklage bei der Sparkasse verbleiben oder eben für gemeinnützige Zwecke ausgekehrt werden. Es sei exemplarisch für die übrigen Länder die Entwicklung der Abstufungen in Nordrhein-Westfalen skizziert. Anfangs mussten, abhängig vom prozentualen Anteil der Sicherheitsrücklage an den gesamten Einlagen, 25 bis 90 % des Überschusses in die Sicherheitsrücklage fließen.[671] Nach der Wiedervereinigung beließ man die Höchstgrenze bei 90 % und legte fest, dass nunmehr mindestens 65 % des Überschusses in die Sicherheitsrücklage fließen mussten. Der genaue Prozentsatz war nicht mehr vom Anteil der Sicherheitsrücklage an den gesamten Einlagen abhängig, sondern vom Verhältnis der Risikoaktiva zur Sicherheitsrücklage.[672] Die Höhe der Überschüsse brach 1981 ein, nachdem das Körperschaftssteuerprivileg abgeschafft wurde.

In Nordrhein-Westfalen ist die Höhe der auszuschüttenden Summe seit der letzten Gesetzesänderung nicht mehr reglementiert.[673] Ähnlich liberal sind

---

669 Näher zur Verwendung des Jahresüberschusses *Mauerer,* Sparkasse 1998, 461, und ausführlich das Werk von *Lepper,* Verwendung von Sparkassengewinnen, S. 67 ff. Siehe zur verfassungsrechtlichen Einordnung ferner *Bostedt/Fehling,* VBlBW 1998, 247.

670 Die Verpflichtung bestünde folglich nicht mehr, wenn die Sparkasse Bremerhaven gem. § 3 b SpkG HB 2008 in eine Aktiengesellschaft umgewandelt würde. Zwar muss in der Satzung der Aktiengesellschaft die Erfüllung des öffentlichen Auftrags sichergestellt werden (§§ 3 b Abs. 3 S. 1, 3 SpkG HB 2008). Jedoch umfasst der öffentliche Auftrag in Bremen nach dem Gesetzeswortlaut nicht ausdrücklich die Förderung des Gemeinwohls. Es ließe sich zwar argumentieren, die Förderung des Gemeinwohls sei gewohnheitsrechtliches Element des öffentlichen Auftrags. Dann hat aber ihre Nennung in anderen Gesetzen (etwa § 2 Abs. 1 S. 2 SpkG Saar 2006) nur deklaratorischen Charakter.

671 § 32 Abs. 1 SpkG NW 1958.

672 § 27 Abs. 2 SpkG NW 1994 (= § 28 Abs. 2 der Neubekanntmachung).

673 Als Grund hierfür wird genannt, dass damit der engen Beziehung zwischen Sparkassen und Kommunen stärker Rechnung getragen werden soll (Begründung zum Referentenentwurf des SpkG NW 2008, Drs. 14/6831, Allgemeine Begründung S. 1). Es bleibt zu hoffen, dass diese Entwicklung sich in Zukunft nicht in zu extremer Weise fortsetzt. Schließlich war der Hauptgrund für die Verselbständigung der Sparkassen, dass die Beziehung der Kommunen zu ihren Sparkassen und insbe-

die aktuellen Regelungen in Schleswig-Holstein und in Thüringen, wo sich nur noch eine einzige feste Grenze findet.[674] In Rheinland-Pfalz bestehen unterschiedliche Vorschriften für Sparkassen mit und ohne Stammkapital.[675]

Über die Höhe der Ausschüttung entscheidet üblicherweise der Verwaltungsrat der Sparkasse, in Nordrhein-Westfalen jedoch die Vertretung des Trägers. Die Überschüsse werden klassischerweise an den Träger ausgekehrt und von diesem gemeinnützig eingesetzt. In Brandenburg und Sachsen-Anhalt kann der Träger der Sparkasse gestatten, die Überschüsse direkt für gemeinnützige Zwecke zu verwenden.

2. Pflicht zur Einlagenannahme und Führung eines Girokontos

Die Sparkassen wurden durch das Preußische Sparkassenreglement verpflichtet, »jede auch noch so geringe Ersparnis« als Einlage anzunehmen. Die Formulierung hat sich seitdem – sofern man sich zu einer Normierung entschieden hat – geändert,[676] die inhaltliche Aussage jedoch nicht. Es ist kein Fall ersichtlich, in dem eine Sparkasse die Annahme einer Spareinlage (als ihr namensgebendes Merkmal) abgelehnt hätte.

Anders verhält es sich jedoch mit der Führung eines Girokontos. In einigen Sparkassengesetzen ist die Pflicht zur Führung eines Girokontos für jede natürliche Person auf Guthabenbasis festgeschrieben.[677] Es werden allerdings Ausnahmen aus wichtigem Grund – wie etwa dem Missbrauch des Kontos –

---

sondere zu deren Einlagen sich in Zeiten finanzieller Not als allzu eng herausgestellt hatte.

674 SH: An den Träger dürfen maximal 35 % des Überschusses ausgeschüttet werden. Th: Mindestens 25 % des Überschusses müssen in die Rücklage fließen.

675 Siehe oben S. 66.

676 Sie findet sich noch heute (teilweise für Einlagen ab 1 Euro) in den Regelwerken, vgl. § 5 Abs. 1 SpkO Bay; § 5 Abs. 1 SpkG NRW 2008; § 2 Abs. 3 SpkG RP 2008; § 3 Abs. 1 MuSa A und B SH (abgedruckt in *Fischer/Herbst,* RSP, 2.11.2.1 f.); § 12 Abs. 1 SpkVO Th (Thüringer Sparkassenverordnung vom 01.07.1999 [GVBl S. 438], zuletzt geändert durch Verordnung vom 13.12.2002 [GVBl. S. 498]).

677 Eine andere Frage, für die es keine zwingenden rechtlichen Vorgaben gibt, ist, ob die Führung eines Girokontos kostenlos angeboten werden soll. Die Direktbanken (siehe oben Fn. 234), weitere private Kreditinstitute sowie einige Sparkassen verlangen derzeit keine Gebühren. Im Sparkassenlager herrscht keine Einigkeit darüber, ob man dieser Entwicklung folgen soll, vgl. *Kleine,* Sparkasse 2008, 28, und *Hambücher,* Sparkasse 2008, 29.

zugelassen.[678] Einige Sparkassen haben es in jüngerer Vergangenheit abgelehnt, für bestimmte politische Parteien bzw. ihre Untergliederungen ein Girokonto zu führen. Es sei klarstellend darauf hingewiesen, dass die fraglichen Parteien zuvor nicht nach Art. 21 Abs. 2 GG für verfassungswidrig erklärt wurden.[679]

Die mit der Angelegenheit befassten Gerichte wiesen darauf hin, dass die sparkassenrechtlichen Normen nur natürlichen Personen einen Anspruch verliehen. Gleichwohl seien die Sparkassen zur Eröffnung des begehrten Kontos verpflichtet, wenn sie für mindestens eine andere Partei ein Konto führen.[680] In einem anderen Fall aus Berlin begehrten eine Teileinheit bzw. eine Untergliederung einer Bezirksverordnetenversammlung die Eröffnung eines Girokontos. Sie meinten, ihr Anspruch hierauf ergebe sich aus § 5 PartG[681] bzw. direkt aus § 21 Abs. 1 GG. Diese Normen berechtigen aber nur politische Parteien und ihre Untergliederungen, nicht aber Bezirksverordnetenversammlungen und ihre Untergliederungen.[682]

In den letzten Jahren wurde die Einführung eines Anspruchs auf ein Girokonto für jedermann auf Bundesebene gefordert.[683] Eine entsprechende Regelung wird derzeit erarbeitet. Eine Normierung im Schuldrecht wird gegenüber einer Normierung im Kreditwesengesetz bevorzugt.[684]

B. Örtlicher Tätigkeitsbereich/Subsidiaritäts- und Regionalprinzip

Die obige Darstellung hat gezeigt, dass es eine Vielzahl möglicher Sparkassenträger gibt.[685] Aufgrund der Überschneidungen ihrer Hoheitsgebiete,

678 Etwa § 5 Abs. 2 SpkO Bay; § 2 Abs. 4 SpkG He 2008; § 5 Abs. 2 SpkG NRW 2008; § 2 Abs. 4 SpkG RP 2008; § 5 SpkVO Bbg (Sparkassenverordnung vom 05.04.2006 [GVBl. II S. 88]).

679 Die Fallgestaltung erinnert an die Fälle, in denen politische Parteien die Benutzung einer Stadthalle für eine politische Veranstaltung begehren.

680 *VG Frankfurt/Oder,* Urt. v. 10.07.2008 – 4 K 1176/04 –, in: NVwZ-RR 2009, 259, für eine Kreistagsfraktion; *VG Düsseldorf,* Urt. v. 24.04.2007, – 22 K 1156/04 –, in: BKR 2007, 385, für einen Kreisverband.

681 Gesetz über die politischen Parteien (Parteiengesetz), neugefasst durch Bek. vom 31.01.1994 (BGBl. I S. 149), zuletzt geändert durch Art. 5a des Gesetzes vom 24.09.2009 (GVBl. I S. 3145).

682 *VG Berlin,* Beschlüsse v. 10.01.2007, – 2 A 178.06 und 2 A 169.06 –, juris.

683 *Geschwandtner/Bornemann,* NJW 2007, 1253; *Koch,* WM 2006, 2242; *Linnert,* ZRP 2009, 37.

684 *O. V.,* WM 2008, 2134, und WM 2009, 287.

685 Siehe oben S. 75 ff.

insbesondere der Gemeinden und Kreise, sind Überschneidungen der Geschäftsgebiete der Sparkassen nicht ausgeschlossen, sondern vielmehr im Grundsatz unausweichlich angelegt. Eine Lösung dieses Konflikts kann grundsätzlich – wie auch im Kommunalverfassungsrecht – bereits über das verfassungsrechtlich verankerte Subsidiaritäts- und Regionalprinzip gefunden werden. Die Landesgesetzgeber haben sich aber – zumeist hinsichtlich des Regionalprinzips – entschieden, die Prinzipien und vor allem Abweichungen von ihnen in die Sparkassengesetze aufzunehmen.

Der Anlass hierfür wird zum einen im praktischen Bedürfnis der *Sparkassen als Kreditinstitute* nach dem Schutz vor einer dem Sparkassenwesen abträglichen Konkurrenz der Sparkassen untereinander gesehen. Ohne einen Schutz sei die Sicherheit der Einlagen und die Förderung des Sparsinns der Bevölkerung als Hauptauftrag der Sparkassen gefährdet. Sogar die Inanspruchnahme der Anstaltslast sei (bis zu ihrer Abschaffung) zu befürchten gewesen.[686] Dass eine solche Forderung, von den Privatbanken geäußert, auf Unverständnis stoßen bzw. bei ihrer Umsetzung ein Tätigwerden der EU-Kartellbehörden auslösen würde[687], versteht sich von selbst. Dementsprechend hat das *OVG NW* dieses Argument für nicht rechtserheblich erklärt.[688] Zum anderen ist die *Zugehörigkeit der Sparkassen zum staatlichen Verwaltungsapparat* zu sehen. Hier liegt der eher überzeugende Ansatz für die Existenzberechtigung der sogleich darzustellenden Regelungen, denn die Länder haben die Gesetzgebungskompetenz zur Ausgestaltung ihres Verwaltungsapparats.[689]

I. Regionalprinzip

Die verfassungsrechtliche Beschränkung des Tätigkeitsbereichs eines kommunalen Hoheitsträgers auf sein Hoheitsgebiet wurde dargestellt. Sie gilt

686 *Schlierbach/Püttner,* Sparkassenrecht, 5. Aufl., S. 134; *Stern/Nierhaus,* Regionalprinzip, S. 46 f., 61 f.

687 Dementsprechend zieht die EU-Wettbewerbskommissarin es in Erwägung, gegen das sparkassenrechtliche Regionalprinzip vorzugehen, vgl. *Scheerer,* in: Handelsblatt vom 21.02.1007, Nr. 37, S. b2 (»Dauerstreit mit den Sparkassen, Brüssel sucht sich immer neue Fälle, um gegen das Dreisäulenmodell vorzugehen«). Auch das *Bundeskartellamt* hat anlässlich der Vorbereitungen zum SpkG NW 2008 Bedenken hinsichtlich des Regionalprinzips geäußert, vgl. Stellungnahme 14/2077, S. 1 f.

688 *OVG NW,* Urt. v. 20.10.1965 – III A 630/64 –, in: Sparkasse 1966, 148 (150).

689 Siehe oben S. 12 f.

auch für die Geschäftstätigkeit der Sparkassen[690], mag man sie als »lästige Fessel« und »Teufelszeug« oder als »heilsame(n) Zwang« und »sinnvolles Ordnungsprinzip« ansehen.[691] Erfasst werden von ihr die Errichtung von Zweigstellen[692] und alle übrigen Betätigungen, wie die Werbung[693] oder die Unterhaltung einzelner geschäftlicher Kontakte zu Einwohnern fremder Hoheitsgebiete. Es wurde bereits erwähnt, dass das Regionalprinzip vor Konkurrenz schützen und die Erfüllung des öffentlichen Auftrags sicherstellen soll. Ferner schützt es die Sparkassen auch vor der Eingehung zu hoher Risiken.[694] Es gilt: »Je weiter man weggeht von der Region, desto höher werden die Risiken.«[695] Dies hat sich jüngst im Zuge der Finanzkrise bewahrheitet. Dementsprechend bescheinigte Bundespräsident *Köhler*, dass das Regionalprinzip noch nicht überholt sei.[696]

Das Regionalprinzip als allgemeiner Grundsatz ist nur in manchen Ländern und oft auf untergesetzlicher Ebene festgeschrieben.[697] Im Übrigen wird es nur mittelbar durch Formulierungen wie »vorrangig im Gebiet ihres Errichtungsträgers«[698], »in ihrem/für ihr Geschäftsgebiet«[699], »örtlicher

---

690 Siehe zum Regionalprinzip aus verfassungsrechtlicher Sicht oben S. 23. Vgl. neben den dortigen Nachweisen zum sparkassenrechtlichen Regionalprinzip ferner *Brzoska*, Die öffentlich-rechtlichen Sparkassen, S. 26 ff.; *Stern/Nierhaus*, Regionalprinzip, S. 30 ff., und ausführlich *Obermann*, Kommunale Bindung der Sparkassen sowie *Widhofer-Mohnen*, Regionales Sparkassenwesen.

691 Erster und dritter Ausdruck von *Ude*, Kommunalwirtschaft/Sonderausgabe 2008, 22 (24); zweiter und vierter Ausdruck von *Frankenberger*, Kreditwesen 2004, 120 (120).

692 Hierzu sogleich unten S. 117 f.

693 Siehe hierzu § 2 Abs. 5 SpkO Bay, nach dem Individualwerbung auf das Geschäftsgebiet der Sparkasse zu beschränken, Gemeinschaftswerbung außerhalb des Geschäftsbezirks aber zulässig ist.

694 *Schlierbach/Püttner*, Sparkassenrecht, 5. Aufl., S. 134. Diese Aussage hat sich anlässlich der hohen Verluste der Banken aufgrund ihrer weltweiten Tätigkeit jüngst bewahrheitet.

695 So der Vorstandsvorsitzende der Sparkasse Bielefeld *Vogt*, zitiert nach *Köhler/Drost*, in: Handelsblatt vom 15.06.2009, Nr. 111, S. 10 (»Wenn's um Geld geht«). Dementsprechend rigide geht die Sparkasse Bielefeld laut *Vogt* (ebd.) bei der Immobilienfinanzierung vor. Eine Immobilie werde nur finanziert, wenn man vom beliehenen Grundstück aus noch die Chefetage des Sparkassengebäudes sehen könne.

696 *Cünnen/Drost/Köhler*, Handelsblatt v. 17.06.2009, Nr. 113, S. 18 (»Köhler als Spielverderber, Die Sparkassen wollen feiern – doch der Bundespräsident hat etwas dagegen«). Horst Köhler kennt sich in der Materie aus, er war von 1993 bis 1998 Präsident des DSGV.

697 Vgl. etwa § 2 SpkO Bay. Siehe aber neuerdings auf gesetzlicher Ebene ausführlich einschließlich Regelungen zur Beteiligung an Unternehmen § 3 SpkG NW 2008.

698 § 2 Abs. 1 SpkG RP 2008.

Kreditbedarf«[700] sowie früher »örtliche Kreditversorgung«[701] zum Ausdruck gebracht. Besondere Ausprägung hat das Regionalprinzip in den Sparkassengesetzen durch die Vorschriften zu den Zweigstellen[702] und die anlässlich kommunaler Neugliederungen eingeführten Vorschriften[703] erfahren.

1. Innerhalb und außerhalb des Geschäftsbereichs

Die Tätigkeit der Sparkassen muss sich grundsätzlich auf ihr Geschäftsgebiet beschränken. Allerdings haben einige Landesgesetzgeber den Begriff des Geschäftsgebiets abweichend vom Gebiet des Hoheitsträgers definiert (a.). Ferner bestehen Ausnahmen, die im Einzelfall die Geschäftstätigkeit außerhalb des Geschäftsgebiets gestatten (b.).

a. Der Geschäftsbereich

In den neuen Ländern ist ausdrücklich bestimmt, dass das Geschäftsgebiet der Sparkassen sich mit dem Hoheitsgebiet des Trägers deckt.[704] Im Übrigen bestehen Abweichungen. Der »Geschäftsbereich« der Sparkassen kann neben dem »originären Geschäftsgebiet« der Sparkasse – d. h. dem Hoheitsbereich des Trägers – aus »zusätzlichen Geschäftsgebieten« bestehen.[705]

In vielen anderen Ländern ist auf untergesetzlicher Ebene bestimmt, dass für die Sparkassen im Einzelfall und mit Genehmigung der Aufsichtsbehör-

---

699 § 2 Abs. 1 S. 1 SpkG Bbg 2008, SpkG MV 2006, SpkG Sachs 2007, SpkG SA 2002, SpkG Th 2007. Damit ist allerdings noch nicht bestimmt, dass das Geschäftsgebiet sich zwingend auf das Hoheitsgebiet des Trägers beschränkt. Dies ist aber in § 5 Abs. 1 S. 1 SpkG Bbg 2008, SpkG MV 2006, SpkG Sachs 2007, SpkG SA 2002 und § 6 Abs. 1 SpkG Th 2007 geregelt.

700 § 2 Abs. 1 S. 1 SpkG Bln 2005.

701 § 4 S. 2 SpkG NW 1958.

702 Siehe zu den Zweigstellen sogleich unten S. 117 f.

703 Noch heute bestehend § 4 SpkG BW 2008; §§ 28 f. SpkG NW 2008; § 29 SpkG SH 2008. Zur gescheiterten kommunalen Neugliederung in Mecklenburg-Vorpommern siehe oben S. 60. Die Literatur zu den Neugliederungen befasst sich zumeist mit den Vorgängen in einem bestimmten Gebiet oder Land. Siehe statt vieler für Nordrhein-Westfalen aus soziologischer Sicht *Tiggemann,* Kommunale Neugliederung in Nordrhein-Westfalen.

704 Siehe soeben Fn. 699.

705 Terminologie nach *Schlierbach/Püttner,* Sparkassenrecht, 5. Aufl., S. 134. Vgl. auch *Stern/Nierhaus,* Regionalprinzip, S. 196. Allgemein zur Tätigkeit eines kommunalen Unternehmens außerhalb des Gemeindegebiets siehe *Guckelberger,* BayVBl. 2006, 293.

de zusätzliche Geschäftsgebiete oder sog. »Ausleihbezirke« (Rheinland-Pfalz) zugelassen werden können. Diese erstrecken sich nur auf an das originäre Geschäftsgebiet angrenzende Gebiete.[706] Regelmäßig zulässig war und ist etwa nach einer kommunalen Neugliederung der Fortbestand der Hauptstelle einer Kreissparkasse in einer kreisfreien Stadt, wenn die Kreisverwaltung in dieser Stadt ihren Sitz hat.[707] Wenn in diesem Fall in Bayern die Stadt ebenfalls eine Sparkasse betreibt, so haben die Stadt- und die Kreissparkasse einen einheitlichen Geschäftsbereich, welcher sich aus dem Hoheitsgebiet des Landkreises und der kreisfreien Stadt zusammensetzt.[708]

Die Möglichkeiten des Tele- und Onlinebankings lassen die Grenzen der einzelnen Geschäftsbereiche zunehmend verblassen.[709] Die Sparkassen und ihre Träger machen derzeit auch keine Anstalten, dies zu verhindern. Einige von ihnen sind im Gegenteil mittelbar an Direktbanken beteiligt und wenden sich mit ihnen bundesweit an neue Kunden. Die Gesetzgeber haben bislang keine an die neue Technik angepassten Vorschriften erlassen, so dass Problemlösungen mit den bisherigen Normen erreicht werden müssen. Dies dürfte aber – ebenso wie in vielen anderen Rechtsbereichen, in denen teilweise noch ältere Normen unverändert gelten – keine großen Schwierigkeiten bereiten.[710]

---

706 Eingehend hierzu *Stern/Nierhaus,* Regionalprinzip, S. 196 ff, und insbesondere für Nordrhein-Westfalen *Widhofer-Mohnen,* Regionales Sparkassenwesen, S. 71 ff. Kritisch *Schlierbach/Püttner,* Sparkassenrecht, 5. Aufl., S. 137, zu einer mittlerweile aufgehobenen Regelung in Rheinland-Pfalz. Nach dieser durfte das zusätzliche Geschäftsgebiet einer Sparkasse sich regelmäßig und ohne Genehmigung der Aufsicht auf das Gebiet aller angrenzenden Landkreise und kreisfreien Städte erstrecken.

707 Dies folgt als Gegenschluss aus dem Verbot der Neuerrichtung solcher Geschäftsstellen in einigen Ländern, so für Nordrhein-Westfalen seit § 1 Abs. 2 S. 1 SpkG 1970. Ein derartiger Bestandsschutz verstößt laut *VerfGH Bay,* Urt. v. 23.09.1985, – Vf. 8-VII-82 –, in: DVBl. 1986, 39, auch nicht gegen das Selbstverwaltungsrecht der betroffenen Gemeinde. Siehe weiterführend insb. zur Gebietsreform im Raum Köln *Weides,* Sparkasse des Zweckverbandes, S. 7 ff., 61 ff. Ferner *Schlierbach/Püttner,* Sparkassenrecht, 5. Aufl., S. 137; *Widhofer-Mohnen,* Regionales Sparkassenwesen, S. 147 ff., und sogleich S. 117 f. sowie die Nachweise in Fn. 715.

708 § 2 Abs. 4 S. 1 i. V. m. Abs. 2 SpkO Bay. Diese Regelung ist – gerade hinsichtlich der Konstellationen, welche von Gebietsreformen ausgelöst wurden – nicht rechts- oder verfassungswidrig, vgl. *VGH Bay,* Urt. v. 25.02.1981, – 235 IV 78 –, in: Krebs, Sparkasse 1981, 348.

709 Ausführlich zu diesen Techniken in Ansehung des Regionalprinzips *Schepers,* Internet-Banking.

710 So für das Sparkassenrecht auch *Schlierbach/Püttner,* Sparkassenrecht, 5. Aufl., S. 134 f.

b. Tätigkeit außerhalb des Geschäftsbereichs

Außerhalb des Geschäftsbereichs unterscheiden die zitierten Normen sowie die untergesetzlichen Regelungen nach Passiv- und Aktivgeschäften. Passivgeschäfte (d. h. die Annahme von Spareinlagen) dürfen mit jedermann abgeschlossen werden. Teilweise besteht hierzu inzwischen sogar die gesetzlich normierte Pflicht.[711] Aktivgeschäfte wie die Kreditvergabe und Werbung dürfen grundsätzlich nur im Geschäftsbereich erfolgen. Es finden sich aber Ausnahmeregelungen und »Soll«-Vorschriften.[712]

2. Die Errichtung und der Betrieb von Zweigstellen

Sparkassen betreiben viele Zweigstellen und zeichnen sich daher durch räumliche Kundennähe aus. Während das Zweigstellennetz in den Städten eine Engmaschigkeit aufweist, die so von normal mobilen Kunden nicht immer benötigt wird, ist es in den ländlichen Regionen für jeden Kunden eine große Hilfe. Teilweise ist dort die einzige Zweigstelle im Umkreis von 15 Kilometern und mehr eine solche der örtlichen Sparkasse. Rechtliche Relevanz erlangen die Zweigstellen, wenn sie sich an einem Ort befinden, der zum Geschäftsgebiet mindestens einer weiteren Sparkasse gehört.

Der Begriff der Zweigstelle der Sparkassengesetze deckt sich mit dem des Kreditwesengesetzes und erfasst auch mobile Bankgeschäftsräume.[713] Die Regelungen zur Zweigstellenerrichtung finden sich in den meisten Ländern auf gesetzlicher Ebene.[714] Innerhalb des originären Geschäftsgebiets – also des Hoheitsbereichs des Trägers – dürfen Sparkassen grundsätzlich Zweigstellen errichten. In Nordrhein-Westfalen und dem Saarland gilt dies allerdings mittlerweile ausdrücklich nicht für Kreissparkassen, die im Gebiet

711 Siehe zum Kontrahierungszwang oben S. 111 f.

712 Siehe zum rechtlich zulässigen und politisch angebrachten Umfang der Ausnahmen sowie zur Tätigkeit der Sparkassen im Ausland *Schlierbach/Püttner,* Sparkassenrecht, 5. Aufl., S. 138 ff.

713 *Schlierbach/Püttner,* Sparkassenrecht, 5. Aufl., S. 94.

714 § 2 Abs. 2 und 3 SpkG BW 2008; § 2 Abs. 4 SpkO Bay; § 4 Abs. 2 SpkG Nds 2008; §§ 1 Abs. 2, 30 SpkG NW 2008, letzterer zur Übertragung von Zweigstellen bei Gebietsänderungen; § 1 Abs. 3 SpkG RP 2008; § 1 Abs. 3 und 4 SpkG Saar 2006; § 5 Abs. 1 S. 2 Nr. 1 SpkG Bbg 2008, SpkG MV 2006, SpkG Sachs 2007, SpkG SA 2002; § 6 Abs. 2 SpkG Th 2007. Siehe allgemein zur Errichtung von Zweigstellen und zum Regionalprinzip aus historischer Sicht *Schmidt,* VerwArch 51 (1960), 315.

einer Gemeindesparkasse eine Zweigstelle nicht eröffnen dürfen.[715] In den übrigen Ländern gilt dies im Grundsatz wegen des Subsidiaritätsprinzips[716] gleichermaßen.[717] Denkbar ist aber der einvernehmliche gemeinsame Betrieb einer Zweigstelle als Gemeinschaftseinrichtung mehrerer Sparkassen.[718] Außerhalb des Trägergebiets bedürfen die Sparkassen zur Errichtung einer Zweigstelle der Genehmigung der Aufsichtsbehörde. Teilweise muss die betroffene Sparkasse oder der betroffene Träger angehört werden oder sogar zustimmen.

In Nordrhein-Westfalen wurde anlässlich einer Gebietsreform bestimmt, dass Zweigstellen, welche durch die Gebietsreform nicht mehr im Hoheitsgebiet des Trägers ihrer Sparkasse liegen, auf die Sparkasse des nunmehr über das Gebiet die Hoheitsgewalt ausübenden Trägers übertragen werden müssen.[719] Liberaler ausgestaltet war für den gleichen Fall die Regelung in Rheinland-Pfalz, welche zunächst den Trägern für eine einvernehmliche Lösung mehr als fünf Jahre einräumte und danach der Aufsichtsbehörde die Entscheidung überließ.[720]

Hinsichtlich der freien Sparkassen war früher umstritten, ob auch für sie das Regionalprinzip und insbesondere seine Restriktionen der Zweigstelleneinrichtung gelten.[721] Das *BVerwG* hat diese Frage 1984 – für die Rechtspraxis abschließend – beantwortet. Es hat festgestellt, dass die freien Sparkassen dem sparkassen- und verfassungsrechtlichen Regionalprinzip nicht unterstehen. Die Zweigstelleneinrichtung der freien Sparkassen richte sich – wie für die übrigen Kreditinstitute – einzig nach dem Kreditwesengesetz.[722]

---

715 Vor der Kodifizierung in Nordrhein-Westfalen äußerte sich zunächst *Oeckinghaus,* Sparkasse 1962, 83, der sich wegen des Subsidiaritätsprinzips gegen die Zweigstelleneröffnung der Kreissparkasse aussprach. Dagegen argumentierte *Thieme,* Sparkasse 1962, 179, der das Subsidiaritätsprinzip weder im allgemeinen Kommunalrecht noch im Sparkassenrecht anerkannte. Als »neutrale(r) Beobachter« äußert sich abschließend *Schmidt,* Sparkasse 1962, 181. Vgl. auch oben S. 115 f.

716 Zum Subsidiaritätsprinzip sogleich unten S. 119 f.

717 *Schlierbach/Püttner,* Sparkassenrecht, 5. Aufl., S. 98.

718 Vgl. *OVG RP,* Beschl. v. 08.11.1991, – 7 B 11766/91 –, in: WM 1993, 58.

719 Ursprünglich § 38 SpkG NW 1970, heute § 20 SpkG NW 2008. Ähnlich § 28 Abs. 8 SpkG MV 2008. Ausführlich zu dieser Pflicht *Kirchhof,* Rechtspflicht zur Übertragung von Zweigstellen, und *Widhofer-Mohnen,* Kommunales Sparkassenwesen, S. 138 ff.

720 § 18 a SpkG RP 1972. Siehe zu den Problemen um diese Regelung *Hadding,* Sparkasse 1977, 210.

721 Vgl. *Schlierbach/Püttner,* Sparkassenrecht, 5. Aufl., S. 315 m. w. N.

722 *BVerwG,* Urt. v. 14.02.1984, – 1 C 81/78 –, in: BVerwGE 69, 11.

II. Subsidiaritätsprinzip

Die Definition des Subsidiaritätsprinzips durch das *BVerfG* in seinem Rastede-Beschluss gilt bis heute fort. Die Angelegenheiten der örtlichen Gemeinschaft sind grundsätzlich von den Gemeinden zu erledigen, eine Hochzonung auf die Kreise bedarf einer gesonderten Rechtfertigung.[723] Dies gilt auch für die Errichtung und den Betrieb von Sparkassen. In den neuen Ländern können kreisangehörige Gemeinden zwar nach den derzeitigen Gesetzeswortlauten ausnahmslos keine Träger von Sparkassen sein.[724] Dies verstößt in seiner Absolutheit aber mangels ersichtlicher Rechtfertigung gegen das Subsidiaritätsprinzip.[725]

Das Subsidiaritätsprinzip war und ist in den meisten Ländern, anders als das Regionalprinzip, nicht ausdrücklich geregelt.[726] Eine Ausnahme bilden Baden-Württemberg[727] und hinsichtlich der Errichtung von Zweigstellen

723 Nachweise zum Rastede-Beschluss, den vorhergehenden Gerichtsentscheidungen sowie den Ausführungen zum Subsidiaritätsprinzip aus verfassungsrechtlicher Sicht siehe oben S. 23 f.

724 Siehe oben S. 77. Hiergegen hat sich mit Erfolg eine zunächst kreisfreie brandenburgische Stadt gewährt. Sie wurde im Zuge einer Gebietsreform eingekreist und hatte dadurch nach dem Gesetz das Recht zur Trägerschaft an ihrer schon lange bestehenden Sparkasse verloren. Das *LVerfG Bbg,* Urt. v. 19.05.1994, – 9/93 –, in: LVerfGE 2, 93 = DVBl. 1994, 857, gab ihr Recht, ins besondere weil ihr ursprünglich bestehendes Recht zur Trägerschaft durch seine Wahrnehmung verstärkt würde. Dies habe der Gesetzgeber nicht ausreichend berücksichtigt. Ferner sei es unerheblich, dass die Regelung die nie beanstandete Rechtslage in der DDR fortführe. Denn das Subsidiaritäts- und das Regionalprinzip waren in der DDR nicht existent, weil sie dem Ziel der Errichtung eines sozialistischen Zentralstaats zuwiderliefen. Das *LVerfG Bbg* hat dennoch die entsprechende Vorschrift (damals noch der fortgeltende § 1 SpSOG DDR) nicht für nichtig erklärt, weil sonst die Grundlage für das Tätigwerden aller Sparkassen im Land Brandenburg entfallen wäre.

725 Siehe hierzu im Einzelnen das in der vorherigen Fußnote angesprochene Urteil des *LVerfG Bbg* sowie die zustimmende Äußerung von *Nierhaus,* EWiR 1994, 1105.

726 *Klüber,* Sparkasse 1969, 214, bezweifelte daher seine Geltung für das Sparkassenwesen.

727 § 2 Abs. 1 S. 1 Nr. 2 SpkG BW 2008 bestimmt, dass Landkreise nur Sparkassen errichten dürfen, wenn in ihrem Gebiet »keine Sparkasse ihren Sitz hat« oder eine Vereinigung sichergestellt ist. Die Regelung erfasst in erster Linie Sparkassen von Gemeinden, gilt nach ihrem weiten Wortlaut aber auch für Sparkassen der übrigen Träger wie des Sparkassenverbands. Dieser darf aber ebenfalls nur dann eine Sparkasse errichten, wenn in dem anvisierten Gebiet keine Sparkasse besteht und die potentielle kommunalen Träger zustimmen, vgl. § 2 Abs. 1 S. 1 Nr. 4 SpkG BW 2008. *Schlierbach/Püttner,* Sparkassenrecht, 5. Aufl., S. 47, äußern Zweifel, ob die pauschale Regelung in Baden-Württemberg dem vom *BVerfG* aufgestellten Gebot zur Abwägung der Interessen der Gemeinden und Kreise genügt.

Nordrhein-Westfalen und das Saarland[728]. Gleichwohl ist das Subsidiaritätsprinzip auch in den übrigen Ländern – im Rahmen von einzelfallbezogenen Abwägungen nach den Maßstäben des *BVerfG* – zu berücksichtigen.[729] Dabei können insbesondere lokale praktische Bedürfnisse oder historische Entwicklungen dazu führen, dass einem (Land-)Kreis vom Grundsatz abweichend die Errichtung einer Sparkasse gestattet wird.[730]

Unerheblich ist ferner, ob eine einzelne Gemeinde oder ein Zweckverband aus mehreren Gemeinden mit einem Kreis um die Vorherrschaft in dem gemeinsamen Gebiet streiten.[731] In diesem Fall kommt als Kompromiss der Beitritt des Kreises zum Zweckverband in Betracht.

III. Exkurs: Mehrfachträgerschaft

Noch nicht behandelt wurde die Frage, ob ein Sparkassenträger mehrere Sparkassen betreiben darf. Dieser Frage kommt durchaus praktische Relevanz zu. Obgleich der Betrieb mehrerer Sparkassen sich grundsätzlich wirtschaftlich nicht rechnen wird, besteht hierfür nach kommunalen Neugliederungen durchaus Anlass. Dann kann die Aufrechterhaltung mehrerer historisch gewachsener Sparkassen sinnvoll sein, um die sich »ihrer« Sparkasse verbundenen Kunden nicht durch die Schaffung eines neuen, ungewöhnlich großen Instituts zu verschrecken.[732] Viele Beispiele hierfür finden sich in Hessen. Dort waren bzw. sind Gemeinden mit ihren einzelnen Ortsteilen Mitglied in verschiedenen Zweckverbänden (ebenso ein Landkreis), Landkreise Träger mehrerer Kreissparkassen und ein Landkreis sowohl Mitglied eines Zweckverbands als auch Mitträger einer Gemeinschaftssparkasse.[733]

Grundsätzlich stehen einer Mehrfachträgerschaft an Sparkassen wie in Hessen keine Bedenken entgegen, so wie es auch im allgemeinen Kom-

728 § 1 Abs. 2 S. 1 SpkG NW 2008; § 1 Abs. 4 SpkG Saar 2006.

729 *OVG NW,* Urt. v. 20.10.1965 – III A 630/64 –, in: Sparkasse 1966, 148 (152); *OVG Nds,* Urt. v. 06.01.1970 – II OVG A 122/68 –, in: Sparkasse 1970, 157; *Schlierbach/Püttner,* Sparkassenrecht, 5. Aufl., S. 47, m. w. N. Kritisch *Bosse,* DVBl. 1982, 506 (507), und *Weides,* NVwZ 1984, 155.

730 *Schlierbach/Püttner,* Sparkassenrecht, 5. Aufl., S. 47, m. w. N.

731 *OVG NW,* Urt. v. 20.10.1965 – III A 630/64 –, in: Sparkasse 1966, 148 (153).

732 *Schlierbach/Püttner,* Sparkassenrecht, 5. Aufl., S. 52 f.

733 *Schlierbach/Püttner,* Sparkassenrecht, 5. Aufl., S. 53.

munalrecht (etwa bei Kindergärten oder Schulen) nicht der Fall ist.[734] Selbstverständlich ist auch für Sparkassen des gleichen Trägers das Verbot der Doppelverwaltung durch eine Abgrenzung der Geschäftsbereiche zu beachten.[735]

Allerdings haben einige Länder die Mehrfachträgerschaft eingeschränkt oder gänzlich verboten. In Rheinland-Pfalz sollten die Mehrfachträger ihre Sparkassen innerhalb von fünf Jahren nach dem Inkrafttreten des SpkG RP 1982 vereinigen.[736] Das für das Kommunalrecht zuständige Ministerium kann bis heute die Vereinigung anordnen.[737] Für Nordrhein-Westfalen hat das *OVG NW* entschieden, dass eine kreisfreie Stadt nicht Mitglied in einem Sparkassenzweckverband sein und gleichzeitig eine eigene Sparkasse betreiben dürfe.[738] Das im Anschluss angerufene *BVerwG* hat die Frage offen gelassen, weil es die Antwort darauf einzig im von ihm nicht überprüfbaren Landesrecht – und mithin in der vom *OVG NW* vorgenommenen Auslegung – sieht.[739] Eindeutiger ist die Rechtslage in Baden-Württemberg zumindest hinsichtlich der Gemeinden. Dort wurde anlässlich einer Gebietsreform ausdrücklich festgeschrieben, dass eine Gemeinde nicht Träger mehrerer Sparkassen sein kann.[740]

---

734 *Bosse,* Zusammenschluss von Sparkassen, S. 30, 53; *Rothhardt,* Sparkassen in der kommunalen Gebietsreform, S. 89; *Schlierbach/Püttner,* Sparkassenrecht, 5. Aufl., S. 52; *Weides,* Sparkasse des Zweckverbandes, S. 92 f.

735 *Schlierbach/Püttner,* Sparkassenrecht, 5. Aufl., S. 53. Siehe zum Verbot der Doppelverwaltung oben S. 23.

736 § 22 Abs. 4 SpkG RP 1982 = § 22 Abs. 5 SpkG RP 2008. Die Regelung ähnelt der des § 18 a SpkG RP 1972, welcher für die Neuordnung der Zweigstellen nach einer Gebietsreform ebenfalls 5 Jahre vorsah, siehe oben S. 118.

737 Und nicht etwa das für die Aufsicht zuständige Wirtschaftsministerium. Zu der Frage, ob und aus welchen Gründen die Aufsicht dem Innenministerium oder aber dem Wirtschafts- bzw. Finanzministerium überantwortet wird, siehe unten S. 143 f.

738 *OVG NW,* Urt. v. 18.12.1981, – 15 A 190/80 –, in: DVBl. 1982, 504, mit Verweis auf die Unteilbarkeit des Trägergebiets und – wegen der unterschiedlichen Verwaltungsebenen der getragenen Sparkassen – auf das Subsidiaritätsprinzip. Dagegen argumentiert ausführlich *Bosse,* DVBl. 1982, 506, der *ebd.,* (507), unter anderem moniert, es gebe kein Postulat der Unteilbarkeit des Trägergebiets und somit auch kein Gebot der Deckungsgleichheit von Trägergebiet und Geschäftsgebiet der Sparkasse.

739 *BVerwG,* Beschl. v. 23.08.1982, – 1 B 23/82 –, in: DÖV 1983, 73 (74).

740 § 3 a Abs. 2 S. 1 SpkG BW 1975, heute § 4 Abs. 2 S. 1 im Einklang mit § 8 Abs. 2 S. 1 SpkG BW 208. Letzterer bestimmt, dass (lies: »nur«) Gemeinden, die nicht Träger einer Sparkasse sind, einer Sparkasse als Träger hinzutreten können.

§ 10 Satzungen und Mustersatzungen

In den Sparkassengesetzen war und ist bestimmt, dass die Träger die Rechtsverhältnisse ihrer Sparkasse durch Satzung regeln dürfen und müssen.[741] Sie haben dabei das Sparkassengesetz und das übrige höherrangige Sparkassenrecht zu beachten.[742] Diese Regelung ist Ausfluss einerseits der Satzungshoheit der Träger und andererseits des Vorrangs höherrangiger Rechtsnormen.

Auch im Berliner Sparkassengesetz fand sich bis zu seiner Aufhebung aufgrund der Übertragung der Sparkasse auf die Landesbank Berlin eine gleichlautende Vorschrift.[743] Derzeit enthält die Satzung der Landesbank Berlin AG einige Vorschriften zum Betrieb der Sparkasse.[744]

A. Inhalt der Satzungen

Die Satzungen der Sparkassen beinhalten u. a. Regelungen über Namen, Sitz und Träger der Sparkasse, über Zusammensetzung, Befugnisse und Aufgaben ihrer Organe und über die geschäftliche Tätigkeit. Es handelt sich teilweise um rein deklaratorische Vorschriften, die das höherrangige Recht wiedergeben, und teilweise um konstitutive Regelungen, die im Rahmen des höherrangigen Rechts das Innenrecht der Sparkasse näher ausgestalten. Der konstitutive Anteil an Regelungen ist dabei umso geringer, je detaillierter die Vorgaben des höherrangigen Rechts, insbesondere der Sparkassenverordnungen,[745] sind.[746]

---

741 Siehe allgemein zu Satzungen *Hindenlang,* Satzung als Rechtsquelle; *Maurer,* Allgemeines Verwaltungsrecht, § 4 Rn. 20 ff.; *Palandt,* Auslegung von Satzungen, und *Schmidt-Jortzig,* ZG 1987, 193, jeweils m. w. N. Siehe näher zum Verfahren des Erlasses und der Änderung der Satzungen *Schlierbach/Püttner,* Sparkassenrecht, 5. Aufl., S. 239 f.

742 Derzeit § 7 SpkG BW 2008; Art. 21 SpkG Bay 2008; § 6 SpkG HB 2008; § 10 SpkG He 2008; § 6 SpkG Nds 2008; § 6 SpkG NW 2008; § 4 SpkG RP 2008; § 4 SpkG Saar 2006; § 3 SpkG SH 2008; § 5 SpkG Th 2007; § 4 SpkG Bbg 2008, SpkG MV 2006, SpkG Sachs 2007, SpkG SA 2002. Selbstverständlich haben die Träger beim Satzungserlass nicht nur das höherrangige Sparkassenrecht, sondern jede höherrangige Rechtsnorm zu beachten.

743 Vgl. zuletzt § 10 SpkG Bln 1984.

744 § 2 Abs. 3 ff. der Satzung. Die Satzung ist abgedruckt bei *Fischer/Herbst (Hrsg.),* RSP, B 4.0.1.1.

745 Eine Auflistung, in welchen Ländern Sparkassenverordnungen existieren bzw. existiert haben findet sich oben auf S. 41 ff. und S. 56 ff.

In Nordrhein-Westfalen wurde im Zuge der Novelle von 2008 zum Sparkassengesetz die Norm über die Satzungen der Sparkassen geändert.[747] Bis dahin war bestimmt, dass die Satzung der Sparkasse sich »im Rahmen dieses Gesetzes und der nach diesem Gesetz erlassenen Rechtsverordnungen« zu bewegen habe.[748] Anlässlich der Abschaffung der Verordnungsebene wollte man die Vorschrift »neutraler (...) und umfassender (...)« formulieren, ohne eine »inhaltliche Änderung« herbeizuführen.[749] Man wählte die Formulierung »im Rahmen dieses Gesetzes und den nach diesem Gesetz erlassenen Begleitvorschriften«.[750] Neben dem Widerspruch im Wortlaut der Begründung an sich (umfassender, aber dennoch ohne inhaltliche Änderung), fällt eine inhaltliche Änderung auf, die verfassungsrechtliche Bedenken erweckt. »Begleitvorschriften« sind auch die Verwaltungsvorschriften der Aufsichtsbehörde, welche aber das Selbstverwaltungsrecht der Kommune mangels Außenwirkung nicht beschränken können. Ferner wäre der Gesetzgeber aufgrund des falsch verwendeten Dativs (»den [...] Begleitvorschriften«) gut beraten gewesen, auf die ohnehin vermeintlich inhaltslose Änderung zu verzichten.[751] Dennoch ist der Entwurf trotz der bekannten Kritikpunkte unverändert Gesetz geworden.[752]

B. Mustersatzungen und Genehmigungsvorbehalte

Der Erlass und die Änderung einer Satzung bedürfen nach sämtlichen genannten Vorschriften der Genehmigung der Aufsichtsbehörde.[753] Teilweise war bzw. ist bestimmt, dass für jeden Erlass und jede Änderung eine Genehmigung erforderlich war bzw. ist.[754] Demgegenüber war bzw. ist in

---

746 Diese Feststellung treffen hinsichtlich der Mustersatzungen auch *Schlierbach/Püttner,* Sparkassenrecht, 5. Aufl., S. 241 f.

747 Zu weiteren allgemeinen Fragen der Gesetzgebung siehe oben S. 6 f.

748 § 5 Abs. 1 SpkG NW 2005.

749 Begründung zu § 6 des Referentenentwurfs des SpkG NW 2008, Drs. 14/6831, S. 7.

750 § 6 des Referentenentwurfs des SpkG NW 2008, Drs. 14/6831.

751 Zu Recht weist *Oebbecke* in seiner Stellungnahme zum Referentenentwurf des SpkG NW 2008 (Stellungnahme 14/2081) auf die aufgezählten Mängel hin.

752 § 6 Abs. 1 SpkG NW 2008.

753 Siehe näher zur Aufsicht und den sonstigen Genehmigungserfordernissen unten S. 140 ff.

754 So immer noch § 7 SpkG BW 2008 und früher § 6 SpkG Nds bis 2004 I. Ferner aus formeller Sichtweise Art. 21 SpkG Bay 2008 und § 3 SpkG SH 2008. Allerdings gilt hier die Genehmigung als erteilt, wenn keine Abweichung von der Mustersatzung vorliegt, so dass faktisch nur Abweichungen von der Mustersatzung einer Genehmigung mit materieller Prüfung durch die Aufsichtsbehörde bedürfen.

anderen Ländern eine Genehmigung nur dann von Nöten (gewesen), wenn der Erlass oder die Änderung der Satzung von der Mustersatzung abweicht bzw. abwich.[755] Die Mustersatzungen (teilweise auch »Satzungsmuster«) werden von der obersten Aufsichtsbehörde erlassen.[756] Größtenteils wird sie hierzu in den Gesetzen ausdrücklich ermächtigt.[757] Jedoch findet sich derzeit im Saarland, in Bayern und in Baden-Württemberg keine spezielle Ermächtigung zum Erlass von Mustersatzungen, obgleich solche veröffentlicht wurden.

Nun haben die Mustersatzungen zwar keine direkte Gesetzeskraft gegenüber den Sparkassenträgern. Jedoch kommt ihnen in Zusammenschau mit dem Genehmigungserfordernis, insbesondere wenn dieses nur bei einer Abweichung von der Mustersatzung gilt, mittelbar eine faktische Gesetzeskraft zu.[758] Dieser Effekt verstärkt sich noch, wenn sich die Aufsichtsbehörde bei der Genehmigung – willentlich oder nicht – nicht ausschließlich von Rechtmäßigkeits-, sondern auch von Zweckmäßigkeitserwägungen leiten lässt. Die Aufsichtsbehörde darf jedoch bei der Genehmigung von Satzungen nur Rechtmäßigkeitserwägungen anstellen.[759] Anderenfalls liegt ein Verstoß gegen die kommunale Satzungsautonomie[760] und gegen teilweise dezidiert normierte verfassungsrechtliche Beschränkungen[761] vor.

---

755 So etwa in § 4 Abs. 3 SpkG NRW bis 1975 oder § 3 Abs. 2 SpkG Saar bis 1988. Danach wurde in diesen Ländern die generelle Genehmigung der Satzung vorgeschrieben. Vgl. demgegenüber § 10 Abs. 2 SpkG He, der auch noch i. d. F. von 2008 nur Abweichungen von der Mustersatzung der Genehmigungspflicht unterwirft.

756 Die aktuellen Fassungen der Mustersatzungen finden sich gesammelt bei *Fischer/Herbst (Hrsg.),* RSP, B 2.1.2.2 (BW), 2.2.2.2 (Bay), 2.6.2.0 und 2.6.2.1 (He; letztere für Sparkassen mit Trägerversammlung), 2.7.2.2 (Nds), 2.8.2.2 (NW), 2.9.2.2 (RP), 2.10.2.1 (Saar, allerdings nur als »Sparkassensatzung« bezeichnet), 2.11.2.1 und 2.11.2.2 (SH, letztere für die freien Sparkassen), 2.12.2.2 (Bbg), 2.13.3 (MV), 2.14.2.2 (Sachs), 2.15.2.2 (SA) und 2.16.2.2 (Th).

757 Zu den verfassungsrechtlichen Anforderungen an diese Ermächtigungsgrundlagen siehe *Dölker,* Ermächtigungsgrundlagen von Satzungen.

758 Siehe zu dieser Feststellung bereits oben S. 16 f.

759 Vgl. für den Fall der Genehmigung der Kreisumlage *OVG NW,* Urt. v. 15.12.1989, – 15 A 436/86 –, in: OVGE 42, 48 = NVwZ 1990, 689.

760 *Schmidt-Jortzig,* ZG 1987, 193 (209), und DVBl. 1990, 920 (923); *Schoch,* NVwZ, 1990, 801 (805 f.); *Schlierbach/Püttner,* Sparkassenrecht, 5. Aufl., S. 243; *Stern/Burmeister,* Die kommunalen Sparkassen, S. 91 ff. Vgl. auch oben S. 22.

761 Vgl. Art. 78 Abs. 4 S. 1 der nordrhein-westfälischen Landesverfassung.

Teilweise wird vertreten, kommunale Satzungen müssten grundsätzlich sogar gänzlich genehmigungsfrei sein.[762] Die Rechtsprechung äußert sich, entsprechend der ihr von der Verfassung zugedachten Aufgabe, nicht pauschal, sondern kommt je nach Einzelfall zu unterschiedlichen Ergebnissen.[763] Die geäußerten Bedenken und die ihnen teilweise zustimmenden Urteile ändern allerdings nichts daran, dass unverändert zahlreiche Genehmigungsvorbehalte – wie etwa in den Sparkassengesetzen zu den Satzungen – bestehen.[764]

Aus Sicht der Sparkassenpraxis sei ferner angemerkt, dass der Genehmigungsvorbehalt hinsichtlich einer Satzung das kleinere Übel im Vergleich zu einer umfassend regelnden Sparkassenverordnung ist. Dies gilt auch, wenn das Genehmigungserfordernis an eine Abweichung von der Mustersatzung geknüpft ist und insbesondere, wenn es liberal gehandhabt wird. Einer Verordnung *muss* der Träger die Gestaltung des Innenrechts der Sparkasse weitgehend überlassen. Die von ihm erlassene Satzung ist rein deklaratorisch, die Genehmigung ein Selbstläufer. Demgegenüber ist der Träger bei einer nur rudimentär regelnden oder gänzlich fehlenden Verordnung stärker in der Pflicht, konstitutive Vorschriften in die Satzung aufzunehmen. Er *kann* das Innenrecht der Sparkasse selbst gestalten, so er denn den Willen aufbringt, um die Genehmigung seiner von der Mustersatzung abweichenden Satzung mit Argumenten zu kämpfen. Dies stärkt die Bindung zwischen Träger und Sparkasse und beugt einer Entfremdung vor.[765]

---

762 So *Schmidt-Jortzig,* ZG 1987, 193 (209), mit Verweis auf entsprechende landesrechtliche Vorschriften.

763 Für die Verfassungsmäßigkeit im Fall der Genehmigung der Haushaltssatzung einer sog. Ausgleichsstockgemeinde *OVG NW,* Urt. v. 22.01.1988, – 15 A 2874/84 –, in: NVwZ 1988, 1156. Dito (hinsichtlich des gemeindlichen Steuerfindungsrechts) im Fall der Überprüfung einer Gemeindesteuer auf ihre Verträglichkeit mit der Steuerpolitik des Landes *VGH He,* Beschl. v. 21.03.1989, – 5 N 3027/88 –, in: NVwZ 1989, 585. Dagegen jedoch im Fall der Genehmigung einer Gemeindesatzung *VerfGH Bay,* Urt. v. 15.12.1988, – Vf. 70-VI-86 –, VerfGHE 41, 140 = DVBl. 1989, 308.

764 *Schoch,* NVwZ, 1990, 801 (805). Ausführlich hierzu *Humpert,* Genehmigungsvorbehalte im Kommunalverfassungsrecht, S. 22 ff.

765 In diesem Sinne auch *Schlierbach/Püttner,* Sparkassenrecht, 5. Aufl., S. 244.

§ 11 Organe

Die Sparkassen sind als Anstalten zwar rechtsfähig, aber nicht handlungsfähig.[766] Daher benötigen die Sparkassen, wie – mit Ausnahme der beliehenen natürlichen Personen – alle anderen Verwaltungsträger auch, Organe. Diese nehmen für die Sparkassen ihre Zuständigkeiten wahr.[767] Es wurde bereits darauf hingewiesen, dass die Vorschriften über die Organe – insbesondere hinsichtlich ihrer Zusammensetzung und ihrer Aufgaben – von entscheidender Bedeutung dafür sind, wie stark der Einfluss des Trägers auf die Sparkasse ist.[768]

Die Sparkassengesetze enthalten Bestimmungen zur Besetzung der Organe (Wahl bzw. Berufung und Bestellung) einschließlich des Verfahrens und des geeigneten Personenkreises; zu den Aufgaben, Kompetenzen und Pflichten der Organe inklusive ihrer Haftung gegenüber der Sparkasse und ihrer Entlastung durch die Sparkasse[769]; zum Ausschluss wegen des Besorgnisses der Befangenheit sowie genereller Unvereinbarkeiten mit dem Amt; zur Amtsverschwiegenheit und schließlich zum freiwilligen und unfreiwilligen Ende der Amtszeit. Wie in Organisationsgesetzen üblich, werden die Organe in den Sparkassengesetzen zumeist getrennt voneinander geregelt. Es finden sich aber teilweise auch gemeinsame Vorschriften, insbesondere zur Normierung der Amtsverschwiegenheit und des Ausschlusses wegen der Besorgnis der Befangenheit. Ebenso ist festgelegt, dass bestimmte Regelungen eines Organs entsprechend für ein anderes Organ anzuwenden sind.

Die umfangreichsten Regelungen in den Sparkassengesetzen sind die hinsichtlich der Organe. Die Darstellung in dieser Arbeit wird diesem Umfang nicht gerecht. Es wird insbesondere auf die ausführliche Darstellung von *Schlierbach/Püttner* aus dem Jahr 2003 verwiesen.[770] Sie wird im Folgenden um einen Ausblick de lege ferenda, der die Entwicklung der letzten Jahre und insbesondere Monate berücksichtigt, erweitert. Ferner werden aus

---

766 *Maurer,* Allgemeines Verwaltungsrecht, § 21, Rn. 19.

767 *Maurer,* Allgemeines Verwaltungsrecht, § 21, Rn. 19.

768 Siehe oben S. 8.

769 Siehe zur Entlastung der Organe *Horbach,* Sparkasse 1977, 62.

770 Eine ausführliche, nach Organen gegliederte Darstellung der Einzelheiten findet sich bei *Schlierbach/Püttner,* Sparkassenrecht, 5. Aufl., S. 155 ff., sowie in den oben, Fn. 30, erwähnten Kommentaren m. w. N. Vgl. außerdem die Ausführungen von *Clausen,* Einfluß der Gemeinde, S. 47 ff., 106 ff., welche die Organe mit Hinblick auf ihre angesprochene Rolle als Kontrollmittler des Trägers darstellen.

ausgewählten Problembereichen diejenigen Entwicklungsschritte dargestellt, die der Erreichung des Erkenntnisziels dieser Arbeit in besonderem Maße dienlich sind.

A. Anzahl und grundsätzliche Funktion der Organe

Seit den 60er-Jahren haben alle Sparkassen zwei Hauptorgane:[771] den Vorstand als Geschäftsführungsorgan und den Verwaltungsrat (frühere Bezeichnung: Sparkassenrat) als Kontrollorgan.[772] Die entsprechenden Vorschriften weisen in Inhalt und Systematik Ähnlichkeit zu den entsprechenden Regelungen des Aktiengesetzes auf.

In nahezu jedem Land besteht bzw. bestand außerdem ein aus den Mitgliedern des Verwaltungsrats gebildeter Kreditausschuss.[773] Trotz der Bezeichnung »Ausschuss« handelte es sich hierbei früher zumeist nicht um eine Unterabteilung des Verwaltungsrats, sondern um ein eigenständiges Organ. In Nordrhein-Westfalen wurde der Kreditausschuss allerdings im Zuge der letzten Gesetzesnovelle durch den Risikoausschuss ersetzt. Dieser ist seiner Bezeichnung entsprechend ein echter Ausschuss des Verwaltungsrats ohne Organqualität.[774] In inhaltlicher Hinsicht hat sich die Bedeutung dieses Ausschusses aber demgegenüber erhöht. Der Kreditausschuss war im Einzelfall zuständig für die Zustimmung zu einzelnen Krediten, welche allgemein nach einer Geschäftsanweisung oder im Einzelfall nach Ansicht des Vorstands von besonderer Erheblichkeit waren.[775] Die Zustimmung

771 Siehe zu der früher teilweise vorgeschriebenen Sparkassenverfassung mit einem Hauptorgan und den Mischformen oben S. 37 f., insb. Fn. 223. Vgl. ferner zum damaligen Stand der Entwicklung der Organe *Henze,* Sparkasse 1961, 323.

772 Die anfänglich auch in Nordrhein-Westfalen angedachte Beschränkung auf ein Organ wurde verworfen. In der ersten Lesung zum SpkG NW 1958 stellte *Kohlhase* fest, dass zwei Hauptorgane »zwingend erforderlich« seien, »weil zahlreiche Sparkassen ihre im Laufe der Jahre ausgedehnten und gewandelten Geschäfte im Rahmen der bestehenden Organisationsform nicht mehr erfüllen können und deshalb bereits notgedrungen von den gesetzlichen Bestimmungen zwar nicht formal, aber doch in der wirklichen Praxis abweichen mußten.« Das Zitat findet sich zusammen mit den Ausführungen weiterer Redner bei *O. V.,* Sparkasse 1957, 41 (41).

773 Die Organe werden derzeit geregelt in den §§ 11 ff. SpkG BW 2008; Art. 5 ff. SpkG Bay 2008; §§ 9 ff. SpkG HB 2008; §§ 4 ff. SpkG He 2008; §§ 8 ff. SpkG Nds 2008; §§ 9 ff. SpkG NW 2008; §§ 5 ff. SpkG RP 2008; §§ 7 ff. SpkG Saar 2006; §§ 7 ff. SpkG Bbg 2008, SpkG MV 2006, SpkG Sachs 2007, SpkG SA 2002, SpkG Th 2007; §§ 5 ff. SpkG Bln 2005.

774 Vgl. § 15 Abs. 3 S. 1 SpkG NW 2008.

775 Vgl. § 17 Abs. 1 SpkG NW 2005.

des Risikoausschusses im Einzelfall und bei Überschreitung einer Erheblichkeitsgrenze ist weiterhin erforderlich. Darüber hinaus berät der Risikoausschuss mit dem Vorstand die Grundsätze der Risikopolitik und Risikosteuerung.[776]

Die in Nordrhein-Westfalen eingeführte Statusänderung des Kreditausschusses war zuvor bereits z. B. in Hessen vorgenommen worden, allerdings firmiert der Ausschuss dort weiterhin als Kreditausschuss.[777] Auch in den neuen Ländern ist der Kreditausschuss kein Organ.

Ferner existiert seit jeher in Baden-Württemberg und seit jüngstem in Hessen bei Sparkassen mit mehreren Trägern eine Trägerversammlung.[778] Die Trägerversammlung besteht in Baden-Württemberg aus den geborenen Vertretern der Träger und nimmt die Aufgaben des Hauptorgans der Sparkasse wahr. In Hessen entsenden die Träger mehrere gekorene Vertreter in die Trägerversammlung, welche abschließend aufgezählte Zuständigkeiten besitzt, die normalerweise dem Hauptorgan zustehen. Die Aufgaben des Verwaltungsrats der Sparkasse bleiben ausdrücklich unberührt. Die Trägerversammlung der Frankfurter Sparkasse nimmt nicht nur die Aufgaben eines Organs wahr, sie wird darüber hinaus auch formell als solches bezeichnet.[779]

B. Mitglieder des Verwaltungsrats

Hinsichtlich der Mitglieder des Verwaltungsrats bestehen mehrere erwähnenswerte Probleme. Während die Fragen zur Wahl (I.) und zum Haftungsmaßstab (III.) lange geklärt sind, gewinnt die Diskussion um die fachliche Qualifikation zur Zeit an Fahrt (II.).

I. Wahl

Die Zahl der Mitglieder des Verwaltungsrats wird von den Sparkassengesetzen mit einer Mindest- und Höchstgrenze umrissen. Es ist bestimmt, dass ungefähr zwei Drittel von ihnen vom Gewährträger gewählt werden,

776 Vgl. § 15 Abs. 3 S. 2 SpkG NW 2008.

777 So seit §§ 4, 6 Abs. 1 S. 1 SpkG He 1990.

778 Vgl. § 7 Abs. 6 bis 9 SpkG BW 1967 und § 8 Abs. 6 bis 9 SpkG BW 2008 sowie § 17d SpkG He 2008.

779 Siehe hierzu und zu der Trägerversammlung im Übrigen oben S. 85 f.

während ein Drittel von den Beschäftigten der Sparkasse aus ihrer Mitte gewählt wird.[780]

1. Wahlverfahren

Das Wahlverfahren ist in den Ländern unterschiedlich ausgestaltet. Oft findet sich ein Verweis auf die Vorschriften des Kommunalverfassungsrechts. In einigen Ländern findet eine Verhältniswahl[781], in Bayern eine Mehrheitswahl[782] statt. In Rheinland-Pfalz richtet der Wahlmodus sich danach, ob es keinen (einfache Mehrheitswahl), einen (qualifizierte Mehrheitswahl) oder mehrere (Verhältniswahl) Wahlvorschläge gibt.[783] In Niedersachsen, Brandenburg und Berlin findet schließlich keine Wahl statt. Vielmehr wird der Verwaltungsrat entsprechend der Fraktionsverhältnisse im Entscheidungsorgan des Trägers besetzt[784] bzw. in Berlin auf bloßen Vorschlag des Trägers hin durch die Senatsverwaltung bestellt[785].

In Hessen ließ die erste Fassung des Sparkassengesetzes nach dem Krieg die Frage offen, ob die ehrenamtlichen Verwaltungsratsmitglieder in einer Mehrheits- oder Verhältniswahl gewählt werden.[786] Es wurde vorgeschlagen, entsprechend den Vorschriften des hessischen Kommunalrechts für die Besetzung von Ehrenämtern eine Verhältniswahl durchzuführen.

Der *VGH Hessen* entschied sich aber für die Mehrheitswahl. Die Heranziehung der Vorschriften des Kommunalrechts sei nicht zwingend, weil die Sparkasse eine selbständige Behörde mit eigener Personalverwaltung sei. Vielmehr sei eine unterschiedliche Behandlung sogar geboten. Die

---

780 Vgl. §§ 13, 15 SpkG BW 2008; Art. 8 SpkG Bay 2008; § 10 SpkG HB 2008; §§ 5a f. SpkG He 2008; §§ 11, 13 SpkG Nds 2008; §§ 10, 12 SpkG NW 2008; §§ 5 f. SpkG RP 2008; §§ 8, 10 SpkG Saar 2006; §§ 7, 9 SpkG SH 2008; §§ 9, 11 SpkG Bbg 2008, SpkG MV 2006, SpkG Sachs 2007, SpkG SA 2002, SpkG Th 2007; § 7 SpkG Bln 2005. Siehe ferner die Tabelle bei *Schlierbach/Püttner*, Sparkassenrecht, 5. Aufl., S. 158 ff., mit einer Auflistung der Gesamtzahl der Verwaltungsratsmitglieder, dem Anteil der Mitbestimmungsvertreter und dem zuständigen kommunalen Wahlorgan.

781 Z. B. § 12 Abs. 1 SpkG NW 2008; §§ 16 Abs. 4 S. 1, 35 Abs. 1 S. 4 SpkG BW 2008 i. V. m. § 35 Abs. 2 LKrO BW; § 10 Abs. 1 S. 3 SpkG Saar 2006 i. V. m. § 48 Abs. 2 S. 2 Kommunalselbstverwaltungsgesetz Saar.

782 Art. 8 Abs. 3 SpkG Bay 2008.

783 § 6 Abs. 2 SpkG RP 2008 i. V. m. § 45 Abs. 1 und 2 GO RP.

784 § 13 Abs. 5 SpkG Nds 2008 i. V. m. § 51 Abs. 2 GO Nds; § 11 Abs. 1 SpkG Bbg 2008 i. V. m. § 44 Abs. 6 und 2 KrO.

785 § 7 Abs. 3 SpkG Bln 2005. Der Verwaltungsrat heißt in Berlin »Sparkassenbeirat«.

786 Siehe § 5 Abs. 2 S. 4 SpkG He 1954.

Verhältniswahl eigne sich zu einer genaueren Abbildung des Willens der wählenden Bevölkerung und sei daher im Kommunalrecht das richtige Mittel. Für eine Sparkasse sei dieses demokratische Element aber nicht so wichtig. Sie sei vielmehr darauf angewiesen, dass ihr Verwaltungsrat mit qualifizierten Personen besetzt werde, um die Fachaufgaben eines Geldinstituts zufriedenstellend ausführen zu können.[787] Die Mehrheitswahl blendet – mit anderen Worten – den Minderheitenschutz zugunsten einer effektiveren Führung durch die stimmstärksten Kandidaten aus.

Interessant hieran ist, dass der *VGH He* sich gegen eine vorschnelle analoge Anwendung des Kommunalrechts wehrt. Er sucht (und findet) die Lösung alleine in sparkassenspezifischen Erwägungen und stellt dabei en passant fest, dass die für eine Analogie erforderliche gleich zu bewertende Interessenlage ohnehin nicht vorliege. Dies deckt sich mit der eingangs aufgestellten Forderung, Rechtsfragen des Sparkassenrechts zuvorderst mit den Normen und Prinzipien des Sparkassenrechts zu beantworten.[788]

Seit 1990 werden die Mitglieder des Verwaltungsrats in Hessen jedoch im Wege der Verhältniswahl gewählt.[789]

2. Mitbestimmung der Beschäftigten

Die erwähnte Beteiligung der Beschäftigten bei der Wahl des Verwaltungsrats führt zu verfassungsrechtlichen Problemen. Die Mitbestimmung der Beschäftigten eines Unternehmens an seiner Führung ist letztendlich Ausprägung des Sozialstaatsprinzips. Die Sparkassen sind jedoch nicht nur Unternehmen, sondern als Anstalten des öffentlichen Rechts auch Teil des Staates. Ihr Handeln bedarf daher der aus dem Demokratieprinzip hergeleiteten demokratischen Rückkoppelung.[790]

Der *VerfGH NW* sieht in der Beteiligung der Beschäftigten an der Wahl eine nicht tolerierbare Verletzung des Demokratieprinzips. Das Sozialstaatsprinzip vermöge sie nicht zu rechtfertigen. Weiterhin sei es unerheblich, dass die Beschäftigten nur ein Drittel der Verwaltungsratsmitglieder wählen. Bereits ein nicht demokratisch legitimiertes Mitglied führe zur Unterbre-

---

787 *VGH He,* Urt. v. 25.05.1966 – OS II 112/65 –, in: Sparkasse 1968, 76 (77 f.).
788 Siehe oben S. 25 ff.
789 Siehe § 5b Abs. 1 S. 5 SpkG He 1990 = SpkG He 2008.
790 Siehe zum Demokratieprinzip oben S. 20.

chung der Legitimationskette für alle Mitglieder.[791] Der Gesetzgeber reagierte, indem er den Beschäftigten nur noch das Recht einräumte, Kandidaten aus ihrer Mitte zur Wahl vorzuschlagen. Der Vorschlag muss dabei mindestens doppelt so viele Namen wie zu besetzende Mitgliedsposten enthalten, um eine ausreichende Auswahlmöglichkeit zu erlangen. Die Wahl selbst findet durch den Träger statt.[792]

Noch weiter als der *VerfGH NW* geht jedoch der *VerfGH RP*, der auch ein Vorschlagsrecht des Personals für verfassungswidrig hält.[793] In Rheinland Pfalz beließ man das aktive Wahlrecht bei den Beschäftigten, sprach ihren Vertretern dafür aber nur eine beratende Funktion im Verwaltungsrat zu.[794]

Dieser Fall zeigt exemplarisch, wie ursprünglich inhaltsgleiche Regelungen aufgrund unterschiedlich enger verfassungsgerichtlicher Vorgaben weiterentwickelt werden. In Nordrhein-Westfalen wurde für ein Mehr an Einfluss der Beschäftigtenvertreter im Verwaltungsrat ein Weniger an Einfluss der Beschäftigten bei der Wahl der Vertreter in Kauf genommen. In Rheinland-Pfalz setzte man die Prioritäten in entgegengesetzter Richtung.

In Rheinland-Pfalz ist jüngst eine Gesetzesänderung in Kraft getreten, mit der man versucht, die beiden oben genannten Faktoren möglichst weit auszureizen.[795] Die Vertreter der Beschäftigten haben nunmehr wieder volles Stimmrecht im Verwaltungsrat. Gleichzeitig werden die Kandidaten von den Beschäftigten vorgeschlagen und gewählt. Der Einfluss des Trägers soll dadurch gewahrt bleiben, dass er vor der endgültigen Wahl durch die Beschäftigten den Wahlvorschlag bestätigt. Diese Bestätigung soll ebenfalls durch Wahl erfolgen.

---

791 *VerfGH NW,* Urt. v. 15.09.1986, – 17/85 –, in: OVGE 39, 292 = DVBl. 1986, 1196. Vgl. ferner mit gleichem Ergebnis, allerdings nicht zu den Sparkassen *BVerfG,* Beschl. v. 24.05.1995, – 2 BvF 1/92 –, in: BVerfGE 93, 37, und *Staatsgerichtshof He,* Urt. v. 30.04.1986, – P. St. 1023 –, in: DVBl. 1986, 936. Dem Urteil des *VerfGH NW* stimmen *O. V.,* Sparkasse 1988, 87, und *Ehlers,* JZ 1987, 218, zu.

792 Vgl. § 12 Abs. 2 SpkG NW 2008. So auch der Vorschlag von *Ehlers,* JZ 1987, 218 (222 ff.).

793 *VerfGH RP,* Urt. v. 18.04.1994, – VGH N 1/93 und VGH N 2/93 –, in: DVBl. 1994, 1059.

794 Vgl. §§ 5 Abs. 1 S. 1 Nr. 3, 6 a SpkG RP 1996.

795 Vgl. §§ 5 Abs. 1 S. 1 Nr. 3, 6 a SpkG RP 2008. Gemäß Art. 5 des zehnten Landesgesetzes vom 17.06.2008 zur Änderung des Sparkassengesetzes (GVBl. S. 103 = SpkG 2008) ist die Änderung mit Ablauf des Monats in Kraft getreten, in dem die Kommunalwahlen 2009 stattfanden. Die Kommunalwahlen fanden am 07.06.2009 statt, die Regelung ist zum 01.07.2009 in Kraft getreten.

II. Fachliche Qualifikation

Jeder Wahl ist das Problem immanent, dass nicht zwingend die fachlich am besten geeignete Person als Sieger aus ihr hervorgeht.[796] Die Landesgesetzgeber haben dieses Problem im Grundsatz erkannt und nähere Anforderungen an die fachliche Eignung der Verwaltungsratsmitglieder aufgestellt. Sie sind dabei zumeist recht zaghaft vorgegangen. Exemplarisch ist die Regelung in Baden-Württemberg, nach der wirtschaftliche Erfahrung und Sachkunde nur vorhanden sein sollen,[797] also nicht zwingend vorhanden sein müssen. Die Problematik wird dadurch verstärkt, dass für die Verwaltungsratsmitglieder eine Haftungserleichterung gilt, auf die sogleich eingegangen wird. Obgleich in der Theorie hiergegen schon immer Bedenken hätten erhoben werden können, bestand hierzu in der Praxis kein Anlass.

Das Blatt hat sich in den letzten Monaten aufgrund der Finanzkrise jedoch gewendet. In den Verwaltungsräten werden »typische(r) Sparkassenfilz«[798] und »Zocker aus der Provinz«[799] ausgemacht. Aus dem Kreis der Selbstverwaltungsträger wird die wenig überzeugende Gegenbehauptung aufgestellt, »dass rein nach fachlicher Qualifikation besetzte Gremien keine effektivere Kontrolle ausüb(t)en«[800]. Empirisch belegtes Faktum ist jedenfalls, dass der Anteil der von der Kapitalseite in die Kontrollorgane von Kreditinstituten entsandten Mitglieder, die Erfahrungen im Finanzmarkt vorweisen können, bei den größten privaten Kreditinstituten (> 33,3 %) um ein Vielfaches höher liegt als bei den größten Instituten aus dem öffentlich-rechtlichen Lager, wie etwa den Landesbanken (< 10 %).[801] In der

796 Siehe hierzu die Zusammenfassung der einzelnen Kritikpunkte bei *Lüttmann,* Verwaltungsräte, S. 314 ff. m. w. N.

797 § 13 Abs. 3 S. 3 SpkG BW 2008.

798 *Balzli/Pauly/Reuter,* in: Der Spiegel vom 25.05.2009, Nr. 22, S. 82 (85) (»›Wir zahlen nicht‹«). Vgl. ferner die Vorschläge von *Lutter,* NJW 1995, 1133, wie die Arbeit eines Aufsichtsrats (derzeitiger Befund: »keine Aufsicht und kein Rat«) professionalisiert werden kann.

799 *Klaus,* KOPO 12/2008, 25 (25).

800 Gemeinsames Schreiben des Deutschen Städtetags, des Deutschen Landkreistags und des Deutschen Städte- und Gemeindebunds vom 29.04.2009 an den Vorsitzenden des Finanzausschusses des Bundestags, zitiert nach *Balzli/Pauly/Reuter,* in: Der Spiegel vom 25.05.2009, Nr. 22, S. 85 (»›Wir zahlen nicht‹«).

801 O. V., F. A. Z. vom 06.10.2008, Nr. 233, S. 14 (»Aufsichtsräte öffentlicher Banken ohne Kompetenz«). Der Artikel stützt seine Aussagen auf *Hau/Thum,* Subprime Crisis and Board (In-)Competence, S. 1. Diese Untersuchung ist derzeit nur im Internet (http://ssrn.com/abstract=1360698) und in englischer Sprache abrufbar. Die Autoren haben die Lebensläufe von 593 Kontrollorganmitgliedern der 29 größten

gleichen Studie wurde ein deutlicher Zusammenhang zwischen der finanzwirtschaftlichen (In-)Kompetenz der Organmitglieder und der Höhe der in der jüngsten Finanzkrise eingefahrenen Verluste belegt.[802]

Die Sparkassen gehören zwar nicht zu den von der Studie berücksichtigten öffentlich-rechtlichen Kreditinstituten.[803] Die Besetzung ihrer Verwaltungsräte liegt jedoch wie bei den Landesbanken in der Hand politischer Mandatsträger, welche bei ihren Entscheidungen stets Gefahr laufen, neben der fachlichen Eignung auch parteipolitische Erwägungen zu berücksichtigen. Diese für die effiziente Führung der Sparkassen ungünstige Situation setzt sich hinsichtlich der Mitglieder der Verwaltungsräte fort, welche ihrerseits ihr Amt in dem steten Bewusstsein ausüben, von der Gunst der Mandatsträger abhängig zu sein.[804] Ein Rückschluss von den Forschungsergebnissen zu den Kontrollorganen der Landesbanken auf die Besetzung der Verwaltungsräte der Sparkassen scheint naheliegend. Allerdings belegt die empirische Untersuchung von *Lüttmann,* dass diese Vermutung zumindest auf die Verwaltungsräte der Sparkassen in Westfalen-Lippe nicht zutrifft.[805]

Der Bundesgesetzgeber nimmt sich des Problems momentan an. Die Bundesregierung hat einen Gesetzesentwurf vorgelegt, welcher § 36 KWG einen dritten Absatz hinzufügt. In ihm ist bestimmt, dass jedes Mitglied eines Kontrollorgans jeder Bank die dafür erforderliche fachliche Eignung

---

deutschen Banken untersucht und mit den Geschäftsergebnissen der Banken verglichen. Den Ausführungen im Fließtext folgen die zugrundeliegenden mathematischen Berechnungen in Tabellenform. Bereits vor Veröffentlichung der Untersuchung wurden Zweifel an der »optimale(n) Besetzung« der Aufsichtsräte der Landesbanken von *Nannen* geäußert (*Kaymer,* Ostfriesen-Zeitung vom 16.02.2008, S. 21 [»Banken sollen die Unterstützung zurückzahlen, Interview mit Dieter Nannen«]). Er weist darauf hin, dass die aktuellen Probleme der Landesbanken hauptsächlich auf Fehler in der internen (und nicht etwa der staatlichen, externen) Aufsicht zurückzuführen sind. Vgl. ferner die Vorschläge von *Lutter,* NJW 1995, 1133, zur Verbesserung der Kontrollleistung der Aufsichtsräte von Aktiengesellschaften.

802 *Hau/Thum,* Subprime Crisis and Board (In-)Competence, S. 1.

803 *Hau/Thum,* Subprime Crisis and Board (In-)Competence, S. 4 f.

804 Laut der empirischen Untersuchung von *Vins,* Mergers, efficiency and politics, I S. 15 und IV S. 1, nehmen etwa während eines kommunalen Wahlkampfes die Mitarbeiterentlassungen, Filialschließungen und Fusionen bei den Sparkassen ab, während gleichzeitig die Kreditvergaben sowie Förderungen von Institutionen und Veranstaltungen zunehmen.

805 *Lüttmann,* Verwaltungsräte, S. 320 ff., 346.

aufweisen muss.[806] Nur in der Begründung wird darauf hingewiesen, dass dieser Begriff bei kleinen Kreditinstituten mit einem anderen Inhalt als bei international tätigen Instituten zu füllen ist.[807] Der Bundesrat hat in einer Stellungnahme eine Änderung der Vorschrift nach einem Vorschlag des DSGV gefordert. Hiernach soll es ausreichen, wenn alle Mitglieder des Kontrollorgans zusammengenommen die erforderliche Sachkunde aufweisen. Außerdem soll ein weiterer Absatz 4 angefügt werden, nach dem nicht systemrelevante Banken – wie Sparkassen, Volksbanken und kleine Privatbanken – von der Vorschrift ausgenommen werden, um der BaFin erheblichen Verwaltungsaufwand zu ersparen.[808] Die Differenzierung zwischen fachlicher Eignung und Sachkunde (ersterer Begriff wird im KWG stets im Zusammenhang mit dem Hauptorgan verwandt), dürfte keine inhaltliche Änderung ergeben und wurde daher auch als »Wortakrobatik« bezeichnet.[809] Ferner wurde kritisiert, dass die von der Bundesregierung geplante Regelung eher in den Organisationsgesetzen der Kreditinstitute zu verorten sei.[810] Dies ist bei den privaten Banken etwa, wenn sie in Form einer AG geführt werden, das Aktiengesetz. Für die Sparkassen müsste demnach eine solche Regelung von den Landesgesetzgebern in die Sparkassengesetze geschrieben werden.[811] Der Bund hätte mithin keine Gesetzgebungskompetenz.

III. Haftungsmaßstab

Nachdem zuvor anhand des Wahlverfahrens gezeigt wurde, wie eine Problemlösung ohne Hinzuziehung des Kommunalrechts erreicht werden

806 Regierungsentwurf eines Gesetzes zur Stärkung der Finanzmarkt- und der Versicherungsaufsicht vom 25.03.2009, S. 6 (http://www.voeb.de/download/regierungs entwurf_finanzmarktaufsicht.pdf).

807 Regierungsentwurf eines Gesetzes zur Stärkung der Finanzmarkt- und der Versicherungsaufsicht vom 25.03.2009, S. 36.

808 BR Drs. 277/09 vom 15.05.2009, S. 4 f.

809 So *Geschwandtner* laut Protokoll 16/133 der Sitzung des Finanzausschusses vom 27.05.2009, S. 35 (http://www.bundesfinanzministerium.de/nn_4328/DE/BMF__Startseite/Aktuelles/Aktuelle__Gesetze/Gesetzentwuerfe__Arbeitsfassungen/Entw__Finanzmarktaufsicht__anl,templateId=raw,property=publicationFile.pdf).

810 *Geschwandtner* laut Protokoll 16/133 der Sitzung des Finanzausschusses vom 27.05.2009, S. 35.

811 Zu den bereits bestehenden Anforderungen der Sparkassengesetze an die Mitglieder der Verwaltungsräte siehe *Lutter,* Pflichten und Haftung von Sparkassenorganen, S. 78 ff., und *Schlierbach/Püttner,* Sparkassenrecht, 5. Aufl., S. 184 ff.

kann,[812] folgt nun eine entsprechende Darstellung bezüglich des Aktienrechts[813].[814] Es stellte sich früher die Frage, welcher Verschuldensmaßstab greifen soll, wenn die Verwaltungsratsmitglieder eine Pflicht gegenüber ihrer Sparkasse verletzen und die Sparkasse von ihnen Ersatz des entstandenen Schadens verlangt.[815] Der unreflektierte Rückgriff auf das Aktienrecht führte zur Haftung für jede Form der Fahrlässigkeit.[816] Die Einordnung der Tätigkeit des Verwaltungsratsmitglieds als Ausübung eines öffentlichen Amtes ergab die Haftung nur für Vorsatz und grobe Fahrlässigkeit.[817] Zum gleichen Ergebnis gelangte man, wenn man eine (wegen der Lösung über Art. 34 GG nicht mehr erforderliche) Analogie zu den Vorschriften des Kommunalrechts für die Mitglieder des Gemeinderats bzw. Kreistags zog.[818] Entsprechend gilt für die Verjährung des Schadensersatzanspruchs, dass sie sich nach den Vorschriften des öffentlichen Rechts richtet.[819] Mittlerweile ist die Haftungserleichterung in den Sparkassengesetzen der alten Länder – teilweise unter Verweis auf das jeweilige Landesbeamtengesetz – festgeschrieben.[820]

---

812 Siehe oben S. 129 f.

813 Siehe allgemein zur analogen Anwendung des Aktiengesetzes oben S. 28 f.

814 Nach *Schlierbach/Püttner,* Sparkassenrecht, 5. Aufl., S. 180 f.

815 Hierzu an dieser Stelle statt vieler *Lutter,* Pflichten und Haftung von Sparkassenorganen, S. 74 ff., und als Reaktion hierauf Wolff, WM 1992, 1469; ferner *Völter,* Verantwortlichkeit von Verwaltungsratsmitgliedern. Siehe ferner zu den Sorgfaltspflichten des Kreditausschusses *Schwark,* in: Heldrich/Prölls/Koller (Hrsg.), FS Canaris, Bd. II, S. 389.

816 Vgl. §§ 116 S. 1, 93 AktG. Letzterer enthält seit 2005 (eingefügt durch Art. 1 Nr. 1a lit. a des Gesetzes v. 22.09.2005, BGBl. I, S. 2802) in Abs. 1 S. 2 allerdings einen Haftungsausschluss, wenn das Organmitglied unter bestimmten weiteren Voraussetzungen zum Wohle der Gesellschaft gehandelt hat.

817 Gem. Art. 34 S. 1 und 2 GG.

818 Etwa § 43 Abs. 4 lit. a GO NW bzw. § 28 Abs. 3 lit. a KrO NW (Kreisordnung für das Land Nordrhein-Westfalen i. d. F. d. Bek. v. 14.07.1994, zuletzt geändert durch Art. II des Gesetzes vom 9.10.2007 [GVBl. S. 380]).

819 Der Anspruch verjährt folglich z. B. in Nordrhein-Westfalen nach drei Jahren gem. (neuerdings) § 81 Abs. S. 1 LBG NW (Beamtengesetz für das Land Nordrhein-Westfalen vom 21.04.2009 [GVBl. S. 224]) und nicht erst nach den in § 51 S. 1 AktG genannten fünf Jahren. Vgl. *Schlierbach/Püttner,* Sparkassenrecht, 5. Aufl., S. 183.

820 Art. 20 Abs. 2 SpkG Bay 2008 i. V. m Art. 20 Abs. 4 S. 2 GO Bay (Gemeindeordnung für den Freistaat Bayern i. d. F. d. Bek. v. 22.08.1998 [GVBl. S. 796], zuletzt geändert durch § 5 des Gesetzes v. 20.12.2007 [GVBl. S. 958]); § 19 Abs. 6 SpkG BW 2008; § 5d Abs. 3 S. 2 SpkG He 2008; § 14 Abs. 8 S. 1 SpkG NW 2008; § 7 Abs. 3 S. 1 SpkG RP 2008; § 21 S. 1 SpkG SH 2008 und § 12 Abs. 7 SpkG Saar 2006 (»in grober Weise«). Demgegenüber hat von den neuen Ländern bisher ersichtlich nur Thüringen eine Haftungserleichterung in § 8 Abs. 2 S. 3 SpkG

C. Offenlegung der Bezüge der Vorstandsmitglieder

In Nordrhein-Westfalen müssen die Vorstandsmitglieder nunmehr ihre Bezüge in individualisierter Form im Geschäftsbericht ausweisen.[821] Im Rahmen eines Verfahrens des einstweiligen Rechtsschutzes wurde gerügt, der nordrhein-westfälische Gesetzgeber habe hierfür nicht die Gesetzgebungskompetenz.[822]

Das letztinstanzliche *OLG Köln* sah die Gesetzgebungskompetenz des Landesgesetzgebers nicht als gegeben an. Der Bund habe in § 285 Nr. 9 lit. a S. 1 HGB bestimmt, dass nicht börsennotierte Kapitalgesellschaften die Bezüge der Mitglieder ihres Geschäftsführungsorgans nur in ihrer Gesamtheit im Jahresabschluss angeben müssen. Sollte sich von den Gesamtbezügen auf die Individualbezüge eines Mitglieds schließen lassen, darf gem. § 286 Abs. 4 HGB auch die Angabe der Gesamtbezüge unterbleiben. Strengere Vorschriften gelten nur für die Mitglieder von Organen börsennotierter Privatunternehmen. § 285 Nr. 9 lit. a S. 5 - 7 HGB bestimmt, dass ihre Bezüge im Jahresabschluss individualisiert aufgeführt werden müssen.

Dieser Regelung könne man im Umkehrschluss entnehmen, dass diese Pflicht nach dem Willen des Bundesgesetzgebers für die übrigen Unternehmen – wie die Sparkassen – nicht gelten soll. Daher habe der Bundesgesetzgeber von seiner Gesetzgebungskompetenz vollumfänglich Gebrauch gemacht und die Länder dürften dementsprechend keine entgegenstehenden Regelungen erlassen.[823]

Th 2007 normiert. Die übrigen neuen Länder verschärften hingegen sogar die Haftung, indem sie die Sorgfalt eines ordentlichen Kaufmanns verlangen (§ 14 Abs. 1 S. 1 SpkG Bbg 2008, MV 2006 II, Sachs 2007 und SA 2002 II). Dies ist ein Beispiel für die unterschiedliche Entwicklung der Gesetze einerseits von Thüringen (welches mit Hessen zusammenarbeitet) und andererseits von den übrigen vier neuen Ländern, welche ihre Gesetze untereinander abstimmen wollen (siehe oben S. 56 f.).

821 Siehe den neuen § 19 Abs. 5 SpkG NW 2008.

822 *OLG Köln,* Urt. v. 09.06.2009, – 15 U 79/09 –, BKR 2010, 30 = WM 2009, 1885.

823 *OLG Köln,* Urt. v. 09.06.2009, – 15 U 79/09 –, BKR 2010, 30 = WM 2009, 1885. Zwingend ist dieser Umkehrschluss allerdings nicht. Die Regelung des § 19 Abs. 5 SpkG NW 2008 muss nicht unbedingt ein unzulässiges aliud zu der bundesrechtlichen Regelung sein. Vielmehr kann in ihr auch ein plus im Sinne einer zulässigen Verschärfung der bundesrechtlichen Regelung (siehe hierzu oben S. 13 f.) für den Sparkassensektor gesehen werden.

§ 12 Personal

Eine Sparkasse benötigt nicht nur für sie handelnde Organe. Sie hat ferner Bedarf an für sie arbeitendem Personal, von der Reinigungskraft über den Kundenbetreuer bis hin zum Vorstandsmitglied[824].[825]

Grundsätzlich liegt die Personalhoheit für Personal, welches die Kommunen zur Verrichtung ihrer Aufgaben heranziehen, bei den Kommunen selbst. Dies ist Ausfluss der kommunalen Selbstverwaltungsgarantie.[826] Die Personalhoheit erfasst als Oberbegriff sowohl die beamtenrechtliche Dienstherrenfähigkeit als auch die Arbeitgeberstellung hinsichtlich des angestellten Personals.[827]

Die Personalhoheit konnte vor der Verselbständigung der Sparkassen mangels Rechtsfähigkeit auch nur bei den Kommunen liegen. In Hessen und Württemberg wurde sie jedoch unmittelbar danach auf die Sparkassen übertragen.[828] Die gleiche Regelung trafen die meisten anderen Länder in ihren ersten Sparkassengesetzen[829] bzw. in ihren ersten Novellen.[830] Die

---

824 Hinsichtlich der Besoldung des Sparkassenleiters kam es früher zu Problemen im Zusammenhang mit sog. Bindungsklauseln. In Nordrhein-Westfalen war bestimmt, dass der Sparkassenleiter abhängig von der Höhe der Einlagen besoldet wird, während für den Hauptkommunalbeamten die Einwohnerzahl maßgeblich war. In einem bevölkerungsarmen Gebiet mit einer gut bestückten Sparkasse hatte dies zur Folge, dass die Besoldung des Sparkassenleiters über der des Hauptkommunalbeamten lag. Dies wollte man verhindern, indem man mit einer sog. Bindungsklausel bestimmte, dass der Sparkassenleiter mindestens eine Besoldungsgruppe unter dem Hauptverwaltungsbeamten eingruppiert bleiben musste (§ 11 Abs. 1 S. 2, § 16 S. 2 der Eingruppierungsverordnung i. d. F. v. 21.04.1966 [GVBl. S. 290]). *Schmidt,* Sparkasse 1996, 217, äußerte Zweifel an der Wirksamkeit dieser Bindungsklausel. In der aktuellen Eingruppierungsverordnung Nordrhein-Westfalens (vom 09.02.1979 [GVBl. S. 97], zuletzt geändert durch Verordnung vom 20.11.2007 [GVBl. S. 584, ber. S. 659]) findet sich hinsichtlich des Sparkassenleiters keine Bindungsklausel mehr.

825 Die folgende Darstellung beansprucht hinsichtlich der exemplarisch genannten Reinigungskraft allerdings nur Geltung, soweit die Sparkasse die Reinigungsarbeiten nicht einem externen Unternehmen per Werkvertrag übertragen hat (sog. Outsourcing). Siehe allgemein zur Personalhoheit der Sparkassen *Klüber,* Sparkasse 1957, 283, und *Weitz,* Sparkasse 1956, 283.

826 Siehe oben S. 22 f.

827 *Waldmann,* Rechtsstellung der Anstaltsbeamten, S. 14.

828 Siehe oben S. 35.

829 § 26 Abs. 1 SpkG BW 1967 (nur hinsichtlich der Beamten); § 9 Abs. 1 SpkG HB 1955; § 22 Abs. 1 SpkG Nds 1962; § 25 Abs. 1 SpkG NW 1958; §§ 13 Abs. 1, 18 Abs. 1 SpkG Saar 1965; § 7 SpkG Bln 1960; § 24 Abs. 1 SpkG Bbg 1996, SpkG

Übertragung erfolgte grundsätzlich sowohl hinsichtlich der Vorstandsmitglieder als auch hinsichtlich des übrigen Personals. Allerdings findet sich in den meisten Ländern ein Passus in der Norm über die Zuständigkeit der Trägervertretung, der die Bestellung eines Vorstandsmitglieds von der Genehmigung des Trägers abhängig macht. Am liberalsten ist Hessen, dort hat der Träger lediglich ein Vorschlagsrecht.[831] Rheinland-Pfalz beließ die Personalhoheit für die Vorstandsmitglieder zunächst beim Träger und übertrug diese erst später auf die Sparkassen. Dabei machte man aber nicht nur die Bestellung, sondern sogar den Abschluss des Dienstvertrags von der Zustimmung des Trägers abhängig.[832] Später entfiel dann dieses Erfordernis.[833]

Das einzige Land, in dem nach wie vor die Personalhoheit vollständig beim Träger liegt, ist Bayern.[834] Allerdings kann der Träger die Regelung der Dienstverhältnisse des Sparkassenpersonals auf die Sparkasse übertragen. 1970 wurde im Gegenzug bestimmt, dass die Sparkasse stets den Besoldungsaufwand und einen Teil der Versorgungslast zu tragen hat.[835] Ferner finden sich weitere, nicht unerhebliche und zwingende Ausnahmen zu Gunsten der Sparkasse. Selbige muss der Einstellung, Verwendung, Versetzung, Versetzung in den Ruhestand und Entlassung des Personals

MV 1994, SpkG Sachs 1993, SpkG SA 1994; §§ 16 Abs. 1, 17 Abs. 1 SpkG Th 1994.

830 § 23 Abs. 1 SpkG SH 1971; § 26 Abs. 1 SpkG BW 1975 (hinsichtlich aller Bediensteten).

831 § 8 Abs. 4 SpkG He 2008.

832 Gegen dieses Zustimmungserfordernis wenden sich *Schlierbach/Püttner*, Sparkassenrecht, 5. Aufl., S. 233. Die Aussage des Gesetzgebers in der amtlichen Begründung, die Zustimmung sei wegen des »Unternehmensrisikos« des Trägers erforderlich, überzeuge nicht. An anderer Stelle fände sich nämlich die Aussage, die Personalpolitik der Sparkasse erfordere ein hohes Maß an Flexibilität. Außerdem meinen die Autoren, mit dem Wegfall der Gewährträgerhaftung erlösche auch das Unternehmensrisiko des Trägers. Das ist an sich zwar richtig. Es wird jedoch übersehen, dass die Argumentation ins Leere geht, da das Zustimmungserfordernis schon lange abgeschafft wurde, bevor feststand, dass die Gewährträgerhaftung wegfallen wird.

833 Vgl. § 11 f. SpkG RP 1958; § 13 Abs. 1 SpkG RP 1982; § 13 Abs. 1 SpkG RP 1999 II. Da die Gesetzgebungskompetenz für das Zivilrecht allerdings beim Bund liegt, hatte eine fehlende Zustimmung keinen Einfluss auf die zivilrechtliche Wirksamkeit des Vertrags. Die Problematik ist aus anderen Bereichen bekannt, etwa dem Erfordernis der Schriftform für Erklärungen des Bürgermeisters, welche die Gemeinde im Rahmen eines Geschäfts außerhalb der laufenden Verwaltung verpflichten sollen (vgl. § 64 Abs. 1 und 2 GO NW).

834 Art. 12 SpkG Bay 1956; Art. 12 SpkG Bay 2008.

835 Art. 12 Abs. 3 SpkG Bay 1970.

zustimmen. Außerdem können für das Personal, welches bei einer Zweckverbandssparkasse verwendet wird, weitere Abweichungen in der Satzung des Zweckverbands festgelegt werden.[836] Wenn in Bayern die Personalhoheit beim Träger belassen wird, sind bei Änderungen im Trägerbestand einer Sparkasse sowie bei ihrer Vereinigung mit einer anderen Sparkasse[837] die Personalangelegenheiten neu zu regeln. Während in den übrigen Ländern die Änderung des Trägerbestands und die Vereinigung keinen Einfluss auf den formellen Status der Sparkasse – einschließlich ihrer Dienstherren- und Arbeitgebereigenschaft – haben, muss in Bayern dafür gesorgt werden, dass das Personal auf den oder die neuen Träger übertragen wird.[838]

Konsequenz der Personalhoheit der Sparkassen ist es, dass der Träger – abgesehen von mittelbarer Einwirkung über seine Beteiligung an den Organen der Sparkasse – keine Einflussmöglichkeit mehr auf Auswahl, Anstellung, Beförderung und Entlassung des Personals der Sparkasse hat. Dies äußert sich auch darin, dass der Träger (hier vertreten durch seinen Gemeinderat) gegenüber dem Vorsitzenden des Sparkassenverwaltungsrats (hier dem Oberbürgermeister der Gemeinde) keinen Anspruch auf nähere Informationen zu Personalangelegenheiten der Sparkasse hat. Der *VGH BW* sah hierin keinen ungerechtfertigten Eingriff in das Selbstverwaltungsrecht des Trägers.[839]

Die Rechtsstellung des Personals der Sparkassen richtet sich nach den dienst- und arbeitsrechtlichen Bestimmungen.[840]

---

836 Dies folgt daraus, dass die Kommunen auf die Sparkasse nur mittelbar über den Zweckverband einwirken können und ihnen daher nicht die gleiche Bedeutung wie bei den direkt in der Trägerschaft einer Kommune stehenden Sparkassen zukommt. Siehe hierzu sowie zu den weiteren Ausnahmen *Burger,* Sparkasse 1956, 149.

837 Siehe hierzu oben S. 84 ff. und S. 91 ff.

838 Vgl. zu den Auswirkungen einer Fusion von Landesbanken nach dem Umwandlungsgesetz auf die Anstellungsverträge der Vorstandsmitglieder *Gimmy/Hügel,* BB 2008, 2178.

839 *VGH BW,* Urt. v. 25.09.1989 – 1 S 3239/88 –, in: DÖV 1990, 623 (623). Das Urteil wird zusammengefasst und zustimmend kommentiert von *Möller,* Sparkasse 1990, 423.

840 Siehe näher *Schlierbach/Püttner,* Sparkassenrecht, 5. Aufl., S. 233 ff., und umfassend, aber auf die Beamten beschränkt, *Waldmann,* Rechtsstellung der Anstaltsbeamten.

§ 13 Aufsicht

Zum Wesen des Staats gehört es, dass er aufgrund seines Gewaltmonopols Kontrolle und Verhaltenssteuerung ausübt. Dies geschieht in vielen Bereichen unter anderem durch die sog. Aufsicht. Aufsicht ist abstrakt betrachtet ein »Vergleich von Ist und Soll; (...) (ein) Vergleichen, Überwachen sowie Begrenzen von Macht«.[841] Es verwundert daher nicht, dass auch die Sparkassen einer Aufsicht unterstehen.[842]

A. Abgrenzung zu anderen Aufsichtsarten

Über die Sparkassen üben mehrere Behörden die Aufsicht aus.

Zunächst gibt es die in den Sparkassengesetzen geregelte[843] und daher sparkassenspezifisch ausgestaltete Aufsicht (Sparkassenaufsicht)[844]. Sie ist Folge des öffentlich-rechtlichen Charakters der Sparkassen und daher eine spezielle Form der Anstaltsaufsicht.[845] Ferner sind die Sparkassen als Kreditinstitute i. S. d. KWG tätig und unterfallen somit der allgemeinen Bankenaufsicht (Kreditwesenaufsicht). Seit 2002 teilen sich die Bundesanstalt für Finanzdienstleistungsaufsicht (BaFin) und die Bundesbank die allgemeine Aufsicht über die Kreditinstitute.[846] Im Zuge der Finanzkrise wurde jüngst gefordert, die Bankenaufsicht mittelfristig bei der Bundesbank zu

---

841 *Pieper,* Aufsicht, S. 2. Das Werk von *Pieper* enthält eine sehr umfangreiche, aktuelle und die gesamte Rechtsordnung überspannende Analyse der Aufsicht. Siehe außerdem *Lühmann,* Staatsaufsicht in Deutschland. Vgl. ferner *Salzwedel,* VVDStRL 22 (1965), 206.

842 Mit der Sparkassenaufsicht befassen sich eingehend die Dissertationen von *Frick,* Staatsaufsicht über die kommunalen Sparkassen; *Jost,* Die kommunalen Sparkassen im Verhältnis zur Staatsaufsicht; *Haller,* Entwicklung und Wesen der Staatsaufsicht; *Keßler,* Aufsichtskonkurrenz im Sparkassenwesen. Siehe ferner *Collofong,* Sparkasse 1950, 113; *Knemeyer,* BayVBl. 1986, 33 und 70 (33 ff.); *Sprengel,* Sparkasse 1950, 29.

843 §§ 48 f. SpkG BW 2008; Art. 13 SpkG Bay 2008; § 24 f. SpkG HB 2008; § 20 SpkG He 2008; §§ 25 f. SpkG Nds 2008; §§ 39 f. SpkG NW 2008; §§ 27 ff. SpkG RP 2008; §§ 29 f. SpkG Saar 2006; §§ 38 ff. SpkG SH 2008; §§ 30 f. SpkG Bbg 2008, SpkG MV 2006, SpkG Sachs 2007, SpkG SA 2002; § 24 SpkG Th 2007; § 9 SpkG Bln 2005.

844 Die im Folgenden verwendete Terminologie entspricht den Bezeichnungen von *Keßler,* Aufsichtskonkurrenz, S. 3 f.

845 *Schlierbach/Püttner,* Sparkassenrecht, 5. Aufl., S. 279.

846 Zur näheren Ausgestaltung vgl. § 7 KWG.

konzentrieren[847] und ihr die Abberufung ungeeigneter Mitglieder des Kontrollorgans zu ermöglichen[848].

Früher wurde diskutiert, inwiefern sich die Zuständigkeitsbereiche der Sparkassen- und der Kreditwesenaufsicht überschneiden und wie Fälle zu behandeln seien, in denen beide oder keine der beiden Aufsichtsbehörden einschreiten dürfen.[849] Ursache hierfür war, dass die Sparkassengesetze – so wie es auch heute noch der Fall ist – die Sparkassenaufsicht ganz allgemein dazu ermächtigen, die Handlungen der Sparkassen auf ihre Rechtmäßigkeit hin zu überprüfen. Mittlerweile ist geregelt, dass die Kreditwesenaufsicht sich nur auf die Einhaltung der Vorschriften des KWG beschränkt und dass die Sparkassenaufsicht daneben besteht.[850] Letztere ist grundsätzlich befugt – so wie es bei der Anstaltsaufsicht üblich ist – die Einhaltung aller Gesetze inklusive der Vorschriften des KWG zu kontrollieren.[851] Es wird jedoch vertreten, dass es der Sparkassenaufsicht verwehrt sei, die Einhaltung des KWG sicherzustellen. Anderenfalls läge ein Fall einer unzulässigen Mischverwaltung[852] von Bund und Land vor.[853]

Es sei ferner auf den Einfluss des Trägers auf seine Sparkasse, insb. über die Organe, hingewiesen (Trägeraufsicht).[854] Obgleich die Trägeraufsicht keine Aufsicht im klassischen Sinn ist, lässt sie sich dennoch unter die anfangs zitierte Annäherung von *Pieper* an den Begriff subsumieren. Neben

847 So namentlich von der CDU/CSU-Bundestagsfraktion, vgl. *Drost,* in: Handelsblatt vom 19.05.2009, Nr. 95, S. 24 (»Ein Aufseher für alle«).

848 *Drost,* in: Handelsblatt vom 15.04.2009, Nr. 72, S. 1 (»Schärfere Kontrolle für Sparkassen, Koalition will die fachliche Eignung von Aufsichtsräten prüfen, Stärkere Rolle für Bankenaufsicht BaFin«). Siehe zu fachlich ungeeigneten Aufsichtsratsmitgliedern in Landesbanken oben S. 132 ff.

849 *Frick,* Staatsaufsicht über die kommunalen Sparkassen, S. 218 ff., setzt bei den verschiedenen Aufsichtszwecken und den weitgehend übereinstimmenden Aufsichtsmitteln an; auch *Keßler,* Aufsichtskonkurrenz, S. 134 ff., 168 ff. (168), nennt u. a. den Aufsichtszweck als Kriterium; ferner *Haller,* Entwicklung und Wesen der Staatsaufsicht, S. 116 ff.

850 §§ 6 Abs. 1, 52 KWG.

851 Vgl. *Berger,* Sparkassengesetz, § 25, Rn. 11. Siehe zu den Gesetzgebungskompetenzen oben S. 9 ff.

852 Vgl. zur Unzulässigkeit der Mischverwaltung *BVerfG,* Beschl. v. 21.10.1971 – 2 BvL 6/69 u. a. »Beförderungssteuer« –, in: BVerfGE 32, 145 (156), und Beschl. v. 12.01.1983 – 2 BvL 23/81 »Schornsteinfegerversorgung« –, in: BVerfGE 63, 1 (38 ff.).

853 *Berger,* Sparkassengesetz, § 25, Rn. 13 m. w. N.

854 Vgl. *Knemeyer,* BayVBl. 1986, 33 und 70 (70 ff.). Die ersichtlich umfangreichste Analyse zum Sparkassenrecht mit speziellem Blick auf die Trägeraufsicht liefert *Clausen,* Einfluß der Gemeinde, S. 47 ff., anhand des SpkG NW 1958.

der grundsätzlich fehlenden Staatlichkeit des Aufsichtsführenden[855] entsprechen hier allerdings auch die Aufsichtsmittel nicht dem klassischen Bild der Staatsaufsicht. Vielmehr ist dieser Fall den Einflussmöglichkeiten des/der Gesellschafter einer Aktiengesellschaft ähnlich. Ergänzend sei bemerkt, dass die kommunalen Träger ihrerseits der allgemeinen Kommunalaufsicht unterstehen[856] und daher auch diese Aufsicht über die Trägeraufsicht mittelbaren Einfluss auf die Sparkassen nehmen kann. Dies ist insofern relevant, als dass die in der Landesverwaltung angesiedelten Kommunalaufsichts- und Sparkassenaufsichtsbehörden heute zumeist nicht identisch sind. Demgegenüber unterstehen die kommunalen Träger grundsätzlich nicht der Sparkassenaufsicht.[857]

B. Sparkassenaufsicht

Die folgenden Ausführungen widmen sich nur der Sparkassenaufsicht. Die Sparkassenaufsicht war ursprünglich Teil der Kommunalaufsicht. Nach der Verselbständigung der Sparkassen von den Kommunen wurden aber auch die beiden Aufsichtsarten getrennt voneinander normiert.[858]

855 Dies gilt allerdings nur, solange der Träger einer Sparkasse nicht Teil des Staates ist. So hielt etwa das Land Berlin zeitweilig 81 % der Anteile der Landesbank Berlin Holding AG und somit indirekt der Landesbank Berlin AG und der Berliner Sparkasse. In dieser Zeit konnte das Land Berlin die Berliner Sparkasse also sowohl in Wege der Sparkassen- als auch im Wege der Trägeraufsicht beeinflussen.

856 *Schlierbach/Püttner*, Sparkassenrecht, 5. Aufl., S. 287. Teilweise ist ausdrücklich bestimmt, dass die Vorschriften über die Sparkassenaufsicht die Vorschriften über die allgemeine Kommunalaufsicht unberührt lassen, vgl. etwa § 30 Abs. 2 S. 2 SpkG Sachs 2007, § 30 Abs. 2 SpkG Saar 2006 und früher § 30 Abs. 2 S. 2 SpkG NW 2002.

857 Es sei denn, es ist etwas Abweichendes bestimmt. Vgl. für Hessen etwa §§ 1 Abs. 2 S. 2 (Errichtung), 17 Abs. 1 S. 3 (Vereinigung), 19 S. 3 (Auflösung) SpkG HE 2008.

858 *Berger*, Sparkassengesetz, § 25 Rn. 1. Siehe zur Entstehungsgeschichte der Sparkassenaufsicht *Frick*, Staatsaufsicht über die kommunalen Sparkassen, S. 123 ff., *Haller*, Entwicklung und Wesen der Staatsaufsicht, S. 46 ff., und *Kierstein*, Beziehungen zwischen den Muttergemeinwesen und rechtsfähigen Anstalten, S. 110 ff.

I. Zuständige Behörde(n)

Für die Sparkassenaufsicht ist mehrheitlich einzig ein Landesministerium zuständig.[859] In drei Ländern ist die Aufsicht aufgeteilt auf ein Landesministerium als oberste Aufsichtsbehörde und die Bezirksregierung als (normale/untere) Aufsichtsbehörde.[860] Früher war die Sparkassenaufsicht in drei weiteren Ländern zweistufig ausgestaltet.[861]

Es fällt auf, dass sowohl beim ein- als auch beim zweistufigen Aufbau zumeist das Wirtschafts- oder Finanzministerium für die Sparkassenaufsicht zuständig war und ist.[862] Das regelmäßig für die allgemeine Kommunalaufsicht zuständige Innenministerium beaufsichtigt die Sparkassen nur (noch) in Bayern, Baden-Württemberg und Schleswig-Holstein. In Nordrhein-Westfalen war allerdings anfangs das Einvernehmen des Innenministeriums bei die Organisation der Sparkassen betreffenden Aufsichtsmaßnahmen erforderlich. Bei dienstrechtlichen Aufsichtsmaßnahmen war das Innenministerium sogar hauptsächlich zuständige Aufsichtsbehörde.[863] In Hessen sollte die Sparkassenaufsicht früher bei »Angelegenheiten von grundsätzlicher Bedeutung ihre Befugnisse im Benehmen mit den Kommunalaufsichtsbehörden« ausüben.[864]

Es kann vermutet werden, dass die in den Anfängen der Bundesrepublik noch stärker ausgeprägte Beteiligung der Innenministerien an der Sparkassenaufsicht dem historischen Hervorgehen der Sparkassen aus den

859 HB: Finanzsenator; Nds: Finanzministerium; NW: Finanzministerium; RP: »zuständiges Ministerium« (z. Z. Wirtschaftsministerium); Saar: Wirtschaftsministerium; SH: Innenministerium; Bbg: Finanzministerium; MV: Finanzministerium; Sachs: Finanzministerium; SA: Finanzministerium (aber Aufgabenübertragung auf die Regierungspräsidien möglich); Th: »zuständiges Ministerium« (z. Z. Wirtschaftsministerium); Bln: »zuständige Senatsverwaltung«.

860 BW: Innenministerium und Regierungspräsidium; Bay: Innenministerium und Regierung; He: »zuständiges Ministerium« (z. Z. Wirtschaftsministerium) und Regierungspräsidium. Eine Auflistung der zuständigen (obersten) Aufsichtsbehörden einschließlich ihrer Kontaktdaten findet sich bei *Fischer/Herbst (Hrsg.),* RSP, B 1.1.11.

861 In Niedersachsen bis zum Erlass von § 25 Abs. 2 SpkG Nds 2004 II, in Nordrhein-Westfalen bis § 30 Abs. 2 S. 1 SpkG NW 2002 und in Rheinland-Pfalz bis § 28 Abs. 1 S. 1 SpkG RP 1999 II.

862 In Nordrhein-Westfalen war es zunächst das Wirtschaftsministerium und seit § 28 Abs. 2 S. 2 SpkG NW 1994 (= § 30 der Neubekanntmachung) das Finanzministerium.

863 Vgl. § 33 Abs. 2 SpkG NW 1958, der allerdings mit Erlass des SpkG NW 1970 in dieser Form aufgehoben wurde.

864 § 20 Abs. 2 SpkG He 1954.

Kommunen geschuldet ist.[865] Durch die Verlagerung auf die Wirtschafts- bzw. Finanzministerien wird der Trennung von Kommunen und Sparkassen Rechnung getragen. Gleichwohl lässt sich nicht von der Hand weisen, dass die Innenministerien gerade wegen ihrer Aufsicht über die Einhaltung des Organisationsrechts der Kommunen auch für die Aufsicht über die Einhaltung des organisationsrechtlichen Teils des Sparkassenrechts nicht ungeeignet sind.

II. Sachlicher Tätigkeitsbereich

Nach preußischem Recht ging der Umfang der Sparkassenaufsicht über den einer reinen Rechtsaufsicht weit hinaus.[866] Die Sparkassenaufsicht beschränkt sich nach den inhaltsgleichen Formulierungen der Sparkassengesetze seit der Gründung der Bundesrepublik nunmehr auf die Kontrolle, ob die Sparkasse bzw. ihre Organe die Gesetze und die Satzung der Sparkasse einhalten. Sie ist folglich eine reine Rechtsaufsicht[867] und erfasst daher – anders als die Fachaufsicht – nicht die Kontrolle von Zweckmäßigkeitserwägungen, insbesondere im Rahmen einer Ermessensausübung.[868] In den Ländern mit zweigliedriger Aufsicht wird die Rechtsaufsicht grundsätzlich von der Aufsichtsbehörde wahrgenommen.

Die Sparkassenaufsicht umfasst neben den aus dem Kommunalverfassungsrecht bekannten klassischen Aufsichtsmitteln (1.) Genehmigungen (2.) und allgemeine Anordnungen (3.).

1. Klassische Aufsichtsmittel

Die frühere Identität von allgemeiner Kommunalaufsicht und Sparkassenaufsicht erkennt man auch daran, dass sich die Mittel der beiden Aufsichten

865 So hinsichtlich der Zeit nach dem Erlass der Preußischen Sparkassenreglements *Kierstein,* Beziehungen zwischen den Muttergemeinwesen und rechtsfähigen Anstalten, S. 111.

866 *Frick,* Staatsaufsicht über die kommunalen Sparkassen, S. 137 und 124 f.; *Jost,* Die kommunalen Sparkassen im Verhältnis zur Staatsaufsicht, S. 17. Vgl. auch *Oebbecke,* Eigenkapitalausstattung der kommunalen Sparkassen, S. 31.

867 Das SpkG BW 2008 bezeichnet die Aufsichtsbehörde sogar durchgängig als »Rechtsaufsichtsbehörde«.

868 Siehe zur Unterscheidung von Rechtsaufsicht und Fachaufsicht allgemein *Maurer,* Allgemeines Verwaltungsrecht § 23 Rn. 18 ff. m. w. N. Entsprechende, speziell am Sparkassenrecht orientierte Ausführungen finden sich bei *Schlierbach/Püttner,* Sparkassenrecht, 5. Aufl., S. 280 ff.

gleichen.[869] In Baden-Württemberg wird sogar nur das mildeste Aufsichtsmittel im Sparkassengesetz selbst geregelt. Im Übrigen wird auf die Gemeindeordnung verwiesen.[870]

Das angesprochene mildeste Mittel der Sparkassenaufsichtsbehörde ist das umfassende Informationsrecht gegenüber der Sparkasse. Weiterhin kann die Behörde rechtswidrige Beschlüsse der Sparkasse aufheben und verlangen, dass auf den Beschlüssen beruhende Maßnahmen rückgängig gemacht werden. Ferner steht es der Behörde zu, die Sparkasse anzuhalten, ihre gesetzlichen Pflichten und Aufgaben zu erfüllen und hierfür im Einzelfall mittels einer Ersatzvornahme selbst zu sorgen. Schließlich können als ultima ratio ein oder mehrere Beauftragte bestellt werden, die auf Kosten der Sparkasse alle oder einzelne Aufgaben der Sparkasse und ihrer Organe wahrnehmen.[871]

Der Rechtsschutz der Sparkasse gegen die aufsichtsrechtlichen Maßnahmen richtet sich – wie auch bei der allgemeinen Kommunalaufsicht – nach den Vorschriften des allgemeinen Verwaltungsrechts.[872]

2. Genehmigungen

Neben der repressiven Rechtsaufsicht haben die Aufsichtsbehörden zahlreiche Befugnisse, präventiv durch die (Nicht-)Erteilung von Genehmigungen auf die einzelne Sparkasse einzuwirken. Auch hierbei handelt es sich de lege lata um einen Fall der Rechtsaufsicht und nicht etwa der weitergehenden Fachaufsicht.[873] In der Praxis bereitet es jedoch den Aufsichtsbehörden mitunter Schwierigkeiten, Erwägungen der Rechtmäßigkeit von solchen

869 Dementsprechend sind die Ausführungen hierzu in der sparkassenrechtlichen Literatur zumeist knapp gehalten, vgl. etwa *Haller,* Entwicklung und Wesen der Staatsaufsicht, S. 58 f., *Keßler,* Aufsichtskonkurrenz, S. 127 ff., *Krüger,* Sparkassengesetz, S. 96, und *Schlierbach/Püttner,* Sparkassenrecht, 5. Aufl., S. 286 f. Eine ausführlichere Darstellung m. w. N. liefern allerdings *Berger,* Sparkassengesetz, § 26, sowie *Frick,* Staatsaufsicht über die kommunalen Sparkassen, S. 138 ff. und S. 168 ff.

870 Vgl. § 48 Abs. 3 und 4 SpkG BW 2008.

871 Mit dem Beauftragten befasste sich jüngst eingehend *Buck,* Der Beauftragte als Mittel der Kommunalaufsicht.

872 Ausführlich hierzu *Frick,* Staatsaufsicht über die kommunalen Sparkassen, S. 186 ff.

873 In Nordrhein-Westfalen etwa darf über den Betrieb einer Sparkasse als freiwillige Selbstverwaltungsaufgabe der Kommune nur die Rechtsaufsicht geführt werden, vgl. Art. 78 Abs. 4 S. 1 der Landesverfassung.

der Zweckmäßigkeit zu trennen und nur erstere zu berücksichtigen.[874] Deshalb ist darauf zu achten, über Genehmigungen mit der verfassungsrechtlich gebotenen Zurückhaltung hinsichtlich Zweckmäßigkeitserwägungen zu entscheiden, auch damit das aufsichtsbehördliche Tätigwerden nicht »über eine Mitgestaltung zur Besserwisserei ausartet«.[875]

Die Genehmigungserfordernisse umfassen flächendeckend die Errichtung, Vereinigung und Auflösung von Sparkassen sowie jede bzw. eine von der Mustersatzung abweichende Satzungsänderung[876]. Hinzu kommen je nach Land unterschiedliche, weitere Genehmigungserfordernisse, die zumeist die Geschäftstätigkeit der Sparkassen regeln und daher ebenso wie das Geschäftsrecht teilweise im Laufe der Zeit liberalisiert wurden.[877]

Die Genehmigungserfordernisse sind allerdings stets im Zusammenhang mit den jeweils geltenden Sparkassenverordnungen und Mustersatzungen zu sehen. Denn soweit ein Geschäft generell erlaubt oder untersagt ist, besteht für eine Ermächtigung der Aufsichtsbehörde zur Genehmigung im Einzelfall kein Bedarf mehr. Die Gesetzgeber haben dabei in der Vergangenheit unterschiedlich starken Wert darauf gelegt, alle Genehmigungsvorbehalte in ihren Sparkassengesetzen festzuschreiben. Teilweise fand dies auch oder nur durch die Exekutive auf Ebene der Verordnung oder Mustersatzung statt.[878] *Schlierbach* vertrat damals die Auffassung, dass eine Genehmi-

874 *Schlierbach/Püttner,* Sparkassenrecht, 5. Aufl., S. 284. Auf die teilweise schwierige Abgrenzung hinweisend *Haller,* Entwicklung und Wesen der Staatsaufsicht, S. 61 f. Zur verfassungsrechtlichen Problematik des sog. Kondominiums siehe ferner die Nachweise oben in Fn. 125.

875 *Schmidt-Aßmann/Röhl,* in: Schmidt-Aßmann/Schoch (Hrsg.), Besonderes Verwaltungsrecht, S. 9 ff. (Rn. 46). Die Autoren erläutern *aaO.,* Rn. 49, wie argumentativ in den verschiedenen Ländern gleichwohl die Verfassungsmäßigkeit des Kondominiums erreicht werden kann.

876 Siehe hierzu oben S. 123 ff.

877 Beispielhaft genannt für Schleswig-Holstein seien damals wie heute die Errichtung und Verlegung von Zweigstellen, die Vornahme von nach der Satzung nicht zulässigen Geschäften und die Beteiligung an organisationsfremden Einrichtungen (§ 42 Abs. 1 SpkG SH 1958 bzw. § 41 SpkG SH 2008). Einen guten Überblick über die Genehmigungserfordernisse liefern die Tabellen aus *Schlierbach/Püttner,* Sparkassenrecht, 5. Aufl., S. 288 f.; *Schlierbach/Püttner,* Sparkassenrecht, 4. Aufl., S. 288; *Schlierbach/Püttner,* Sparkassenrecht, 3. Aufl., S. 303; *Schlierbach,* Sparkassenrecht, 2. Aufl., S. 254, und *Schlierbach,* Sparkassenrecht, 1. Aufl., S. 197.

878 So regelte Hessen etwa zunächst die Genehmigungserfordernisse enumerativ in § 20 Abs. 4 SpkG He 1954. Nordrhein-Westfalen und Schleswig Holstein bedienten sich teilweise ihrer Gesetze (§ 35 SpkG NW 1958 und § 42 Abs. 1 und 2 S. 2 SpkG SH 1958) und im Übrigen der Mustersatzungen. Bayern traf derartige Regelungen nur

gung aufgrund ihrer faktisch fachaufsichtlichen Natur derart stark in den Ermessensspielraum der Sparkasse eingreife, dass sie in einem formellen Gesetz geregelt werden müsse.[879] Dem ist *Frick* mit der Begründung entgegengetreten, die Genehmigung erlaube eine nach dem Gesetz und der auf ihm beruhenden Satzung grundsätzlich verbotenes Geschäft, so dass das Tätigkeitsfeld der Sparkasse nicht eingeschränkt, sondern sogar erweitert werde.[880]

Weiterhin finden sich Vorschriften, die eine »allgemeine Genehmigung« vorsehen. In Hessen etwa kann die oberste Aufsichtsbehörde bestimmte Geschäfte allgemein genehmigen, so dass das Bedürfnis für eine einzelfallbezogene Genehmigung durch die Aufsichtsbehörde entfällt.[881] Die materiellen Grenzen zur Verordnung sind in diesen Fällen fließend.

3. Allgemeine Anordnungsbefugnisse

Ferner kann die Aufsichtsbehörde Anordnungen allgemeiner Natur treffen, sofern und soweit die Sparkassengesetze dies in einer Weise gestatten, die dem Vorbehalt des Gesetzes genügt.[882] Zuständig hierfür ist bei Zweigliederung der Aufsicht regelmäßig die oberste Aufsichtsbehörde. Einige dieser Anordnungen, wie etwa Beleihungsgrundsätze, durften die Geschäftstätigkeit der Sparkassen reglementieren. Die sie gestattenden Vorschriften der Sparkassengesetze wurden im Zuge der Liberalisierung des Geschäftsrechts jedoch eingeschränkt bzw. aufgehoben. Andere Anordnungsbefugnisse beziehen sich zum Beispiel auf die Vergütung und Versorgung bzw. Entschädigung der Organmitglieder.[883]

Der Unterschied zwischen allgemeiner Anordnung und (allgemeiner oder einzellfallabhängiger) Genehmigung besteht darin, dass die erste eine vom Gesetz grundsätzlich erlaubte Tätigkeit im Rahmen der gesetzlichen Einschränkungsmöglichkeiten reglementiert, während die zweite eine vom Gesetz grundsätzlich verbotene Tätigkeit erlaubt.

---

in seiner Sparkassenverordnung, Rheinland-Pfalz nur in seiner Mustersatzung. Siehe detaillierter *Frick,* Staatsaufsicht über die kommunalen Sparkassen, S. 164 f.

879 *Schlierbach,* Helmut, Das Sparkassenrecht in Hessen, 1. Aufl., S. 65.

880 *Frick,* Staatsaufsicht über die kommunalen Sparkassen, S. 165.

881 Vgl. § 20 Abs. 4 SpkG He 2008.

882 Vgl. näher zu den Anordnungsbefugnissen *Schlierbach/Püttner,* Sparkassenrecht, 5. Aufl., S. 285 f.

883 Vgl. etwa § 20 Abs. 5 S. 1 SpkG He 2008 und in Teilen früher § 25 Abs. 8 SpkG RP 1958.

Dritter Teil: Schluss und Ergebnis

»(D)er Massstab des Rechts ist nicht der absolute der Wahrheit, sondern der relative des Zweckes. Darin liegt, dass der Inhalt des Rechts ein unendlich verschiedener nicht bloss sein k a n n, sondern sein m u s s. (Das) Recht (muss seine) Bestimmungen (...) dem Zustand des Volkes, seiner Culturstufe, den Bedürfnissen der Zeit anschmiegen (...). (E)in Universalrecht für alle Völker und Zeiten steht auf einer Linie mit einem Universalrecept für alle Kranke, es ist der ewig zu Suche stehende Stein der Weisen, den in Wirklichkeit nicht die Weisen, sondern nur die Thoren zu suchen ausgehen können.«[884]

§ 14 Schlussbetrachtung

Die Sparkassengesetze der Länder enthalten Regelungen wie diejenigen zur Sparkassenaufsicht,[885] die sich in allen Ländern stark ähneln und seit der Gründung der Bundesrepublik nicht oder nur unerheblich geändert wurden. Es finden sich aber auch Regelungsbereiche, die im Laufe der Zeit starke Änderungen erfahren haben[886] und/oder deren Inhalte sich in den einzelnen Ländern erheblich voneinander unterscheiden[887].

Die zu Beginn aufgestellten Thesen zu den Ursachen der Entwicklung von Landesgesetzen[888] haben sich hinsichtlich des Sparkassenrechts bewahrheitet:

Die *Übernahme bestehender und bewährter Regelungen* wurde nach der Wiedervereinigung dezidiert vereinbart. Thüringen beschloss die Zusammenarbeit mit Hessen und die übrigen neuen Länder schlossen sich untereinander zusammen.[889] An der aktuellen Einführung der Regelungen zur Trägerversammlung in Hessen, welche in Baden-Württemberg schon seit Jahrzehnten besteht, zeigt sich außerdem, dass eine Übernahme durchaus

884 *von Jhering,* Der Zweck im Recht, Bd. 1, 3. Aufl., S. 439 f. = Nachdruck der 4. Aufl., S. 342, dort allerdings mit angepasster Orthographie.
885 Siehe oben S. 140 ff.
886 Etwa die Vorschriften zu den Organen, siehe oben S. 126 ff.
887 Etwa die Vorschriften zur Gewinnverwendung (siehe oben S. 109 ff.) oder zur Konkretisierung des Regionalprinzips (siehe oben S. 113 ff.).
888 Siehe oben S. 5.
889 Siehe oben S. 56 f.

auch aus einem anderen Anlass als dem ursprünglichen erfolgen kann.[890] Regelungsmodelle, die lange unbeachtet waren, werden hierdurch zu neuem Leben erweckt.[891]

Die *Einführung neuer, innovativer Regelungen* erfolgte zuletzt vor allem hinsichtlich der Organisationsform der Sparkassen. Insbesondere die nähere Ausgestaltung der Anstaltsform stand auf der Tagesordnung.[892] In der Einführung des Träger- bzw. Stammkapitals[893] liegt zugleich ein weiteres Beispiel für die Übernahme bewährter Regelungen. Zwar betraten die Gesetzgeber der Sparkassengesetze allesamt Neuland, aber das Aktiengesetz des Bundes konnte als Vorlage herangezogen werden.

Neue tatsächliche und rechtliche Verhältnisse entstanden im Untersuchungszeitraum zuhauf. Die Privatverschuldung – oder zumindest ihre Wahrnehmung in der Öffentlichkeit – nahm zu, daher übertrug man den Sparkassen die Finanzierung der Schuldnerberatung.[894] Die Vorschriften zur Auflösung einer Sparkasse wurden modifiziert, nachdem durch den Fall Stralsund deutlich wurde, dass sie in ihrer alten Form zu unerwünschten Ergebnissen führen können.[895] Weiterhin führte der verstärkte Bedarf der Sparkassen an Eigenkapital zur Einführung der aus dem Kreditwesengesetz bekannten Instrumente zur Beschaffung von Eigenkapital (ein weiteres Beispiel für eine Übernahme aus einem anderen Rechtsgebiet).[896] Die Gesetzgeber sahen aber nicht immer Handlungsbedarf. Es wurde bisher keine Notwendigkeit gesehen, die Vorschriften über das Regionalprinzip wegen der Entstehung des Tele- und Online-Bankings zu ändern.[897]

Der *Widerstand gegen Änderungen* zeigt sich bereits zu Beginn des Untersuchungszeitraums am ersten Sparkassengesetz für Baden-Württemberg. Man entschied sich gegen das Abschneiden alter Zöpfe durch eine einheitliche Regelung und ließ den Trägern stattdessen die Wahl zwischen den bisherigen Organisationsmodellen aus Württemberg und Baden.[898] Das

---

890 Siehe oben S. 85 f.

891 Dies kann im Übrigen auch durch einen Wandel der tatsächlichen Verhältnisse geschehen, wie anhand der Errichtung und Auflösung einer Sparkasse gezeigt wurde, vgl. oben S. 90 und S. 95 f.

892 Siehe oben S. 62 ff.

893 Siehe oben S. 64 ff.

894 Siehe oben S. 106.

895 Siehe oben S. 95 f.

896 Siehe oben S. 69 f.

897 Siehe oben S. 116.

898 Siehe oben S. 51 ff.

heute am deutlichsten sichtbare Beispiel dürfte die Beharrung Bayerns auf der Personalhoheit der Träger für das bei den Sparkassen eingesetzte Personal sein.[899]

899 Siehe oben S. 138 f.

§ 15 Zusammenfassung in Leitsätzen

1. Als Reaktion auf die Gründung der privaten und öffentlichen Sparkassen schufen die Länder das Sparkassenrecht als neues Rechtsgebiet. Auch heute hat, abgesehen von Hamburg, jedes Bundesland ein Sparkassengesetz, welches regelmäßig geändert wurde und wird. Es existiert kein aktuelles Werk, welches die Entwicklung der Sparkassengesetze der Bundesrepublik nachzeichnet. (§ 1 A.)

2. Die vorliegende Arbeit schließt diese Lücke. Sie analysiert die Gesetzestexte der Sparkassengesetze. Es wird überprüft, ob Gesetzesänderungen ihre Ursache in den Faktoren Übernahme, Innovation, Änderungswiderstand und Tatsachenwandel haben. Die Ergebnisse werden aus rechtshistorischer Sicht bedeutend sein, aber auch Anregungen de lege ferenda liefern. (§ 1 B.)

3. Ihr Ziel erreicht die Arbeit, indem sie zunächst das Sparkassenrecht in Abgrenzung zum Kreditwesenrecht des Bundes definiert und beschreibt, welchen Einfluss einzelne Normen des höher- und gleichrangigen Rechts auf das Sparkassenrecht und seine Auslegung ausüben. Anschließend stellt sie die historische Entwicklung des Sparkassenwesens und allgemein die Änderungshistorie der Sparkassengesetze seit 1949 dar. Danach folgt die Untersuchung der Entwicklung einzelner Regelungsbereiche der Sparkassengesetze. (§ 1 C.)

4. Das Sparkassenrecht der Länder ist in erster Linie Organisationsrecht. Der Bund hat demgegenüber die Gesetzgebungskompetenz für das Geschäftsrecht aller Kreditinstitute einschließlich der Sparkassen. Die Landesgesetzgeber können das Geschäftsrecht des Bundes hinsichtlich der Sparkassen verschärfen. (§ 2 A. I.)

5. Das Sparkassenrecht lässt sich als die Summe aller landesrechtlichen öffentlich-rechtlichen Normen definieren, die die Stellung der Sparkassen im Staat bzw. ihre Organisation regeln und/oder die das Geschäftsrecht des Bundes hinsichtlich der Sparkassen verschärfen. Es umfasst die Sparkassengesetze, die Sparkassenverordnungen und die Mustersatzungen, denen mittelbar ebenfalls Gesetzeskraft zukommt. Untersuchungsgegenstand der Arbeit ist das bundesdeutsche Sparkassenrecht in diesem Sinne mit weitestgehender Ausnahme der geschäftsrechtlichen Regelungen, d. h. in erster Linie der Inhalt der Sparkassengesetze. (§ 2 A. II. und III.)

6. Sowohl die Landesgesetzgeber als auch die Sparkassen müssen das gesamte im Verhältnis zum Sparkassenrecht höherrangige Recht beachten. Hierzu zählen insbesondere aus dem Gemeinschaftsrecht das Kartell- und Beihilferecht, aus dem Grundgesetz das Demokratieprinzip und die Garantie der kommunalen Selbstverwaltung in ihren einzelnen Ausprägungen sowie die Regelungen des Kreditwesengesetzes. (§ 2 B.)

7. Das Sparkassenrecht ist in erster Linie mit Hilfe der innersparkassenrechtlichen Prinzipien und Systematik auszulegen. Das allgemeine Kommunalrecht darf diese Auslegung nur ergänzen. Hilfsweise kann außerdem der organisationsrechtliche Teil des Aktiengesetzes herangezogen werden. (§ 2 C.)

8. Mit Beginn des 19. Jahrhunderts wurden von den Kommunen zahlreiche Sparkassen als unselbständige Einrichtungen gegründet. Die Länder erließen – beginnend mit Preußen im Jahr 1838 – Normen zur Regelung des Sparkassenwesens. Zum Ende des Jahrhunderts entwickelten sich die Satzungen der Sparkassen zu den wichtigsten Rechtsquellen für die Sparkassen. Selbige begannen, ihre Interessen durch die Gründung von Verbänden zu bündeln. (§ 3 A. und B.)

9. Mit Beginn des 20. Jahrhunderts wurden die Rechte und Pflichten der Sparkassen denen der privaten Kreditinstitute angeglichen. Anlässlich der Wirtschaftskrise von 1931 wurde die Bindung zwischen den Kommunen und ihren Sparkassen gelockert. Insbesondere wurden letztere zu rechtsfähigen Anstalten des öffentlichen Rechts umgewandelt. (§ 3 C.)

10. Nach dem Zweiten Weltkrieg wurden zwei Mustersatzungen erarbeitet, welche Regelungsvorschläge für Sparkassen mit einem oder zwei Hauptorganen enthielten. Die zweite Variante setzte sich durch, wodurch eine weitgehende Rechtsähnlichkeit erreicht wurde. Im weiteren Verlauf wurden die Sparkassengesetze an die tatsächlichen und politischen Bedürfnisse angepasst. Insgesamt näherten sie sich den Regelungen für die privaten Kreditinstitute an. (§ 4 A. I)

11. Die alten Länder – mit Ausnahme von Hamburg – erließen ab 1954 Sparkassengesetze, -verordnungen sowie Mustersatzungen und änderten diese mehrfach. (§ 4 A. II.)

12. Das Sparkassenwesen und -recht der DDR hatten mit den westdeutschen Verhältnissen wenig gemeinsam. Nach der Wiedervereinigung galt in den neuen Ländern zunächst das Sparkassengesetz der DDR einheitlich fort.

Mittlerweile haben aber auch die neuen Länder eigene Sparkassengesetze erlassen und mehrfach geändert. (§ 4 B. und C.)

13. Die möglichen Organisationsformen der Sparkassen sind zahlreich. Traditionell sind die Sparkassen als rechtsfähige Anstalten des öffentlichen Rechts organisiert. Vereinzelt existieren aber auch Sparkassen als teilrechtsfähige Anstalten des öffentlichen Rechts. (§ 5 A. I. und II.)

14. Eine weitere Modifikation der Anstaltsform stellt die Einführung beschränkt fungiblen Stammkapitals bzw. nicht fungiblen Trägerkapitals dar. Seine Ausgestaltung ist aus verfassungsrechtlicher Sicht in Teilen bedenklich. Daneben bestehen dem allgemeinen Bankrecht entnommene Regelungen zu Kapitalbeteiligungen an Sparkassen, welche ihrem Inhaber keinen Einfluss auf die Sparkasse ermöglichen. (§ 5 A. III.)

15. Einige Sparkassen sind aus historischen Gründen privatrechtlich organisiert. Früher existierten sie zumeist als wirtschaftliche Vereine oder Stiftungen, heute als Aktiengesellschaften. Ferner besteht de lege lata die Möglichkeit, die Sparkasse Bremerhaven in eine Aktiengesellschaft umzuwandeln. (§ 5 B.)

16. Die Träger der Sparkassen stammen nahezu ausschließlich aus dem öffentlich-rechtlichen Lager. Herkömmlicherweise handelt es sich bei ihnen um kommunale Selbstverwaltungskörperschaften. (§ 6 A. I. 1.)

17. Daneben können Zusammenschlüsse der Selbstverwaltungsträger, Sparkassenverbände und mittlerweile sogar Landesbanken Träger von Sparkassen sein. Ferner ermöglichen Sonderregelungen der Sachsen-Finanzgruppe und Stiftungen des öffentlichen Rechts die Trägerstellung (§ 6 A. I. 2. bis 4.)

18. Außer den historisch gewachsenen Trägern der Freien Sparkassen ist de lege lata keiner Person des Privatrechts gestattet, Träger einer Sparkasse zu sein. (§ 6 A. II.)

19. Der Bestand der Träger einer Sparkasse kann sich durch Beitritt und Austritt eines Trägers sowie durch die Übertragung der Trägerschaft verändern. Letztere erlangt man durch eine Kombination der beiden erstgenannten Möglichkeiten. Der teilweise geforderten und in der Praxis vorgenommenen Neugründung einer Sparkasse durch den beitretenden Träger, um diese sogleich mit der Sparkasse des anderen Trägers zu vereinigen, bedarf es nur bei der Übertragung der Trägerschaft auf einen Zweckverband. (§ 6 B I.)

20. Kommunale Gebietsänderungen haben ebenfalls Einfluss auf den Trägerbestand und die Zweigstellen einer Sparkasse. Die Regelungen unterscheiden sich stark. Gemeinsam ist ihnen im Grundsatz die Wahrung des Subsidiaritäts- und des Regionalprinzips. In diesem Zusammenhang wird die Frage relevant, ob die Änderung des Hoheitsgebiets eines Zweckverbandsmitglieds automatisch zur Änderung des Gebiets des Zweckverbands selbst führt. (§ 6 B. II.)

21. Die Träger können Sparkassen errichten und sie wieder auflösen. Durch die Ereignisse in Braunschweig und Stralsund wurden die lange unbeachteten Normen wieder relevant. Als Reaktion wurden die Vorschriften zur Auflösung verschärft (§ 7 A. und C.)

22. Sparkassen können freiwillig oder zwangsweise durch Aufnahme oder Neugründung vereinigt werden. Das Verfahren einschließlich Genehmigungs- und Beteiligungserfordernissen ist detailliert geregelt. Die zahlreichen Rechtsfolgen sind weitestgehende normiert. Über die Stellung der bisherigen Träger sollte jedoch eine Vereinbarung getroffen werden. Die Vereinigung einer Sparkasse mit einer Landesbank (Vertikalisierung) wurde angedacht, aber bisher nicht normiert. (§ 7 B.)

23. Seit jeher wurde mehrheitlich angenommen, dass der Träger einer Sparkasse dieser in Krisenzeiten aufgrund der sog. Anstaltslast beistehen muss, insbesondere finanziell im Fall einer Unterbilanz. Ab 1982 wurde diese Pflicht in den Sparkassengesetzen niedergeschrieben. (§ 8 A.)

24. Demgegenüber war die Pflicht zur Gewährträgerhaftung, das heißt die Pflicht des Trägers zur Übernahme einer Ausfallgarantie gegenüber den Gläubigern der Sparkasse, seit der Verselbständigung der Sparkassen ausdrücklich normiert. (§ 8 B.)

25. Anlässlich des Einschreitens der EU aufgrund beihilferechtlicher Bedenken verpflichteten sich die Länder, die Gewährträgerhaftung abzuschaffen und die Anstaltslast maßgeblich einzuschränken. (§ 8 C.)

26. Der Anstaltszweck der Sparkassen wird vom gemeinwohlorientierten sog. öffentlichen Auftrag beeinflusst. Zu seinen ursprünglichen Ausprägungen sind weitere Inhalte hinzugetreten. Auch heute bemüht man den öffentlichen Auftrag zur Argumentation bei aktuellen Fragen zur Ausgestaltung und Auslegung des Sparkassenrechts. (§ 9 A. I. und II.)

27. Zur Erfüllung des öffentlichen Auftrags haben sich unter anderem die Sparkassen zur sog. Sparkassen-Finanzgruppe bzw. zum sog. Sparkassenver-

bund zusammengeschlossen. In Nordrhein-Westfalen wurde jüngst ein weiterer landesinterner Verbund normiert, dessen gesetzliche Ausgestaltung mehrere Fragen aufwirft. (§ 9 A. III.)

28. Der öffentliche Auftrag wird in den Sparkassengesetzen insbesondere durch die Vorschriften zur Ausschüttung und Verwendung des Jahresüberschusses sowie durch die Pflicht zur Einlagenannahme und zur Führung eines Girokontos konkretisiert. (§ 9 A. IV.)

29. Das verfassungsrechtliche Regionalprinzip wurde in den meisten Sparkassengesetzen normiert. Es bindet grundsätzlich den Geschäftsbereich der Sparkassen an das Hoheitsgebiet ihres Trägers. Allerdings finden sich in den Gesetzen Erweiterungen des Geschäftsbereichs unterschiedlichen Umfangs. Ferner sind Ausnahmen für eine Tätigkeit außerhalb des Geschäftsbereichs vorgesehen. (§ 9 B. I. 1.)

30. Die stärkste Form des Tätigwerdens einer Sparkasse mit Bezug zum Regionalprinzip – die Errichtung einer Zweigstelle – wurde gesondert geregelt. Auch hier differenzieren die Gesetze der Länder nach Aktivitäten innerhalb und außerhalb des Geschäftsbereichs. Ferner finden sich Sonderregelungen für die Neuordnung der Zweigstellen nach Gebietsreformen. (§ 9 B. I. 2.)

31. Das ebenfalls der Verfassung entstammende Subsidiaritätsprinzip ist in den meisten Ländern nicht normiert, aber gleichwohl beim Aufeinandertreffen zweier Träger im Rahmen einer Abwägung zu berücksichtigen. (§ 9 B. II.)

32. Eine Mehrfachträgerschaft eines Trägers an mehreren Sparkassen begegnet grundsätzlich keinen Bedenken. Allerdings haben einige Länder einschränkende Bestimmungen hierzu erlassen. (§ 9 B. III.)

33. Die Träger der Sparkassen regeln das Innenrecht der Sparkassen durch Satzung im Rahmen des höherrangigen Rechts. Die entsprechende Formulierung des neuen Sparkassengesetzes von Nordrhein-Westfalen ist missglückt. (§ 10 A.)

34. Die Aufsichtsbehörden veröffentlichen Mustersatzungen. Die Sparkassengesetze bestimmen, dass jede Satzungsänderung bzw. nur von den Mustersatzungen abweichende Satzungsänderungen der Genehmigung der Aufsichtsbehörde bedürfen. Dieses Genehmigungserfordernis ist verfassungsrechtlich nicht unproblematisch, da die Gefahr besteht, dass die Aufsichtsbehörde sich unzulässigerweise von Zweckmäßigkeitserwägungen leiten lässt. (§ 10 B.)

35. Es existiert eine umfangreiche rechtsvergleichende Darstellung zu der Entwicklung und zum Bestand der Vorschriften über die Organe. Die Arbeit widmet sich daher nur ausgewählten Einzelfragen, die entweder jüngst von besonderer Relevanz waren oder zur Erreichung des Erkenntnisziels besonders geeignet sind. (§ 11)

36. Die Organe einer Sparkasse sind der Vorstand und der Verwaltungsrat. Teilweise existiert ein Kreditausschuss, der aber nicht überall den Rang eines Organs hat. In Nordrhein-Westfalen wurde der Kreditausschuss durch den Risikoausschuss ersetzt. (§ 11 A.)

37. Für die Ermittlung der Mitglieder des Verwaltungsrats bestehen verschiedene Verfahren. In Hessen war in der Vergangenheit unklar, ob eine Verhältnis- oder Mehrheitswahl erfolgen soll. Mittlerweile ist sie gesetzlich als Verhältniswahl ausgestaltet. Die Teilnahme der Sparkassenbeschäftigten an der Wahl kollidiert mit dem Demokratieprinzip. Die Länder wählten unterschiedliche Lösungen. (§ 11 B. I.)

38. Es wurde jüngst offensichtlich, dass an die Qualifikation der Verwaltungsratsmitglieder keine ausreichenden Anforderungen gestellt werden. Der Bundesgesetzgeber arbeitet an einer Lösung. (§ 11 B. II.)

39. Früher stellte sich die Frage, ob den Verwaltungsratsmitgliedern eine Haftungserleichterung zugutekommen soll. Die Gesetzgeber haben eine solche mittlerweile normiert. (§ 11 B. III.)

40. In Nordrhein-Westfalen müssen die Mitglieder des Vorstands neuerdings ihre Bezüge individualisiert offenlegen. Diese Pflicht könnte mangels Gesetzgebungskompetenz des Landesgesetzgebers verfassungswidrig sein.

41. Die Personalhoheit für das Personal der Sparkassen liegt mittlerweile – mit Ausnahme von Bayern – bei den Sparkassen. Dies gilt uneingeschränkt für das normale Personal. Die Träger haben aber weiterhin ein Mitspracherecht bei der Bestellung der Vorstandsmitglieder. (§ 12)

42. Die Sparkassenaufsicht nach den Sparkassengesetzen ist von der Kreditwesenaufsicht nach dem Kreditwesengesetz und anderen Aufsichten im weiteren Sinne zu unterscheiden. (§ 13 A)

43. Zuständige oberste und zumeist einzige Aufsichtsbehörde ist ein Landesministerium. In einigen Ländern wurde zusätzlich die Bezirksregierung als Aufsichtsbehörde eingesetzt. Teilweise ist dies auch heute noch der Fall. (§ 13 B. I.)

44. Den Aufsichtsbehörden obliegt zuvorderst die Rechtsaufsicht über die Sparkassen. Ihnen stehen die aus dem Kommunalrecht bekannten Aufsichtsmittel zur Verfügung. Ferner haben sie in mehreren Fällen über Genehmigungen zu entscheiden, wobei sich hier allgemein das bei der Genehmigung der Mustersatzungen angesprochene Problem der Zweckmäßigkeitserwägungen stellt. Schließlich dürfen die Aufsichtsbehörden bestimmte allgemeine Anordnungen treffen. (§ 13 B. II.)

45. Die Sparkassengesetze beinhalten sowohl bundesweit sehr ähnliche und wenig geänderte Regelungsbereiche als auch stark divergierende und oft überarbeitete Regelungsbereiche. Die im zweiten Leitsatz aufgestellten Thesen haben sich für das Sparkassenrecht bewahrheitet. (§ 14)

Anhang

Es folgt eine tabellarische Zusammenstellung der Fassungen der nach Landesnamen geordneten Sparkassengesetze. Sie enthält die Fundstellen der Sparkassengesetze, der Änderungsgesetze und der Neubekanntmachungen der Sparkassengesetze. Ferner listet sie die für die jeweiligen Fassungen verwendeten Abkürzungen auf. In zeitlicher Hinsicht berücksichtigt sie im Einklang mit dem Untersuchungsrahmen der Arbeit die seit der Gründung der Bundesrepublik in den alten Ländern sowie die seit der Wiedervereinigung in den neuen Ländern erlassenen Gesetze. Falls das erste Gesetz aus diesem Zeitraum nicht den vollständigen Wortlaut des Sparkassengesetzes beinhaltet, wird zusätzlich die nächstfrühere (Neu-)Bekanntmachung des vollständigen Wortlauts aufgeführt.

Baden-Württemberg

04.07.1967 (GBl. S. 104)	Sparkassengesetz für Baden-Württemberg	SpkG BW 1967
26.07.1971 (GBl. S. 314)	Erstes Gesetz zur Verwaltungsreform (Kreisreformgesetz), § 37	SpkG BW 1971
04.02.1975 (GBl. S. 93)	Gesetz zur Änderung des Sparkassengesetzes für Baden-Württemberg	SpkG BW 1975
04.04.1975 (GBl. S. 270, ber. S. 580)	Bekanntmachung der Neufassung des Sparkassengesetzes für Baden-Württemberg	
18.07.1983 (GBl. S. 379)	Gesetz zur Änderung des Sparkassengesetzes für Baden-Württemberg	SpkG BW 1983
18.05.1987 (GBl. S. 161)	Gesetz zur Änderung kommunalrechtlicher Vorschriften, Art. 8	SpkG BW 1987
12.12.1991 (GBl. S. 839)	Gesetz zur Änderung des Sparkassengesetzes für Baden-Württemberg	SpkG BW 1991
23.01.1992 (GBl. S. 128)	Bekanntmachung der Neufassung des Sparkassengesetzes für Baden-Württemberg	
28.06.1993 (GBl. S. 505)	Gesetz zur Neuordnung der Gebäudeversicherung, Art. 2	SpkG BW 1993
18.12.1995 (GBl. S. 874)	Gesetz zur Änderung des Sparkassengesetzes für Baden-Württemberg	SpkG BW 1995
06.12.1999 (GBl. S. 621)	Gesetz zur Änderung des Sparkassengesetzes für Baden-Württemberg	SpkG BW 1999
01.04.2003 (GBl. S. 215)	Bekanntmachung der Neufassung des Sparkassengesetzes für Baden-Württemberg	
22.10.2002 (GBl. S. 386)	Gesetz zur Änderung sparkassenrechtlicher Vorschriften	SpkG BW 2002
14.12.2004 (GBl. S. 882)	Gesetz zur Änderung der Gemeindeordnung, der Landkreisordnung und anderer Gesetze, Art. 3	SpkG BW 2004 I
14.12.2004 (GBl. S. 883)	Gesetz zur Änderung des Sparkassengesetzes für Baden-Württemberg	SpkG BW 2004 II
05.08.2005 (GBl. S. 588)	Sparkassengesetz für Baden-Württemberg (SpG) in der Fassung vom 19. Juli 2005	
10.06.2008 (GBl. S. 180)	Gesetz zur Änderung des Sparkassengesetzes für Baden-Württemberg	SpkG BW 2008

Bayern

01.10.1956 (GVBl. S. 187)	Bekanntmachung über den Wortlaut des Gesetzes über die öffentlichen Sparkassen (SpkG)	SpkG Bay 1956
23.06.1970 (GVBl. S. 244)	Gesetz zur Änderung des Gesetzes über die öffentlichen Sparkassen (SpkG)	SpkG Bay 1970
27.06.1972 (GVBl. S. 210)	Gesetz über die Errichtung der Bayerischen Landesbank Girozentrale, § 6	SpkG Bay 1972
25.04.1973 (GVBl. S. 191)	Gesetz zur Änderung der Gemeindeordnung, der Landkreisordnung, der Bezirksordnung und anderer kommunalrechtlicher Vorschriften (Gesetz zur Neuordnung des kommunalen Haushaltsrechts), § 6	SpkG Bay 1973
27.12.1991 (GVBl. S. 496)	Gesetz zur Ausführung des Gesetzes zur Reform der Rechts der Vormundschaft und Pflegschaft für Volljährige (Gesetz zur Ausführung des Betreuungsgesetzes – AGBtG), Art. 6 Abs. 8	SpkG Bay 1991
10.08.1994 (GVBl. S. 761)	Gesetz zur Regelung von Fragen kommunaler Entschädigungen und Vergütungen sowie zur Änderung des Sparkassengesetzes, § 5	SpkG Bay 1994
25.07.2002 (GVBl. S. 324)	Gesetz zur Änderung des Sparkassengesetzes	SpkG Bay 2002 I
24.12.2002 (GVBl. S. 937)	Gesetz über die Feststellung des Haushaltsplans des Freistaates Bayern für die Haushaltsjahre 2003 und 2004 (Haushaltsgesetz – HG – 2003/2004), Art. 23	SpkG Bay 2002 II
24.12.2002 (GVBl. S. 962)	Gesetz zur Stärkung elektronischer Verwaltungstätigkeiten, § 9	
22.07.2008 (GVBl. S. 461)	Gesetz zur Änderung des Sparkassengesetzes und anderer Rechtsvorschriften, § 1	SpkG Bay 2008
27.07.2009 (GVBl. S. 400)	Gesetz zur Anpassung von Landesgesetzen an das Bayerische Beamtengesetz, § 15	SpkG Bay 2009

Berlin

13.07.1960 (GVBl. S. 662)	Berliner Sparkassengesetz	SpkG Bln 1960
07.04.1964 (GVBl. S. 445)	Gesetz zur Änderung des Berliner Sparkassengesetzes	SpkG Bln 1964
30.09.1965 (GVBl. S. 1403)	Zweites Gesetz zur Änderung des Berliner Sparkassengesetzes	SpkG Bln 1965
01.08.1966 (GVBl. S. 1162)	Gesetz zur Aufhebung und Änderung von Rechtsvorschriften im Zusammenhang mit der Neuordnung des Haushaltsrechts (Haushaltsrechtsanpassungsgesetz – HAG), Art. 19 und 23	SpkG Bln 1966
22.03.1967 (GVBl. S. 521)	Bekanntmachung der Neufassung des Berliner Sparkassengesetzes	
19.12.1968 (GVBl. S. 1764)	Gesetz zur Änderung des Berliner Sparkassengesetzes und der Satzung der Sparkasse der Stadt Berlin West	SpkG Bln 1968
22.01.1969 (GVBl. S. 217)	Bekanntmachung der Neufassung des Berliner Sparkassengesetzes und der Satzung der Sparkasse der Stadt Berlin West	
14.06.1973 (GVBl. S. 830)	Drittes Gesetz zur Änderung des Berliner Sparkassengesetzes	SpkG Bln 1973
28.06.1973 (GVBl. S. 970)	Bekanntmachung der Neufassung des Berliner Sparkassengesetzes	
30.10.1984 (GVBl. S. 1541)	Zweites Gesetz zur Aufhebung von Rechtsvorschriften (2. Aufhebungsgesetz), Lfd. Nr. 11	SpkG Bln 1984
27.09.1990 (GVBl. S. 2115)	Gesetz über die Errichtung der Landesbank Berlin – Girozentrale –. Aufhebung des Sparkassengesetzes gem. § 18.	-
28.06.2005 (GVBl. S. 346)	Gesetz über die Berliner Sparkasse und die Umwandlung der Landesbank Berlin – Girozentrale – in eine Aktiengesellschaft (Berliner Sparkassengesetz SpkG)	SpkG Bln 2005

Brandenburg

26.06.1996 (GVBl. S. 210)	Brandenburgisches Sparkassengesetz (BbgSpkG)	SpkG Bbg 1996
26.11.1998 (GVBl. S. 218)	Gesetz zur Ausführung der Insolvenzordnung und zur Anpassung von Rechtsvorschriften an die Insolvenzordnung, Art. 8	SpkG Bbg 1998
10.07.2002 (GVBl. S. 57)	Gesetz zur Änderung des Brandenburgischen Sparkassengesetzes	SpkG Bbg 2002
23.09.2008 (GVBl. S. 202)	Gesetz zur Änderung des Gesetzes über den Kommunalen Versorgungsverband Brandenburg, des Brandenburgischen Versorgungsrücklagengesetzes sowie zur Anpassung der Verweisungen an das Kommunalrechtsreformgesetz (KommRRefAnpG), Art. 17	SpkG Bbg 2008

Bremen

22.04.1955 (GBl. S. 68)	Gesetz über die Neuordnung des Sparkassenrechts im Gebiet der Stadt Bremerhaven und über die Aufhebung sparkassenrechtlicher Vorschriften	SpkG HB 1955
14.03.1967 (GBl. S. 23)	Gesetz zur Änderung des Gesetzes über die Neuordnung des Sparkassenrechts im Gebiet der Stadt Bremerhaven und über die Aufhebung sparkassenrechtlicher Vorschriften	SpkG HB 1967
03.07.1973 (GBl. S. 174)	Zweites Gesetz zur Änderung des Gesetzes über die Neuordnung des Sparkassenrechts im Gebiet der Stadt Bremerhaven und über die Aufhebung sparkassenrechtlicher Vorschriften	SpkG HB 1973
27.09.1994 (GBl. S. 253)	Sparkassengesetz für öffentlich-rechtliche Sparkassen im Lande Bremen	SpkG HB 1994
24.11.1998 (GBl. S. 305)	Bremisches Gesetz zur Ausführung der Insolvenzordnung und zur Anpassung des Landesrechts, Art. 3 § 10	SpkG HB 1998
28.05.2002 (GBl. S. 131)	Gesetz zur Änderung des Sparkassengesetzes für öffentlich-rechtliche Sparkassen im Lande Bremen und des Gesetzes zur Ausführung der Zivilprozessordnung, der Insolvenzordnung und des Zwangsversteigerungsgesetzes, Art. 1	SpkG HB 2002
08.04.2003 (GBl. S. 168)	Gesetz zur Änderung des Sparkassengesetzes für öffentlich-rechtliche Sparkassen im Lande Bremen und zur Errichtung der Sparkassenstiftung Bremerhaven, Art. 1 und 2	SpkG HB 2003
14.10.2008 (GBl. S. 335)	Gesetz zur Änderung des Sparkassengesetzes für öffentlich-rechtliche Sparkassen im Lande Bremen zur Sicherstellung der Aufsicht bei Abschlussprüfungen, Art. 1	SpkG HB 2008

Hessen

10.11.1954 (GVBl. S. 197)	Hessisches Sparkassengesetz	SpkG He 1954
06.02.1962 (GVBl. S. 21)	Gesetz zur Bereinigung des Hessischen Landesrechts, laufende Nr. 197	SpkG He 1962
02.01.1969 (GVBl. S. 15)	Hessisches Sparkassengesetz	SpkG He 1969 I
16.12.1969 (GVBl. S. 307)	Gesetz über kommunale Gemeinschaftsarbeit (KGG), § 40	SpkG He 1969 II
15.12.1972 (GVBl. S. 418)	Zweites Gesetz zur Änderung des Hessischen Sparkassengesetzes	SpkG He 1972
02.01.1973 (GVBl. S. 16, ber. S. 54 und S. 422)	Bekanntmachung der Neufassung des Hessischen Sparkassengesetzes	
21.12.1976 (GVBl. S. 532)	Gesetz zur Anpassung des hessischen Landesrechts an die Abgabenordung (AO-Anpassungsgesetz), Art. 11	SpkG He 1976
18.12.1984 (GVBl. S. 344)	Hessisches Ausführungsgesetz zum Bürgerlichen Gesetzbuch (Hess.AGBGB), § 32	SpkG He 1984
13.09.1990 (GVBl. S. 539)	Gesetz zur Änderung des Hessischen Sparkassengesetzes und zur Änderung anderer Rechtsvorschriften	SpkG He 1990
24.02.1991 (GVBl. S. 78)	Hessisches Sparkassengesetz	
20.05.1992 (GVBl. S. 189)	Gesetz zu dem Staatsvertrag zwischen den Ländern Hessen und Thüringen über die Bildung einer gemeinsamen Sparkassenorganisation Hessen-Thüringen und zur Änderung des Hessischen Sparkassengesetzes, Art. 2	SpkG He 1992
17.12.1998 (GVBl. S. 562)	Drittes Gesetz zur Rechts- und Verwaltungsvereinfachung, Art. 45	SpkG He 1998

18.06.2002 (GVBl. S. 260)	Gesetz zu dem Staatsvertrag zur Änderung des Staatsvertrages zwischen den Ländern Hessen und Thüringen über die Bildung einer gemeinsamen Sparkassenorganisation Hessen-Thüringen, zur Änderung des Hessischen Sparkassengesetzes und zur Änderung des Gesetzes über die Vereinigung der Stadtsparkasse Frankfurt am Main mit der Frankfurter Sparkasse von 1822 (Polytechnische Gesellschaft), Art. 2	SpkG He 2002 I
20.06.2002 (GVBl. S. 342)	Erstes Gesetz zur Verwaltungsstrukturreform, Art. 41	SpkG He 2002 II
13.12.2002 (GVBl. S. 752)	Gesetz zur Änderung des Gesetzes zu dem Staatsvertrag zur Änderung des Staatsvertrages zwischen den Ländern Hessen und Thüringen über die Bildung einer gemeinsamen Sparkassenorganisation Hessen-Thüringen, zur Änderung des Hessischen Sparkassengesetzes und zur Änderung des Gesetzes über die Vereinigung der Stadtsparkasse Frankfurt am Main mit der Frankfurter Sparkasse von 1822 (Polytechnische Gesellschaft)	SpkG He 2002 III
29.03.2007 (GVBl. S. 252)	Siebentes Gesetz zur Änderung des Hessischen Sparkassengesetzes	SpkG He 2007
29.09.2008 (GVBl. S. 875)	Gesetz zur Änderung des Hessischen Sparkassengesetzes und zur Änderung des Gesetzes zur Errichtung der Frankfurter Sparkasse als Anstalt des öffentlichen Rechts (Fraspa-Gesetz)	SpkG He 2008

Mecklenburg-Vorpommern

26.07.1994 (GVBl. S. 761)	Sparkassengesetz des Landes Mecklenburg-Vorpommern (SpkG)	SpkG MV 1994
04.10.1999 (GVBl. S. 488)	Erstes Gesetz zur Änderung des Sparkassengesetzes des Landes Mecklenburg-Vorpommern (1. ÄndG SpkG M-V)	SpkG MV 1999
30.04.2002 (GVBl. S. 182, ber. S. 688)	Zweites Gesetz zur Änderung des Sparkassengesetzes des Landes Mecklenburg-Vorpommern (2. ÄndG SpkG M-V)	SpkG MV 2002
04.03.2004 (GVBl. S. 98)	Drittes Gesetz zur Änderung des Sparkassengesetzes des Landes Mecklenburg-Vorpommern (3. ÄndG SpkG M-V)	SpkG MV 2004
23.05.2006 (GVBl. S. 194)	Gesetz zur Modernisierung der Verwaltung des Landes MV[900]	SpkG MV 2006 I
20.07.2006 (GVBl. S. 576)	Gesetz zur Anpassung des Landesrechts an das Lebenspartnerschaftsgesetz (Landespartnerschaftsanpassungsgesetz – LPartAnpasG M-V), Art. 2	SpkG MV 2006 II

900 Das Gesetz ist größtenteils unwirksam, vgl. *LVerfG MV,* Urt. v. 26.07.2007 – 9/06 bis 17/06 –, in: GVBl. MV 2007, 194 = DVBl. 2007, 1102, Nr. 2 lit. b des Tenors. Siehe näher oben S. 60.

Niedersachsen

06.07.1962 (GVBl. S. 77)	Sparkassengesetz für das Land Niedersachsen	SpkG Nds 1962
19.03.1970 (GVBl. S. 66)	Gesetz über Grunderwerbsteuerbefreiung bei Änderung der Unternehmensform, Art. III	SpkG Nds 1970 I
14.05.1970 (GVBl. S. 186)	Gesetz über die Norddeutsche Landesbank – Girozentrale –, § 24	SpkG Nds 1970 II
24.06.1970 (GVBl. S. 237)	Gesetz zur Anpassung des Landesrechts an das Erste Gesetz zur Reform des Strafrechts, an das Gesetz über Ordnungswidrigkeiten und an das Einführungsgesetz zum Gesetz über Ordnungswidrigkeiten (Erstes Anpassungsgesetz), Art. 13	SpkG Nds 1970 III
20.03.1972 (GVBl. S. 145)	Viertes Gesetz zur Änderung des Personalvertretungsgesetzes für das Land Niedersachsen, Art. II Nr. 3	SpkG Nds 1972
28.06.1977 (GVBl. S. 233)	Achtes Gesetz zur Verwaltungs- und Gebietsreform, Art. XI	SpkG Nds 1977
05.12.1983 (GVBl. S. 281)	Gesetz zur Bereinigung des niedersächsischen Straf- und Ordnungswidrigkeitenrechts	SpkG Nds 1983
22.03.1990 (GVBl. S. 101)	Niedersächsisches Rechtsvereinfachungsgesetz 1990, Art. 19	SpkG Nds 1990
20.08.1990 (GVBl. S. 421)	Bekanntmachung der Neufassung des Sparkassengesetzes für das Land Niedersachsen	
01.04.1996 (GVBl. S. 82)	Gesetz zur Reform des niedersächsischen Kommunalverfassungsrechts, Art. 9	SpkG Nds 1996
17.12.1998 (GVBl. S. 710)	Gesetz zur Ausführung der Insolvenzordnung und zur Änderung anderer Gesetze, Art. 8	SpkG Nds 1998
21.11.2002 (GVBl. S. 730)	Gesetz zur Neuordnung des öffentlichen Sparkassenwesens in Niedersachsen (Sparkassenneuordnungsgesetz), Art. 1	SpkG Nds 2002
19.02.2004 (GVBl. S. 63)	Niedersächsisches Gesetz über die kommunale Zusammenarbeit (NKomZG), § 23	SpkG Nds 2004 I
16.12.2004 (GVBl. S. 609)	Niedersächsisches Sparkassengesetz (NSpG)	SpkG Nds 2004 II
15.11.2005 (GVBl. S. 352)	Gesetz zur Änderung der Niedersächsischen Gemeindeordnung und anderer Gesetze, Art. 5	SpkG Nds 2005
08.10.2008 (GVBl. S. 315)	Gesetz zur Änderung des Niedersächsischen Sparkassengesetzes	SpkG Nds 2008

Nordrhein-Westfalen

07.01.1958 (GVBl. S. 5, ber. S. 352)	Gesetz über die Sparkassen sowie über die Girozentralen und Sparkassen- und Giroverbände (Sparkassengesetz)	SpkG NW 1958
16.07.1969 (GVBl. S. 514)	Gesetz zur Änderung der Gemeindeordnung, der Landkreisordnung und anderer kommunalverfassungsrechtlicher Vorschriften des Landes Nordrhein-Westfalen, Art. VI	SpkG NW 1969
16.06.1970 (GVBl. S. 482)	Gesetz zur Änderung des Sparkassengesetzes	SpkG NW 1970
10.07.1970 (GVBl. S. 604)	Bekanntmachung der Neufassung des Gesetzes über die Sparkassen sowie über die Girozentrale und Sparkassen- und Giroverbände (Sparkassengesetz – SpkG –)	
02.03.1971 (GVBl. S. 52)	Gesetz zur Änderung des Sparkassengesetzes	SpkG NW 1971
03.12.1974 (GVBl. S. 1514)	Personalvertretungsgesetz für das Land Nordrhein-Westfalen – Landespersonalvertretungsgesetz – LPVG, § 112	SpkG NW 1974
08.04.1975 (GVBl. S. 299)	Gesetz zur Änderung des Gesetzes über die Sparkassen sowie über die Girozentrale und Sparkassen- und Giroverbände (Sparkassengesetz – SpkG –)	SpkG NW 1975
02.07.1975 (GVBl. S. 498)	Bekanntmachung der Neufassung des Gesetzes über die Sparkassen sowie über die Girozentralen und Sparkassen- und Giroverbände (Sparkassengesetz – SpkG –)	
18.09.1979 (GVBl. S. 552)	Zweites Gesetz zur Funktionalreform (2. FRG), Art. 28	SpkG NW 1979
26.06.1984 (GVBl. S. 362)	Gesetz zur Arbeitnehmer-Mitbestimmung in den öffentlich-rechtlichen Unternehmen (Mitbestimmungs-Artikelgesetz), Art. III	SpkG NW 1984
08.03.1994 (GVBl. S. 92)	Gesetz zur Änderung des Sparkassengesetzes und über den Zusammenschluß der Sparkassen- und Giroverbände	SpkG NW 1994
25.01.1995 (GVBl. S. 92)	Bekanntmachung der Neufassung des Gesetzes über die Sparkassen sowie über die Girozentrale und Sparkassen- und Giroverbände (Sparkassengesetz – SpkG –)	
02.07.2002 (GVBl. S. 284)	Gesetz zur Neuregelung der Rechtsverhältnisse der öffentlich-rechtlichen Kreditinstitute in Nordrhein-Westfalen, Art. 3, 10, 13	SpkG NW 2002

18.10.2002 (GVBl. S. 504, ber. S. 578)	Bekanntmachung der Neufassung des Gesetzes über die Sparkassen sowie über die Girozentrale und Sparkassen- und Giroverbände (Sparkassengesetz – SpkG –)	
16.03.2004 (GVBl. S. 126)	Gesetz zur Umstrukturierung der Landesbank Nordrhein-Westfalen zur Förderung des Landes Nordrhein-Westfalen und zur Änderung anderer Gesetze, Art. 2, 3	SpkG NW 2004
10.09.2004 (GVBl. S. 521)	Gesetz über die Sparkassen sowie über die Girozentrale und Sparkassen- und Giroverbände (Sparkassengesetz – SpkG –); Bekanntmachung der Neufassung	
03.05.2005 (GVBl. S. 498)	Gesetz zur Anpassung des Landesrechts an das Lebenspartnerschaftsgesetz des Bundes (Lebenspartnerschaftsanpassungsgesetz – LPartAnpG), Art. 16	SpkG NW 2005
18.11.2008 (GVBl. S. 696)	Gesetz zur Änderung aufsichtsrechtlicher, insbesondere sparkassenrechtlicher Vorschriften	SpkG NW 2008
17.12.2009 (GVBl. S. 950)	Gesetz zur Schaffung von mehr Transparenz in öffentlichen Unternehmen im Lande Nordrhein-Westfalen, Art. 3	SpkG NW 2009

Rheinland-Pfalz

12.03.1958 (GVBl. S. 47, ber. S. 122)	Landesgesetz über die Neuordnung des Sparkassenwesens (Sparkassengesetz)	SpkG RP 1958
15.06.1970 (GVBl. S. 208)	Landesgesetz zur Änderung des Landesgesetzes über die Neuordnung des Sparkassenwesens (Sparkassengesetz)	SpkG RP 1970
17.07.1970 (GVBl. S. 316)	Bekanntmachung der Neufassung des Landesgesetzes über die Neuordnung des Sparkassenwesens (Sparkassengesetz)	
01.03.1972 (GVBl. S. 115)	Dreizehntes Landesgesetz über die Verwaltungsvereinfachung im Lande Rheinland-Pfalz (Bildung von Verbandsgemeinden im Regierungsbezirk Rheinhessen-Pfalz), § 77	SpkG RP 1972
01.04.1982 (GVBl. S. 113)	Sparkassengesetz (SpkG)	SpkG RP 1982
08.07.1985 (GVBl. S. 153)	Landesgesetz zur Änderung des Sparkassengesetzes	SpkG RP 1985
11.02.1993 (GVBl. S. 117)	Zweites Landesgesetz zur Änderung des Sparkassengesetzes	SpkG RP 1993 I
02.11.1993 (GVBl. S. 520)	Drittes Landesgesetz zur Änderung des Sparkassengesetzes	SpkG RP 1993 II
20.12.1994 (GVBl. S. 476)	Viertes Landesgesetz zur Änderung des Sparkassengesetzes	SpkG RP 1994
12.03.1996 (GVBl. S. 154)	Fünftes Landesgesetz zur Änderung des Sparkassengesetzes	SpkG RP 1996
06.07.1999 (GVBl. S. 127)	Sechstes Landesgesetz zur Änderung des Sparkassengesetzes	SpkG RP 1999 I
12.10.1999 (GVBl. S. 325)	Landesgesetz zur Reform und Neuorganisation der Landesverwaltung, Art. 193	SpkG RP 1999 II
27.06.2002 (GVBl. S. 304)	Siebtes Landesgesetz zur Änderung des Sparkassengesetzes	SpkG RP 2002
22.12.2004 (GVBl. S. 545)	Landesgesetz über die Errichtung der LBS Landesbausparkasse Rheinland-Pfalz und zur Änderung sparkassenrechtlicher Bestimmungen, Art. 2 und Art. 4	SpkG RP 2004

21.11.2006 (GVBl. S. 349)	Landesgesetz über die Umwandlung der Westdeutschen Immobilienbank	SpkG RP 2006
17.06.2008 (GVBl. S. 103)	Zehntes Landesgesetz zur Änderung des Sparkassengesetzes, Art. 1 und Art. 2 (Elftes Landesgesetz zur Änderung des Sparkassengesetzes)	SpkG RP 2008

Saarland

17.12.1964 (ABl. 1965, S. 21)	Gesetz Nr. 807, Saarländisches Sparkassengesetz (SSpG)	SpkG Saar 1964
08.04.1970 (ABl. S. 377)	Erstes Saarländisches Rechtsbereinigungsgesetz (1. Saarl. Ber.Ges), Lfd. Nr. 396	SpkG Saar 1970
24.03.1975 (ABl. S. 548)	Gesetz Nr. 1031 zur Änderung des Gesetzes Nr. 807 »Saarländisches Sparkassengesetz (SSpG)« vom 17. Dezember 1964 (Amtsbl. 1965 S. 21)	SpkG Saar 1975
14.07.1975 (ABl. S. 930)	Bekanntmachung der Neufassung des Saarländischen Sparkassengesetzes	
04.04.1984 (ABl. S. 517)	Gesetz Nr. 1165 zur Änderung sparkassenrechtlicher Vorschriften	SpkG Saar 1984
30.11.1988 (ABl. S. 1415)	Gesetz Nr. 1238 zur Änderung des Saarländischen Sparkassengesetzes	SpkG Saar 1988
03.02.1993 (ABl. S. 210)	Gesetz Nr. 1305 zur Änderung des Saarländischen Sparkassengesetzes	SpkG Saar 1993
01.04.1993 (ABl. S. 360)	Bekanntmachung der Neufassung des Saarländischen Sparkassengesetzes	
26.01.1994 (ABl. S. 509)	Gesetz Nr. 1327 Viertes Rechtsbereinigungsgesetz (4. RBG), Lfd. Nr. 275	SpkG Saar 1994
24.06.1998 (ABl. S. 518)	Gesetz Nr. 1408 zur Anpassung und Bereinigung von Landesrecht (6. RBG), Art. 2 Abs. 16	SpkG Saar 1998
27.11.2002 (ABl. S. 2502)	Gesetz Nr. 1511 zur Neuordnung des öffentlich-rechtlichen Kreditwesens im Saarland	SpkG Saar 2002
21.06.2006 (ABl. S. 882)	Gesetz Nr. 1595 zur Änderung des Saarländischen Sparkassengesetzes	SpkG Saar 2006
08.08.2006 (ABl. S. 1534)	Bekanntmachung der Neufassung des Saarländischen Sparkassengesetzes	
14.01.2009 (ABl. S. 394)	Gesetz Nr. 1671 zur Änderung des Saarländischen Sparkassengesetzes, Art. 1	SpkG Saar 2009
22.04.2009 (ABl. S. 662)	Bekanntmachung der Neufassung des Saarländischen Sparkassengesetzes	

Sachsen

07.12.1993 (GVBl. S. 1149)	Sparkassengesetz für den Freistaat Sachsen	SpkG Sachs 1993
03.05.1999 (GVBl. S. 190)	Gesetz zur Neuordnung der öffentlich-rechtlichen Kreditinstitute im Freistaat Sachsen einschließlich der Sächsischen Aufbaubank GmbH, Art. 2 *(Art. 1 enthält das Gesetz über den Sachsen-Finanzverband.)*	SpkG Sachs 1999
06.02.2002 (GVBl. S. 70)	Gesetz zur Erhaltung der kommunal verankerten Sparkassen im Freistaat Sachsen, Art. 1 *(Art. 2 enthält die Aufhebung des Gesetzes über den Sachsen-Finanzverband.)*	SpkG Sachs 2002 I
13.12.2002 (GVBl. S. 333)	Gesetz über das-öffentlich rechtliche Kreditwesen im Freistaat Sachsen, Art. 3 *(Art. 1 enthält das Gesetz über die Sachsen-Finanzgruppe im Freistaat Sachsen und die Sachsen-Finanzgruppe. Art. 5 enthält eine Änderung des Gesetzes zum Erhalt der kommunal verankerten Sparkassen im Freistaat Sachsen.)*	SpkG Sachs 2002 II
22.07.2003 (GVBl. S. 198)	Aufhebung des Sparkassengesetzes durch Verordnung der Sächsischen Staatsregierung zur Gründung der Sachsen-Finanzgruppe, § 1 i. V. m. Art. 12 Abs. 3 Nr. 2 des Gesetzes über das öffentlich-rechtliche Kreditwesen im Freistaat Sachsen vom 13.12.2002. Stattdessen gilt das Gesetz über die öffentlich-rechtlichen Kreditinstitute im Freistaat Sachsen und die Sachsen-Finanzgruppe (Art. 1 und 2 des Gesetzes vom 13.12.2002).	SpkG Sachs 2003[901]
04.07.2007 (GVBl. S. 303)	Gesetz zur Umwandlung der Landesbank Sachsen Girozentrale in eine Aktiengesellschaft und zur Änderung anderer Gesetze	SpkG Sachs 2007

901 Trotz der abweichenden Bezeichnung werden die formell-gesetzlichen Regelungen Sachsens zu den Sparkassen weiterhin mit »SpkG« zitiert.

Sachsen-Anhalt

13.07.1994 (GVBl. S. 823)	Sparkassengesetz des Landes Sachsen-Anhalt (SpkG-LSA)	SpkG SA 1994
13.12.2001 (GVBl. S. 576)	Gesetz zur Änderung des Sparkassengesetzes des Landes Sachsen-Anhalt	SpkG SA 2001
19.03.2002 (GVBl. S. 130)	Viertes Rechtsbereinigungsgesetz, Lfd. Nr. 455	SpkG SA 2002 I
18.12.2002 (GVBl. S. 447)	Zweites Gesetz zur Änderung des Sparkassengesetzes des Landes Sachsen-Anhalt	SpkG SA 2002 II

Schleswig-Holstein

06.05.1958 (GVBl. S. 191)	Sparkassengesetz für das Land Schleswig-Holstein	SpkG SH 1958
02.03.1971 (GVBl. S. 70)	Gesetz zur Änderung des Sparkassengesetzes für das Land Schleswig-Holstein	SpkG SH 1971
29.03.1971 (GVBl. S. 138)	Sparkassengesetz für das Land Schleswig-Holstein	
20.12.1977 (GVBl. S. 502)	Gesetz zur Anpassung des schleswig-holsteinischen Landesrechts an die Abgabenordnung (Abgabenordnunganpassungsgesetz – AOAnpG), Art. 7	SpkG SH 1977
15.12.1980 (GVBl. S. 351)	Gesetz zur Änderung des Sparkassengesetzes für das Land Schleswig-Holstein	SpkG SH 1980
02.02.1981 (GVBl. S. 17)	Bekanntmachung der Neufassung des Sparkassengesetzes für das Land Schleswig-Holstein	
22.12.1982 (GVBl. S. 308)	Gesetz zur Vereinfachung von Verwaltungsverfahren, Art. 11	SpkG SH 1982
13.12.1985 (GVBl. S. 389)	Gesetz zur Änderung des Sparkassengesetzes für das Land Schleswig-Holstein	SpkG SH 1985
13.02.1986 (GVBl. S. 45)	Bekanntmachung der Neufassung des Sparkassengesetzes für das Land Schleswig-Holstein	
06.12.1989 (GVBl. S. 171)	Landesverordnung zur Anpassung von Rechtsvorschriften an geänderte Zuständigkeiten der obersten Landesbehörden und geänderte Ressortbezeichnungen, Art. 27	SpkG SH 1989
11.12.1990 (GVBl. S. 609)	Gesetz über die Investitionsbank Schleswig-Holstein, Zentralbereich der Landesbank Schleswig-Holstein Girozentrale (Investitionsbankgesetz – IBG), § 21	SpkG SH 1990
08.02.1994 (GVBl. S. 124)	Haushaltsbegleitgesetz 1994, Art. XIV Nr. 4	SpkG SH 1994
08.02.1994 (GVBl. S. 131)	Gesetz zur Änderung des Sparkassengesetzes für das Land Schleswig-Holstein	
03.05.1994 (GVBl. S. 231)	Bekanntmachung der Neufassung des Sparkassengesetzes für das Land Schleswig-Holstein	
24.10.1996 (GVBl. S. 652)	Landesverordnung zur Anpassung von Rechtsvorschriften an geänderte Zuständigkeiten der obersten Landesbehörden und geänderte Ressortbezeichnungen, Art. 67	SpkG SH 1996
23.01.1998 (GVBl. S. 68)	Gesetz zur Änderung des Investitionsbankgesetzes und des Sparkassengesetzes für das Land Schleswig-Holstein, Art. 2	SpkG SH 1998 I

16.06.1998 (GVBl. S. 210)	Landesverordnung über den Fortfall der Bezeichnungen Magistrat und Kreisausschuß in den Gesetzen und Verordnungen des Landes, Art. 12	SpkG SH 1998 II
12.12.2002 (GVBl. S. 254)	Gesetz zur Änderung des Sparkassengesetzes für das Land Schleswig-Holstein	SpkG SH 2002
07.05.2003 (GVBl. S. 206)	Gesetz zur Neustrukturierung der Landesbank Schleswig-Holstein Girozentrale, zur Verselbständigung der Investitionsbank und zur Verwaltung der Landesliegenschaften, Art. 8 und 9	SpkG SH 2003 I
16.09.2003 (GVBl. S. 503)	Landesverordnung zur Anpassung von Rechtsvorschriften an geänderte Zuständigkeiten der obersten Landesbehörden und geänderte Ressortbezeichnungen, Art. 64	SpkG SH 2003 II
03.01.2005 (GVBl. S. 21)	Gesetz zur Anpassung des Landesrechts an das Lebenspartnerschaftsgesetz des Bundes (Lebenspartnerschaftsanpassungsgesetz – LPartAnpG), Art. 3	SpkG SH 2005 I
01.02.2005 (GVBl. S. 57)	Gesetz zur Verbesserung der kommunalen Verwaltungsstruktur, Art. 11	SpkG SH 2005 II
09.02.2005 (GVBl. S. 111)	Bekanntmachung der geltenden Fassung des Sparkassengesetzes für das Land Schleswig-Holstein	
12.10.2005 (GVBl. S. 487)	Landesverordnung zur Anpassung von Rechtsvorschriften an geänderte Zuständigkeiten der obersten Landesbehörden und geänderte Ressortbezeichnungen, Art. 86	SpkG SH 2005 III
28.07.2008 (GVBl. S. 354)	Gesetz zur Änderung des Sparkassengesetzes für das Land Schleswig-Holstein	SpkG SH 2008
11.09.2008 (GVBl. S. 372)	Bekanntmachung der geltenden Fassung des Sparkassengesetzes für das Land Schleswig-Holstein	
26.03.2009 (GVBl. S. 93)	Gesetz zur Neuregelung des Beamtenrechts in Schleswig-Holstein, § 18	SpkG SH 2009

Thüringen

19.07.1994 (GVBl. S. 911)	Thüringer Sparkassengesetz (ThürSpkG)	SpkG Th 1994
24.10.2001 (GVBl. S. 265)	Thüringer Gesetz zur Umstellung der Geldbeträge von Deutsche Mark in Euro in Rechtsvorschriften (Thüringer Euro-Umstellungsgesetz – ThürEurUmstG –), Art. 29	SpkG Th 2001
03.12.2002 (GVBl. S. 416)	Erstes Gesetz zur Änderung des Thüringer Sparkassengesetzes	SpkG Th 2002
03.12.2002 (GVBl. S. 424)	Thüringer Gesetz zur Ausführung des Bürgerlichen Gesetzbuchs und des Gesetzes über die Zwangsversteigerung und die Zwangsverwaltung, zur Anpassung von Rechtsvorschriften an die Insolvenzordnung und zur Änderung des Gesetzes zur Ausführung der Insolvenzordnung (Thüringer Zivilrechtsausführungsgesetz), Art. 3 § 1	
23.10.2007 (GVBl. S. 166)	Zweites Gesetz zur Änderung des Thüringer Sparkassengesetzes	SpkG Th 2007

Literaturverzeichnis

Adam, Ute, Veterinärrecht, Eine systematische Darstellung unter besonderer Berücksichtigung der Rechtslage in Nordrhein-Westfalen, Köln 1993, zugl. Diss. Münster 1993.

Achterberg, Norbert, Die Entscheidung über das Bedürfnis für die Bundesgesetzgebung (Art. 72 Abs. 2 GG), DVBl. 1967, 213 ff.

Ahlert, Dieter, Franchising – Erfolgsgarant für Existenzgründungen?, Münster 2005.

Albrecht, Curt, Die älteren deutschen Sparkassengesetze, Ein Vergleich mit dem Reglement, Sparkasse 1938, 406 f.

Aller, Heinrich, Kompromisslinie in Sicht, Anmerkung zur Brüsseler Diskussion aus Sicht des niedersächsischen Finanzministers, Kreditwesen 2001, 524 f.

Arbeitsgemeinschaft Deutscher Sparkassen- und Giroverbände und Girozentralen e. V., Materialien zur Erneuerung des Sparkassenrechts, Stuttgart 1953.

Ashauer, Günter, Das Bankwesen in der Deutschen Demokratischen Republik, Struktur, Funktionen, Perspektiven, Sparkasse 1990, 8 ff.

Ashauer, Günter, Von der Ersparungscasse zur Sparkassen-Finanzgruppe, Die deutsche Sparkassenorganisation in Geschichte und Gegenwart, Stuttgart 1991.

Ballof, Ferdinand u. a. (Hrsg.), Gesellschaftsrecht für die Praxis 2009, Alle Gesellschaftsformen mit Nebengebieten, Grundlagen der Besteuerung und Bilanzierung, 10. Aufl., Freiburg 2008.

Balzli, Beat/*Pauly,* Christoph/*Reuter,* Wolfgang, »Wir zahlen nicht«, Der Spiegel vom 25.05.2009, Nr. 82, S. 82 ff.

Bartsch, Andreas, Finanzmarktkrise: Die Stunde der Rechtssetzer?, ZRP 2009, 97 ff.

Bauer, Hartmut/*Czybulka,* Detlef/*Kahl,* Wolfgang/*Voßkuhle,* Andreas, Wirtschaft im offenen Verfassungsstaat, Festschrift für Reiner Schmidt zum 70. Geburtstag, München 2006.

Becker, Andrea, Die Entwicklung des Personalvertretungsrechts in Nordrhein-Westfalen, Stuttgart 2006, zugl. Diss. Münster 2006.

Becker, Angelika/*Klein,* Wolfgang, Recht verstehen, wie Laien, Juristen und Versicherungsagenten die »Riester-Rente« interpretieren, Berlin 2008.

Becker, Florian, Die landesrechtliche »Kapitalgesellschaft des öffentlichen Rechts« in der bundesstaatlichen Kompetenzordnung, DÖV 1998, 97 ff.

Beckmann, Heinrich, Neuregelung des Sparkassenrechts in Berlin (West), Sparkasse 1961, 38 ff. und 56 ff.

Berger, Klaus, Niedersächsisches Sparkassengesetz, 2. Aufl., München 2006.

Berschens, Ruth, EU verschärft das Kartellrecht, Handelsblatt vom 27.04.2009, Nr. 80, S. 5.

Beyer-Fehling, Vom Sparkassenstandpunkt, Auszüge aus der Ansprache des baden-württembergischen Innenministers Renner vom 06.05.1960, Sparkasse 1960, 190 ff.

Bockamp, Guido/*Tesfaiesus,* Awet, Die Gebietskörperschaft als Stifterin, Eine Analyse der Möglichkeiten und Grenzen eines dritten Weges zwischen Privatisierung und Verstaatlichung in der Daseinsvorsorge, KommJur 2009, 88 ff.

Böhme, Herbert, Errichtung und Entwicklung der Sparkasse der Stadt Berlin West, Sparkasse 1966, 352 f.

Bosse, Burkhard Roderich, Anmerkung zum Urteil des OVG Nordrhein-Westfalen vom 18.12.1981, – 15 A 190/80 –, in: DVBl. 1982, 506 ff.

Bosse, Burkhard Roderich, Rechtsprobleme des Zusammenschlusses von Sparkassen, Berlin 1982, zugl. Diss. Köln 1982.

Bostedt, Achim/*Fehling,* Michael, Der Zugriff des Muttergemeinwesens auf Einnahmen und Vermögen einer Anstalt des öffentlichen Rechts, VBlBW 1998, 247 ff.

Bredow, Günther/*Schick,* Manfred/*Liebscher,* Finn-Michael, Privatisierung öffentlich-rechtlicher Sparkassen – Gegenwärtige Gestaltungsoptionen, insbesondere das Modell »Stralsund«, BKR 2004, S. 102 ff.

Breitmeyer, Erwin, Zur Frage der Änderung des Württembergischen Sparkassengesetzes, Sparkasse 1951, 227 ff.

Brenner, Michael, Die Neuregelung der Altenpflege, Anmerkung zu: BVerfG, U. v. 24.10.2002 – 2 BvF 1/01 –, JuS 2003, 852 ff.

Breuer, Michael/*Gerlach,* Rolf/*Rosenke,* Günter/*Tillmann,* Berthold, Erfolgreiche Sparkassenarbeit für die Zukunft gewährleisten, EILDIENST LKT NRW 2008, S. 327 ff.

Breuer, Rüdiger, Die öffentlich-rechtliche Anstalt, VVDStRL 44 (1986), 211 ff.

Brümmerhoff, Dieter/*Lehmann,* Erik, Öffentlich-rechtliche Sparkassen oder wie gemeinnützig ist der öffentliche Auftrag?, ZögU 2000, 131 ff.

Brzoska, Thomas, Die öffentlich-rechtlichen Sparkassen zwischen Staat und Kommunen, Zum Standort der Sparkassen unter besonderer Berücksichtigung des sparkassentypischen Regionalprinzips, Berlin 1976.

Buck, Gerald, Der Beauftragte als Mittel der Kommunalaufsicht, Einordnung und Ausgestaltung des kommunalaufsichtsrechtlichen Instruments der Beauftragtenbestellung nach § 124 und § 75 Abs. 5 S. 2 der nordrhein-westfälischen Gemeindeordnung, Berlin 2009, zugl. Diss. Münster 2008.

Bull, Hans Peter, Kommunale Selbstverwaltung heute: Idee, Ideologie und Wirklichkeit, Zugleich eine Anmerkung zur juristischen Methodenlehre, (Zugleich

Anmerkung zu LVerfG Mecklenburg-Vorpommern, U. v. 26.07.2007 – 9/06, 10/06, 11/06, 12/06, 13/06, 14/06, 15/06, 16/06, 17/06 –), DVBl. 2008, 1 ff.

Bull, Hans Peter, Über Formenwahl, Formenwahrheit und Verantwortungsklarheit in der Verwaltungsorganisation, in: Geis/Lorenz (Hrsg.), FS Maurer, S. 545 ff.

Bundesministerium der Justiz, Handbuch der Rechtsförmlichkeit, Empfehlungen des Bundesministeriums der Justiz für die rechtsförmliche Gestaltung von Gesetzen und Rechtsverordnungen nach § 42 Absatz 4 und § 62 Absatz 2 der Gemeinsamen Geschäftsordnung der Bundesministerien, 3. Aufl., Köln 2008.

Burgard, Ulrich, Wem gehören die Sparkassen, WM 2008, 1997 ff.

Burger, Friedrich, Die Beschränkung der Personalverwaltung des Gewährträgers nach bayerischem Sparkassenrecht, Sparkasse 1956, 149 ff.

Burgi, Martin, in: Erichsen, Hans-Uwe/Ehlers, Dirk, Allgemeines Verwaltungsrecht, 13. Aufl., Berlin 2006.

Busch, Robert, Die neue Mustersatzung für Sparkassen, Vom Standpunkt des Sparkassenleiters, Sparkasse 1953, 230 ff.

Calliess, Christian/*Ruffert,* Matthias (Hrsg.), EUV EGV, Das Verfassungsrecht der Europäischen Union mit Grundrechtecharta, Kommentar, 3. Aufl., München 2007.

Centralverein in Preußen für das Wohl der Arbeitenden Klassen/Pohl, Hans, Das Sparkassenwesen in Deutschland und den ausserdeutschen Landestheilen Oesterreichs und Preussens, Berlin 1864 und Stuttgart 1989 (vollständiger Nachdruck der Originalausgabe).

Chen, Ai-er, Öffentlich-rechtliche Anstalten und ihre Nutzung, Baden-Baden 1994, zugl. Diss. Göttingen 1993.

Clausen, Harald, Der Einfluß der Gemeinde auf die kommunale Sparkasse nach dem nordrhein-westfälischen Sparkassengesetz vom 7. Januar 1958, Berlin 1964, zugl. Diss. Köln 1963.

Collofong, K. E., Gedanken zur Aufsicht im Sparkassenwesen, Sparkasse 1950, 113 ff.

Cünnen, Andreas/*Drost,* Frank/*Köhler,* Peter, Köhler als Spielverderber, Die Sparkassen wollen feiern – doch der Bundespräsident hat etwas dagegen, Handelsblatt v. 17.06.2009, Nr. 113, S. 18.

Degenhart, Christoph, Kommentierung zu Art. 70 Grundgesetz, in: Sachs, Michael (Hrsg.), Grundgesetz, Kommentar, 5. Aufl., München 2009.

Deutscher Sparkassenverlag (Verleger), Sparkasse, (Zeitschrift), Stuttgart ab 1881.

Deutscher Sparkassen- und Giroverband e. V., Deutsche Sparkassenzeitung, Stuttgart 1924 bis 2000, bzw. Die Sparkassen-Zeitung, Stuttgart ab 2000.

Deutscher Sparkassen- und Giroverband e. V. (Hrsg.), Die deutsche Sparkassen- und Giroorganisation, Stuttgart 1960.

Deutscher Sparkassen- und Giroverband e. V. (Hrsg.), Die Deutschen Sparkassen und Girozentralen, Geschäftsbericht des Deutschen Sparkassen- und Giroverbandes 1933, Berlin 1934.

Deutscher Sparkassen- und Giroverband e. V. (Hrsg.), Die Deutschen Sparkassen und Girozentralen, Geschäftsbericht des Deutschen Sparkassen- und Giroverbandes 1936, Berlin 1937.

Deutscher Sparkassen- und Giroverband e. V., Die Sparkassen im Wettbewerb, Sparkasse 1965, 19 ff.

Deutscher Sparkassen- und Giroverband e. V. (Hrsg.), Jahresberichte 1991-1997, Bonn.

Deutscher Sparkassen- und Giroverband e. V. u. a. (Hrsg.), Sparkasse, (Zeitschrift), Stuttgart ab 1881.

Deutscher Sparkassen- und Giroverband e. V. (Hrsg.), Sparkassenfachbuch 2009, Stuttgart 2008.

Deutscher Sparkassen- und Giroverband e. V. (Hrsg.), Standortbestimmung, Entwicklungslinien der deutschen Kreditwirtschaft, Stuttgart 1984.

Deutscher Sparkassen- und Giroverband e. V. (Hrsg.)/Schlierbach, Helmut, Das Sparkassenrecht in Hessen, Sparkassenhefte Nr. 8, Stuttgart 1955.

Dietrich, Werner, Sparkassengesetz in Rheinland-Pfalz, Textsammlung mit Anmerkungen, 7. Aufl., Heidelberg 2001.

Ditges, Florian, Franchising, Die Partnerschaftsform mit System, Ein Leitfaden zur ersten Orientierung, Berlin 2001.

Di Fabio, Udo, Grundrechte im präzeptoralen Staat am Beispiel hoheitlicher Informationstätigkeit, JZ 1993, 689 ff.

Dölker, Walter, Anforderungen an Ermächtigungsgrundlagen von Satzungen, Diss. Heidelberg 1984.

Donges, Jürgen, Privatisierung von Landesbanken und Sparkassen, Bad Homburg 2001.

Dreier, Horst (Hrsg.), Grundgesetz, Kommentar, Bd. I, 2. Aufl., Tübingen 2004 und Bd. II, 2. Aufl., Tübingen 2006.

Driever, Gerd, Das nachrangige Haftkapital, Eine Ergänzung zum Eigenkapital der Kreditgenossenschaften und anderer Kreditinstitute, Berlin 1982.

Drost, Frank, Berlin ändert Sparkassengesetz: Durchbruch für Privatbanken, Landesregierung will erstmals Verkauf eines öffentlich-rechtlichen Kreditinstituts ermöglichen, Handelsblatt vom 12.04.2005, Nr. 70, S. 1.

Drost, Frank, Ein Aufseher für alle, Handelsblatt vom 19.05.2009, Nr. 95, S. 24.

Drost, Frank, Hartnäckiger Sparkassen-Chef, Öffentlich-rechtliches Institut aus Potsdam erwirbt die edle Berliner Werbebank von der WestLB, Handelsblatt vom 18.05.2009, Nr. 94, S. 25.

Drost, Frank, Kiel schottet Sparkassen ab, Schleswig-Holstein will verhindern, dass sich private Investoren an Sparkassen beteiligen, Handelsblatt vom 08./09./10.05.2009, Nr. 88, S. 28.

Drost, Frank, Landgericht stellte sich hinter Sparkasse, Sperrung des Geldautomaten für Citibank- und ING-Diba-Kunden keine wettbewerbswidrige Behinderung, Handelsblatt vom 21.11.2008, Nr. 227, S. 27.

Drost, Frank, Regierung greift Sparkassen unter die Arme, Schleswig-Holstein gibt Garantien für Beteiligungen an der HSH Nordbank, Handelsblatt vom 06.01.2009, Nr. 3, S. 24.

Drost, Frank, Schärfere Kontrolle für Sparkassen, Koalition will die fachliche Eignung von Aufsichtsräten prüfen, Stärkere Rolle für Bankenaufsicht BaFin, Handelsblatt vom 15.04.2009, Nr. 72, S. 1.

Drost, Frank, Schleswig-Holstein drängt auf Sparkassen-Reform, CDU favorisiert Beteiligungen innerhalb der Sparkassenorganisation – Koalitionspartner SPD sperrt sich, Handelsblatt vom 07.01.2009, Nr. 4, S. 27.

Eberle, Carl-Eugen/*Ibler,* Martin/*Lorenz,* Dieter (Hrsg.), Der Wandel des Staates vor den Herausforderungen der Gegenwart, Festschrift für Winfried Brohm zum 70. Geburtstag, München 2002.

Eckstein, Hans, Vorstandsverfassung für Sparkassen in Baden-Württemberg, Sparkasse 1968, 196 ff.

Ehlers, Dirk, Die Grenzen der Mitbestimmung in öffentlich-rechtlichen Unternehmen, Zugleich eine Besprechung der Entscheidung des VerfGH NW vom 15.9.1986, JZ 1987, 218 ff.

Eichhoff-Cyrus, Karin (Hrsg.), Verständlichkeit als Bürgerrecht?, Die Rechts- und Verwaltungssprache in der öffentlichen Diskussion, Mannheim u. a. 2008.

Eichmann, August, Besondere Wesenszüge des neuen Sparkassengesetzes für Rheinland-Pfalz, Sparkasse 1958, 255 ff.

Ellgering, Ingo, Zweckverbandssparkassen, Sparkasse 1970, 187 ff.

Ellgering, Ingo, Zweckverbandssparkassen in Deutschland, Sparkasse 1998, 322 ff.

Emmenegger, Sigrid, Gesetzgebungskunst, Gute Gesetzgebung als Gegenstand einer legislativen Methodenbewegung in der Rechtswissenschaft um 1900, Zur Geschichte der Gesetzgebungslehre, Tübingen 2006, zugl. Diss. Freiburg 2005.

Engelsing, Felix, Zahlungsunfähigkeit von Kommunen und anderen juristischen Personen des öffentlichen Rechts, Vollstreckung und finanzielle Einstandspflicht, Stuttgart u. a. 1999, zugl. Diss. Bonn 1998.

Epiney, Astrid, Kommentierung zu Art. 12 EG, in: Calliess/Ruffert (Hrsg.), EUV EGV, 3. Aufl., München 2007.

Epping, Volker/*Fischer,* Horst/*von Heinegg,* Wolff Heintschel (Hrsg.), Brücken bauen und begehen, Festschrift für Knut Ipsen zum 65. Geburtstag, München 2000.

Erhardt, Jana, Die dunkle Sprache der Gesetze, Handelsblatt vom 29.04.2009, Nr. 82, S. 9.

Erichsen, Hans-Uwe/*Ehlers,* Dirk, Allgemeines Verwaltungsrecht, 13. Aufl., Berlin 2006.

Europäisches Kolloquium für Sparkassengeschichte 1998, Die europäischen Sparkassen nach 1945 – auf dem Weg zu Universalkreditinstituten, Stuttgart 2000.

Falter, Manuel, Die neue Mustersatzung für Sparkassen, Die Geschäftspolitische Seite, Sparkasse 1953, 147 ff.

Fischer, Norbert, Das Sparkassengesetz von Nordrhein-Westfalen, Grundzüge der Neuregelung, Sparkasse 1958, 67 ff.

Fischer, Oliver, »Intensiver Einstand«, Sparkasse 2008, 10.

Fischer, Reinfried, Anpassungen im Geschäftsrecht der Sparkassen, Sparkasse 1979, 37 ff.

Fischer, Reinfried, Entwicklungen beim Geschäftsrecht der Sparkassen und Banken in Gesetzgebung, Rechtsprechung und Vertragsgestaltung, Sparkasse 1986, 394 ff.

Fischer, Reinfried, Selbstverwaltung durch und in kommunalen Sparkassen, in: von Mutius, Albert (Hrsg.), Selbstverwaltung im Staat der Industriegesellschaft, Festgabe zum 70. Geburtstag von Georg Christoph von Unruh, Heidelberg 1983, S. 835 ff.

Fischer, Reinfried, Weiteres Urteil des Verfassungsgerichtshofs NW bestätigt Verordnung zur Fusion von Sparkassen, Sparkasse 1980, 311 ff.

Fischer, Reinfried/*Herbst,* Gerhard (Hrsg.), Recht der Sparkassenpraxis (RSP), Teil B – Recht der Sparkassenorganisation, 59. Ergänzungslieferung, Stuttgart 2009.

Fischer, Thomas, Der Weg nach vorn, Strategien von Landesbanken und Sparkassen nach dem Wegfall von Anstaltslast und Gewährträgerhaftung, Münster 2005.

Fischer, Thomas/*Pape,* Christoph (Hrsg.), Handbuch der deutschen Sparkassen, Leistungsnähe – Kundennähe – Markterfolg, Frankfurt am Main 2005.

Foth, Eberhard, Zur »geschlechtsneutralen« (oder:»geschlechtergerechten«) Rechtssprache, JR 2007, S. 410 ff.

Frank, Karl, Hessen und seine Sparkassenorganisation, Sparkasse 1963, 346 ff.

Frankenberger, Wilhelm, Das Regionalprinzip, Sinnvolles Ordnungsprinzip oder Teufelszeug?, Kreditwesen 2004, 120 ff.

Frankfurter Institut, Stiftung Marktwirtschaft und Politik, Privatisierung von Sparkassen und Landesbanken, Bad Homburg 2001.

Frick, Die Staatsaufsicht über die kommunalen Sparkassen, Die Sparkassen als Selbstverwaltungsträger und ihr Verhältnis zum Staate in der Bundesrepublik Deutschland, Bonn 1962, zugl. Diss Bonn 1962.

von Friesen, Alexander, Staatliche Haftungszusagen für öffentliche Kreditinstitute aus europarechtlicher Sicht, Stuttgart 1998, zugl. Diss. Jena 1997/98.

von Friesen, Alexander, Umgestaltung des öffentlich-rechtlichen Bankensektors angesichts des Europäischen Beihilferechts, EuZW 1999, 581 ff.

Fuchs, Timm, Sparkassen, Kommunen lehnen Stiftungslösung ab, Gutachten des Sachverständigenrats zum deutschen Finanzsystem, Stadt und Gemeinde 2008, 269 f.

Funk, Bernd Christian, Die Bedeutung des gliedstaatlichen Verfassungsrechts in der Gegenwart, VVDStRL (46), 1988, S. 57 ff.

Gebhardt, Ihno, Das kommunale Selbstverwaltungsrecht, Verfassungsrechtliche Maßstäbe und verfassungsgerichtliche Maßstabsbildung für kommunale Gebietsreformen, staatliche Aufgabenverlagerungen und Ausgestaltungen des kommunalen Finanzausgleichs, Baden-Baden 2007, zugl. Diss. Potsdam 2006.

Geerlings, Jörg, Sparkasse Stralsund, Trojanisches Pferd des deutschen Sparkassenwesens?, NordÖR 2004, 181 ff.

Geiger, Rudolf, EUV/EGV, Kommentar zum Vertrag über die Europäische Union und zum Vertrag zur Gründung der Europäischen Gemeinschaften, 4. Aufl., München 2004.

Geiger, Walter/*Günther,* Hans-Georg, Die Neugestaltung des ostdeutschen Sparkassenwesen 1990 bis 1995, Mitteilungen (Hrsg.: Wissenschaftsförderung der Sparkassenorganisation e. V.) 1997, 39 ff.

Geiger, Walter/*Günther,* Hans-Georg, Neugestaltung des ostdeutschen Sparkassenwesens 1990 bis 1995, Stuttgart 1998.

Geis, Max-Emanuel/*Lorenz,* Dieter, (Hrsg.), Staat, Kirche, Verwaltung, Festschrift für Hartmut Maurer, München 2001.

Georgi, Hanspeter, Gedanken zur (Neu-)gestaltung des Sparkassenrechts im Saarland, Kreditwesen 2002, 745 ff.

Georgi, Hanspeter, Saarländischer Modernisierungsansatz für Sparkassen, in: Fischer/Pape (Hrsg.), Handbuch der deutschen Sparkassen, Leistungsnähe – Kundennähe – Markterfolg, Frankfurt am Main 2005, S. 42 ff.

Gerick, André, Die Beteiligung der Sparkassen- und Giroverbände an den Landesbanken, Dargestellt am Beispiel der WestLB, Berlin 1996, zugl. Diss Berlin 1995.

Gerick, André, Nochmals: Anstaltslast und Gewährträgerhaftung bei kommunalen Sparkassen und Landesbanken. Erwiderung auf den Aufsatz von Thode, Peres, BB 1997, 1749, BB 1998, 494 ff.

Geschwandtner, Marcus/*Bornemann,* Ralf, Girokonto für jedermann, Vertragsabschlussfreiheit, Selbstregulierung oder gesetzlicher Zwang?, NJW 2007, 1253 ff.

Gesellschaft für öffentliche Wirtschaft, Sparkassen und Landesbanken in der Wettbewerbs- und Privatisierungsdiskussion, Stellungnahme des Wissenschaftlichen Beirats der Gesellschaft für öffentliche Wirtschaft, Berlin 1998.

Gesellschaft zur Förderung der wissenschaftlichen Forschung über das Spar- und Girowesen e. V. (Hrsg.), Die Entwicklung der Sparkassen zu Universalkreditinstituten, Sparkassenhistorisches Symposium 1986, Stuttgart 1987.

Gesellschaft zur Förderung der wissenschaftlichen Forschung über das Spar- und Girowesen e. V. (Hrsg.), Die Landesbanken Girozentralen, historische Entwicklung und Zukunftsperspektiven, Sparkassenhistorisches Symposium 1990, Stuttgart 1991.

Gieseke, Paul, Die Zuständigkeit der Länder zur Gründung von Wasser- und Bodenverbänden durch Sondergesetze, DÖV 1956, 682 ff.

Gimmy, André/*Hügel,* Franziska, Schicksal von Vorstands- und Geschäftsführeranstellungsverträgen bei Fusionen öffentlich-rechtlicher Landesbanken, BB 2008, 2178 ff.

Gorniak, Ulrich, Zur Entwicklung des Sparkassenrechts in der Europäischen Gemeinschaft, Sparkasse 1968, 207 ff.

Gönnenwein, Otto, Gemeinderecht, Tübingen 1963.

Grapentin, Tobias/*Berg,* Claudia/*Pfingsten,* Andreas, Stakeholder-Management von Sparkassen im Spiegel der Geschäftsberichte, Theoretische Anforderungen, Bestandsaufnahme und kritische Bewertung, ZBB 2007, 399 ff.

Groß, Thomas, Das Selbstverwaltungsrecht der Universitäten, Zusätzliches zur Wissenschaftsfreiheit, DVBl. 2006, 721 ff.

Gruson, Michael, Die Bedürfniskompetenz, Inhalt und Justitiabilität des Art. 72 Abs. 2 des Grundgesetzes, Berlin 1967, zugl. Diss. Berlin 1966.

Guckelberger, Annette, Die wirtschaftliche Betätigung kommunaler Unternehmen außerhalb des Gemeindegebiets, BayVBl. 2006, 293 ff.

Günther, Hans Georg, in: Wysocki/Günther, Geschichte der Sparkassen in der DDR, 1945 bis 1990, Stuttgart 1996.

Günther, Hans-Georg, Rekommunalisierung der Sparkassenorganisation in den neuen Bundesländern, Neue Wege oder alte Strukturen, in: Pix, Manfred (Hrsg.), Sparen – Investieren – Finanzieren, Gedenkschrift für Josef Wysocki, Stuttgart 1997, S. 277 ff.

Haasis, Heinrich, Gemeinsam für die Selbstverwaltung, Zum Verhältnis von Kommunen und Sparkassen, Stadt und Gemeinde 2008, 103 f.

Haasis, Heinrich, Renaissance der Sparkassenidee in der Finanzmarktkrise, Kreditwesen 2009, 31 ff.

Hadding, Walther, Sparkassen-Zweigstellen und Gebietsreform in Rheinland-Pfalz, Sparkasse 1977, 210 ff.

Hahn, L., Ist Sparen eine Tugend oder ein Laster?, Sparkasse 1967, 279 ff.

Hahn, Rudolf, Das neue Sparkassenrecht, Sparkasse 1952, 291 ff.

Hahn, Rudolf, Die neue Mustersatzung für Sparkassen, Die Sparkassenaufsicht, Sparkasse 1953, 195 ff.

Haller, Hubertus, Entwicklung und Wesen der Staatsaufsicht über die kommunalen Sparkassen unter besonderer Berücksichtigung der verfassungsrechtlichen Grenzen der Bundesaufsicht, Diss. Würzburg 1970.

Hamacher, Claus, Verbände-Einigkeit sichert Sparkassen, Städte- und Gemeinderat 2009, 35 f.

Hambücher, Hans, Was nichts kostet, hat keinen Wert, Ist das kostenlose Girokonto eine Lösung für Sparkassen?, Sparkasse 2008, 29.

Hasselmann, Anja, Die Ausschlußtatbestände für den Beihilfebegriff des Art. 87 EGV am Beispiel von Anstaltslast und Gewährträgerhaftung im öffentlich-rechtlichen Bankensystem der Bundesrepublik Deutschland, Frankfurt am Main u. a. 2001, zugl. Diss. Bonn 2000.

Hau, Harald/*Thum,* Marcel, Subprime Crisis and Board (In-)Competence, Private vs. Public Banks in Germany, Preliminary version of a paper prepared for the 49th Panel Meeting of Economic Policy in Prague, Veröffentlichung vom 13.03.2009, abrufbar unter: http://ssrn.com/abstract=1360698.

Hauser, Werner, Die Wahl der Organisationsform kommunaler Einrichtungen, Kriterien für die Wahl privatrechtlicher und öffentlich-rechtlicher Organisationsformen, Köln u. a. 1987, zugl. Diss. Münster 1987.

Hecker, Jan, Privatisierung unternehmenstragender Anstalten öffentlichen Rechts, Anstaltsrechtliche, demokratiestaatliche und privatisierungstheoretische Überlegungen am Beispiel der Teilprivatisierung der Berliner Wasserbetriebe (BWB), VerwArch 2001, 261 ff.

Heinen, Norbert, Die Rechtsstellung der Gemeinden und Gemeindeverbände als Gewährträger ihrer Sparkassen, Diss. Münster 1968.

Heinevetter, Klaus, Änderungsgesetz zum Sparkassengesetz Nordrhein-Westfalen, Sparkasse 1970, 251 ff.

Heinevetter, Klaus, Die Bildung von Sparkassenzweckverbänden aus verfassungsrechtlicher Sicht, Sparkasse 1973, 235 ff.

Heinevetter, Klaus, Die Rechtsprechung zur Neuordnung der Sparkassen in Nordrhein-Westfalen, DÖV 1981, 780 ff.

Heinevetter, Klaus, Mustersatzung in Nordrhein-Westfalen, Sparkasse 1970, 152 ff.

Heinevetter, Klaus/*Engau,* Herwigh/*Menking,* Rainer, Sparkassengesetz Nordrhein-Westfalen, 3. Aufl., Köln 1998.

Heise, Michael, Zur Lage und Entwicklung in den fünf neuen Bundesländern, Sparkasse 1991, 283 ff.

Heldrich, Andreas/*Prölls,* Jürgen/*Koller,* Ingo (Hrsg.), Festschrift für Claus-Wilhelm Canaris zum 70. Geburtstag, Bd. II, München 2007.

Henneke, Hans-Günter, Kommunale Aufgabenerfüllung in Anstaltsform, Bericht über das Professorengespräch 2000 des Deutschen Landkreistages am 16./17. März 2000 im Landkreis Kitzingen, VBlBW. 2000, 337 ff.

Henneke, Hans-Günter, Kommunale Eigenverantwortung bei zunehmender Normdichte, ZG 1994, 212 ff.

Henneke, Hans-Günter, Kommunale Sparkassen in Deutschland unter dem Einfluß der europäischen Entwicklung, in: Eberle/Ibler/Lorenz (Hrsg.), FS Brohm, S. 81 ff.

Henneke, Hans-Günter (Hrsg.), Öffentlicher Auftrag bei sich wandelnden Marktbedingungen, Professorengespräch 2007 des Deutschen Landkreistages am 21./22. März 2007 in Mainz, Stuttgart u. a. 2007.

Henneke, Hans-Günter, Wem gehören die Sparkassen, KOPO 2009, 17 f.

Henneke, Hans-Günter/*Wohltmann,* Matthias, Notwendigkeit und Grenzen von Kooperationen und Fusionen im Sparkassenwesen, Der Landkreis 2005, 82 ff.

Henneke, Hans-Günter/*Wohltmann,* Matthias, »Wenn ich groß bin, dann will ich auch mal Spießer werden!«, Grundsätzliches zur aktuellen Diskussion um § 40 KWG, Der Landkreis 2006, 790 ff.

Hennemann, Horst, DDR-Sparkassen auf Marktkurs, Sparkasse 1990, 146 ff.

Henze, Werner, Das bremische Sparkassengesetz für Bremerhaven, Sparkasse 1959, 66 ff.

Henze, Werner, Die Sparkassenorgane in der neuzeitlichen Entwicklung des Sparkassenwesens, Sparkasse 1961, 323 ff.

Henze, Werner/*Schmidt,* Hans, Grundzüge der Geschichte des Sparkassenwesens, Stuttgart 1956.

Hindenlang, Siegfried, Die Satzung als Rechtsquelle im öffentlichen Recht, Diss. Freiburg im Breisgau 1952.

Hirschel, Dierk, Verstaatlicht die Banken!, Handelsblatt vom 07.04.2009, Nr. 68, S. 8.

Hoffmann, Josef, Deutsche Sparkasseneinheit, Geschichte, Aufbau, Leistungen des zentralen Sparkassenverbandes, Stuttgart 1931 und 1991 (Vollständiger Nachdruck der Originalausgabe).

Hoffmann, Josef, Die neue Mustersatzung für Sparkassen, Sparkassenpolitische Leitgedanken, Sparkasse 1953, 115 ff.

Hoffmann, Josef, Die Sparkassen und das neue Kreditwesengesetz, Sparkasse 1961, 246 ff.

Hoffmann, Josef, Ein »Flurbereinigungsgutachten« auf dem Rücken der Sparkassen, Sparkasse 1964, 295 ff.

Hoffmann, Walter, Zur Frage der ältesten deutschen Sparkasse, Sparkasse 1955, 149 f.

Holdijk, Rudolf, Die Eigenkapitalprobleme der deutschen Sparkassen, Kriterien und Realisationsmöglichkeiten einer angemessenen Eigenkapitalausstattung, Wiesbaden 1979, zugl. Diss. Münster 1978.

Holtmann, Sparkassen in Ostdeutschland, gelungene Integration, Kreditwesen 2008, 551 ff.

Hoppe, Ralf, Die Vertrauensblase, Der Spiegel vom 12.01.2009, Nr. 3, S. 46 ff.

Hoppe, Werner, Zur Diskussion um den Haftungszuschlag für die kommunalen Sparkassen, DVBl. 1982, 45 ff.

Hoppe, Werner/*Oebbecke,* Janbernd, Probleme der zwangsweisen Bildung von Sparkassenzweckverbänden aus Gründen des öffentlichen Wohls, Kommunalwirtschaft 1978, 241 ff.

Horbach, Reinhard, Änderungen der Sparkassenverordnung NW 1982, Sparkasse 1982, 422 ff.

Horbach, Reinhard, Die erste Änderung der Mustersatzung für die Sparkassen in Nordrhein-Westfalen, Sparkasse 1965, S. 331 ff.

Horbach, Reinhard, Die Bedeutung der Organentlastung nach dem Sparkassenrecht NW, Sparkasse 1977, 62 ff.

Horn, Hans-Detlef, Sparkassen privatisieren?, Anmerkung zum (bayerischen) Stand der Dinge, Sparkasse 1999, 187 ff.

Höpker, Heinrich, Die deutschen Sparkassen, Ihre Entwicklung und ihre Bedeutung, Berlin 1924 und Stuttgart 1997 (vollständiger Nachdruck der Originalausgabe).

Hörster, Ansgar, Perspektiven der kommunalen Sparkassen, Bericht über das Symposium des Freiherr-vom-Stein-Instituts am 24. Februar 2000 in Münster, DVBl. 2000, 1044 ff.

Huber, Ernst Rudolf, Wirtschaftsverwaltungsrecht, Bd. 1, 2. Aufl., Tübingen 1953.

Huber, Peter, Öffentlich-rechtliche Sparkassen in Privatrechtsform?, in: Bauer u. a. (Hrsg.), FS Schmidt, S. 487 ff.

Hubert, Peter, Öffentliche Aufgabenerfüllung bei sich wandelnden Marktbedingungen, Der Landkreis 2007, 445 ff.

Huhn, Jochen/*Witt,* Peter-Christian (Hrsg.), Föderalismus in Deutschland, Traditionen und gegenwärtige Probleme, Symposion an der Universität Kassel 10. bis 12. April 1991, Baden-Baden 1992.

Hulverscheidt, Claus, Die Kommunen rebellieren, Der Landkreistag wehrt sich vehement gegen Überlegungen des Bundes, Landesbanken und Sparkassen zu fusionieren, in: SZ vom 13.05.2009, S. 26.

Humpert, Paul-Peter, Genehmigungsvorbehalte im Kommunalverfassungsrecht, Köln 1990, zugl. Diss. Münster 1990.

Igelspacher, Alois, Die Bundeszuständigkeit im kommunalen Sparkassenwesen, Diss. München 1971.

Immenga, Ulrich/*Rudo,* Joachim, Die Beurteilung von Gewährträgerhaftung und Anstaltslast der Sparkassen und Landesbanken nach dem EU-Beihilferecht, Baden-Baden 1997.

Impelmann, Norbert, Abgrenzung der Gesetzgebungskompetenzen zwischen Bund und Ländern auf dem Gebiet des Kredit- und Sparkassenwesens, unter besonderer Berücksichtigung der Eigenkapitalregelung, Diss. Köln 1990.

Ipsen, Jörn (Hrsg.), Zukunft der Sparkassen – Sparkasse der Zukunft, 14. Bad Iburger Gespräche, Göttingen 2004.

Isensee, Josef/*Kirchhof,* Paul (Hrsg.), Handbuch des Staatsrechts der Bundesrepublik Deutschland, Bd. IV, 2. Aufl., Heidelberg 1999.

Isensee, Josef, in: Isensee, Josef/Kirchhof, Paul (Hrsg.), Handbuch des Staatsrechts der Bundesrepublik Deutschland, Bd. IV, 2. Aufl., Heidelberg 1999, § 98.

Jakfeld, Jürgen, Die Herausforderung durch die Direktbanken, Sparkasse 1997, 177 ff.

Jarass, Hans/*Pieroth,* Bodo, Grundgesetz für die Bundesrepublik Deutschland, 10. Aufl., München 2009.

Jayme, Erik (Hrsg.), Ius inter nationes, Festschrift für Stefan Riesenfeld aus Anlass seines 75. Geburtstages, Heidelberg 1983.

Jecht, Hans, Die öffentliche Anstalt, Wandlungen und gegenwärtige Struktur, Berlin 1963.

von Jhering, Rudolph (auch: »Rudolf«), Der Zweck im Recht, Bd. 1, 3. Aufl., Leipzig 1893.

von Jhering, Rudolph (auch: »Rudolf«), Der Zweck im Recht, Bd. 1, Nachdruck der 4. Aufl., Leipzig 1904, Hildesheim u. a. 1970.

Jochum, Heike, Richtungsweisende Entscheidung des BVerfG zur legislativen Kompetenzordnung des Grundgesetzes, Anmerkung zu BVerfG, Urt. v. 24.10.2002 – 2 BvF 1/01 –, NJW 2003, 28 ff.

Jost, Valentin, Die kommunalen Sparkassen im Verhältnis zur Staatsaufsicht, Diss. Frankfurt 1954.

Jursch, Hermann, Bargeldloser Zahlungsverkehr (Giro- und Scheckverkehr), in: Höpker, Heinrich, Die deutschen Sparkassen, Ihre Entwicklung und ihre Bedeutung, Berlin 1924 und Stuttgart 1997 (vollständiger Nachdruck der Originalausgabe), S. 122 ff.

Kalkstein, Heinz, Die neuere Entwicklung des Sparkassenrechts, Sparkasse 1958, 55 ff.

Karl-Bräuer-Institut des Bundes der Steuerzahler, Privatisierung von Sparkassen und Landesbanken, Wiesbaden 1994.

Karpen, Ulrich, Zum gegenwärtigen Stand der Gesetzgebungslehre in der Bundesrepublik Deutschland, ZG 1986, 5 ff.

Katz, Alfred/*Ritgen,* Klaus, Bedeutung und Gewicht der kommunalen Selbstverwaltungsgarantie, Ist das Recht auf Selbstverwaltung verfassungsrechtlich wegwägbar?, DVBl. 2008, 1526 ff.

Katzenstein, Dietrich, Rechtliche Erscheinungsformen der Machtverschiebung zwischen Bund und Ländern seit 1949, DÖV 1958, 593 ff.

Kaymer, Jan, Banken sollen die Unterstützung zurückzahlen, Interview mit Dieter Nannen, Ostfriesen-Zeitung vom 16.02.2008, S. 21.

Kellermann, Wilfried, Der Zweck insbesondere der Gesellschaft bürgerlichen Rechts, Diss. Kiel 1988.

Kemmler, Iris, Die Anstaltslast, Berlin 2001, zugl. Diss. Tübingen 2000.

Keßler, Thomas, Aufsichtskonkurrenz im Sparkassenwesen, Eine Untersuchung der verschiedenen Aufsichtsarten über die Sparkassen auf ihre möglichen Überschneidungen, Diss. Tübingen 1987.

Kierstein, Hans, Probleme der Beziehungen zwischen den Muttergemeinwesen und den von ihnen errichteten rechtsfähigen Anstalten, Diss. Marburg 1967.

Kinzl, Ulrich-Peter, Anstaltslast und Gewährträgerhaftung, Unbegrenzte staatliche Einstandspflicht für öffentliche Banken unter dem Beihilfe- und Durchführungsverbot des EG-Vertrages, Baden-Baden 2000, zugl. Diss. Bayreuth 2000.

Kirchhof, Paul, Die Rechtspflicht zur Übertragung von Zweigstellen nach einer kommunalen Neugliederung, Voraussetzungen und Inhalt der Übertragungspflicht, dargestellt am Beispiel des Sparkassengesetzes Nordrhein-Westfalen, Heidelberg 1984.

Klaus, Markus, Sparkassenvorstände in der Kritik, Zocker aus der Provinz?, KOPO 12/2008, 25.

Klein, Jochen, Das Sparkassenwesen in Deutschland und Frankreich, Entwicklung, aktuelle Rechtsstrukturen und Möglichkeiten einer Annäherung, Berlin 2003, zugl. Diss. Köln 2002.

Klein, Martin, Die Novellierung des Sparkassenrechts aus der Sicht des Landkreistages Nordrhein-Westfalen, EILDIENST LKT NRW 2008, S. 326 f.

Klein, Mikko, Die Privatisierung der Sparkassen und Landesbanken, Begründungen, Probleme und Möglichkeiten aus ökonomischer und rechtlicher Perspektive, Frankfurt am Main u. a. 2003, zugl. Diss. Passau 2003.

Kleine, Walter, Wir brauchen ein gutes Preisimage, Ist das kostenlose Girokonto eine Lösung für Sparkassen?, Sparkasse 2008, 28.

Kleiner, Ernst Eberhard, Die öffentlichen Sparkassen als private Unternehmungen, als unselbständige und als selbständige öffentliche Anstalten, (auch unter dem Titel: Das Recht der öffentlichen Sparkassen), Diss. Heidelberg 1930.

Kleiner, Ernst Eberhard, Die Rechtsentwicklung vom Reglement bis zur Mustersatzung, Sparkasse 1938, 403 ff.

Klüber, Hans, Regionalprinzip und Gebietsreform, Sparkasse 1968, 128 ff.

Klüber, Hans, Subsidiaritätsprinzip für Sparkassen?, Sparkasse 1969, 214 ff.

Klüber, Hans, Zur Frage der personellen Selbstverwaltung der Sparkassen, Sparkasse 1957, 283 ff.

Klüpfel, Wolfgang, Das Sparkassenrecht in Baden-Württemberg, Teil 2, Sparkassenanlageverordnung, 3. Aufl., Stuttgart 1987.

Klüpfel, Wolfgang, Das Sparkassenrecht in Baden-Württemberg, Teil 3, Kommentar zu den Satzungen A und B (Satzungsmuster), 1. Aufl., Stuttgart 1971.

Klüpfel, Wolfgang, Entwicklungslinien im Sparkassenrecht, in: Deutscher Sparkassen- und Giroverband e. V. (Hrsg.), Standortbestimmung, Entwicklungslinien der deutschen Kreditwirtschaft, Stuttgart 1984, S. 112 ff.

Klüpfel, Wolfgang/*Gaberdiel,* Heinz/*Gnamm,* Peter/*Höppel,* Michael, Kommentar zum Sparkassengesetz, Das Sparkassenrecht in Baden-Württemberg, 7. Aufl., Stuttgart 2006.

Kluth, Winfried, Kommentierung zu Art. 49 EG, in: Calliess/Ruffert (Hrsg.), EUV EGV, 3. Aufl., München 2007.

Knemeyer, Franz-Ludwig, § 12, Die Staatsaufsicht über die Gemeinden und Kreise (Kommunalaufsicht), in: Mann/Püttner (Hrsg.), Handbuch der kommunalen Wissenschaft und Praxis, Bd. 1, Grundlagen und Kommunalverfassung, 3. Aufl., Berlin u. a. 2007.

Knemeyer, Franz-Ludwig, Das Sparkassenkontrollsystem, BayVBl. 1986, 33 ff. und 70 ff.

Knörr, Klaus, Stiftungssparkasse – eine Option für die Zukunft?, Kommunalwirtschaft/Sonderausgabe 2008, 97 f.

Koch, Jens, Das Girokonto für jedermann, ein altes Problem in neuem Licht, WM 2006, 2242 ff.

Köhler, Manfred, Stammkapital macht vieles möglich, Taunus-Sparkasse will rechtliche Chancen nutzen, FAZ vom 22.11.2007, Nr. 272, S. 47.

Köhler, Peter, Vier Fragen an: Heinrich Haasis, Handelsblatt vom 14.05.2009, Nr. 92, S. 24.

Köhler, Peter/*Drost,* Frank, Wenn's um Geld geht, Handelsblatt vom 15.06.2009, Nr. 111, S. 10.

Kohlhase, Hermann, Das Sparkassengesetz für das Land Nordrhein-Westfalen, Sparkasse 1956, 315 ff.

Krebs, Ernst, Änderung des bayerischen Sparkassenrechts, Sparkasse 1970, 90 ff.

Krebs, Ernst/*Dülp,* Heinrich, Bayerisches Sparkassenrecht, Kommentar, 15. Aufl., München 2002.

Krebs, Ernst, Der Regionalgrundsatz nach bayerischem Sparkassenrecht, Normenkontrollurteil des Bayerischen Verwaltungsgerichtshof Nr. 235 IV 78 vom 25. 2. 1981, Sparkasse 1981, 348f f.

Krebs, Walter, Die öffentlichrechtliche Anstalt, NVwZ 1985, 609 ff.

Kriechbaum, Karl-Heinz, Neues saarländisches Sparkassenrecht, Sparkasse 1975, 179 ff.

Krüger, Bettina, Sparkassengesetz für das Land Schleswig-Holstein, Wiesbaden 2000.

Kujath, Hans-Karl, Das Sparkassengesetz für das Land Schleswig-Holstein, Sparkasse 1958, 147 ff.

Kunig, Philip, Die Legende vom »weiten« Begriff des »Rechts der Wirtschaft«, Wider den leichthändigen Umgang mit Art. 74 Nr. 11 GG, JR 1986, 491 ff.

Kühltau, Walter, Wann kommt ein Sparkassengesetz für Nordrhein-Westfalen?, Kommunalpolitische Blätter 1956, 37 ff. (auszugsweise abgedruckt in Sparkasse 1956, 58 f.).

Kurze, Thomas, Probleme und Verbesserungsmöglichkeiten der Eigenkapitalausstattung kommunaler Sparkassen, Diss. Aachen 1977.

Lange, Christoph, Privatisierung der Rechtsform, Umwandlung öffentlicher Einheiten in Kapitalgesellschaften, Frankfurt am Main u. a. 1984, zugl. Diss. Hamburg 1983.

Lange, Klaus/*Breuer,* Rüdiger, Die öffentlich-rechtliche Anstalt, VVDStRL 44 (1986), 169 ff.

Langhein, Heinrich, Das Prinzip der Analogie als juristische Methode, Ein Beitrag zur Geschichte der methodologischen Grundlagenforschung vom ausgehenden 18. bis zum 20. Jahrhundert, Berlin 1992, zugl. Diss. Hamburg 1991.

Laubinger, Hans Werner, Die nutzbare Anstalt des öffentlichen Rechts – ein Fabelwesen, in: Geis/Lorenz (Hrsg.), FS Maurer, S. 641 ff.

Laudenbach, Hans-Jörg, Organisationsform Aktiengesellschaft für kommunale Sparkassen, (K)eine Alternative zur Lösung der Eigenkapitalprobleme bei öffentlich-rechtlichen Sparkassen, Diss. Heidelberg 1994.

Leidinger, Tobias, Ensembleschutz durch Denkmalbereichssatzungen der Kommunen, Darstellung, Analyse und Bewertung eines Instruments des Denkmalschutzrechts unter besonderer Berücksichtigung der Rechtslage in Nordrhein-Westfalen, Berlin 1993, zugl. Diss. Münster 1992/93.

Lenz, Carl Otto/*Borchardt,* Klaus-Dieter (Hrsg.), EU- und EG-Vertrag, 4. Aufl., Köln u. a. 2006.

Lepper, Markus, Die Verwendung und insbesondere die Ausschüttung von Sparkassengewinnen, Baden-Baden 2003, zugl. Diss. Düsseldorf 2002.

Lichtenstern, Elisabeth, Die Gesetzgebung im Spannungsverhältnis zwischen Bund und Ländern, Frankfurt am Main 1979, zugl. Diss. Augsburg 1979.

Linnert, Karoline, Girokonto für Jedermann!, ZRP 2009, 37.

Löblich, Eberhard, Letzter sparkassenfreier Fleck beseitigt, Demo 2008, 60.

Löhr, Christian, Anstaltslast und Gewährträgerhaftung bei Sparkassen und Landesbanken als gemeinschaftsrechtswidrige Beihilfe im Sinne des Artikels 87 Absatz 1 EG?, Diss. Bochum 2000.

Luppert, Jürgen, Der Kommunale Zweckverband, Eine Form interkommunaler Zusammenarbeit, Diss. Heidelberg 2000.

Lutter, Marcus, Pflichten und Haftung von Sparkassenorganen, Köln u. a. 1991.

Lutter, Marcus, Professionalisierung der Aufsichtsräte, NJW 1995, 1133 f.

Lutter, Marcus (Hrsg.), Recht und Wirtschaft in Geschichte und Gegenwart, Festschrift für Johannes Bärmann zum 70. Geburtstag, München 1975.

Lühmann, Hans, Die Staatsaufsicht in Deutschland zwischen staatlicher Kontrolle und Regulierung: Aufsichtspraxis, Rechtsquellen, Aufsichtsmodelle, Tübingen 2010.

Lüttmann, Peter, Aufgaben und Zusammensetzung der Verwaltungsräte der kommunalen Sparkassen, Köln 2002, zugl. Diss. Münster 2002.

Mahringer, A., Stellungnahme zur Änderung des Württembergischen Sparkassengesetzes, Sparkasse 1951, 259 ff.

von Malchus, Freiherr Carl August, Die Sparkassen in Europa, Heidelberg u. a. 1838, Stuttgart 1994 (Vollständiger Nachdruck der Originalausgabe).

von Mangoldt, Hermann/*Starck,* Christian (Hrsg.), Kommentar zum Grundgesetz, Bd. 2, 5. Aufl., München 2005.

Mann, Thomas, Die öffentlich-rechtliche Gesellschaft, zur Fortentwicklung des Rechtsformenspektrums für öffentliche Unternehmen, Köln 2002, zugl. Habil. Köln 2000/01.

Mann, Thomas/*Püttner,* Günter (Hrsg.), Handbuch der kommunalen Wissenschaft und Praxis, Bd. 1, Grundlagen und Kommunalverfassung, 3. Aufl., Berlin u. a. 2007.

Mauerer, Anton, Gewinnentnahme bei Sparkassen?, Zur Diskussion um die Ausschüttung von Sparkassengewinnen, Sparkasse 1998, 461 ff.

Maunz, Theodor/*Dürig,* Günter, Grundgesetz, Kommentar, Bd. V, Stand: 56. EL, Oktober 2009.

Maunz, Theodor, Kommentierung zu Art. 74 Grundgesetz (Stand: 23. EL), in: Maunz, Theodor/Dürig, Günter, Grundgesetz, Kommentar, Bd. V, Stand: 56. EL, Oktober 2009.

Maurer, Hartmut, Allgemeines Verwaltungsrecht, 17 Aufl., München 2009.

Mayer, Otto, Deutsches Verwaltungsrecht, Bd. 2, 3. Aufl., München und Leipzig 1924.

Metz, Horst, Gesetz zur Herstellung einer einheitlichen Sparkassenstruktur im Freistaat Sachsen, Kreditwesen 2002, 747 f.

Meyer, Hans, Liegt die Zukunft Mecklenburg-Vorpommerns im 19. Jahrhundert?, Zum Neugliederungsurteil des Landesverfassungsgerichts, (Zugleich Anmerkung zu LVerfG Mecklenburg-Vorpommern, U. v. 26.07.2007 – LVerfG 9-17/06 –), NVwZ 2008, 24 ff.

Middelhauve, Friedrich, Zur Verfassung und Verwaltung der Sparkassen in Nordrhein-Westfalen, Sparkasse 1956, 83 ff.

Milbradt, Georg/*Thode,* Bernd, Die Sächsische Verbundlösung, Neuordnung der Sparkassen, der Landesbank Sachsen Girozentrale und der Sächsischen Aufbaubank, Frankfurt am Main 2001.

Morin, Klaus, Franchising, Ein moderner Weg zur Existenzgründung, Sparkassenheft Nr. 192, 2. Aufl., Stuttgart 2001.

Möller, Klaus, Änderungen im Geschäfts- und Organisationsrecht der Sparkassen 1986, 92 ff.

Möller, Klaus, Keine Auskunftspflicht über Personalangelegenheiten im Gemeinderat einer Gemeinde, Sparkasse 1990, 423 ff.

Möller, Klaus, Neues DDR-Sparkassengesetz, Sparkasse 1990, 306 f.

Möller, Klaus, Veränderungen im Geschäftsrecht der Sparkassen, Sparkasse 1988, 571 ff.

Müller, Horst, Fortentwicklung des Sparkassensektors, Notwendigkeit – Bedingungen – Gestaltungsmuster, ZögU 2005, 327 ff.

Müller, Otto, Neue Sparkassen-Mustersatzung in Niedersachsen, Sparkasse 1963, 38 ff.

Müller, Otto, Neues Sparkassengesetz in Niedersachsen, Sparkasse 1962, 195 ff.

Münstermann, Engelbert, Zur Zukunft der Sparkassen, ZKF 2001, 194 ff.

Mura, Jürgen (Hrsg.), Der öffentliche Auftrag der Sparkassen in der historischen Entwicklung, Sparkassenhistorisches Symposium 1985, Stuttgart 1986.

Mura, Jürgen, Die deutsche Sparkassenorganisation 1933 bis 1945, Sparkasse 1997, 146 ff.

Mura, Jürgen, Entwicklungslinien der deutschen Sparkassengeschichte, Teil 1, 2. Aufl., Stuttgart 1994.

Mura, Jürgen, Entwicklungslinien der deutschen Sparkassengeschichte, Teil 2, Stuttgart 1995.

Mura, Jürgen, Literatur zur deutschen Sparkassengeschichte 1960-1978, Sparkasse 1978, 463 f. und 1979, 26 ff.

Mura, Jürgen, Literatur zur deutschen Sparkassengeschichte seit 1978, Sparkasse 1986, 123 ff.

Mura, Jürgen, Literatur zur deutschen Sparkassengeschichte seit 1986, Sparkasse 1990, 427 ff.

Mura, Jürgen, Literatur zur deutschen Sparkassengeschichte seit 1990, Sparkasse 1997, 93 ff.

Mura, Jürgen, Zur Geschichte des deutschen Sparkassenrechts von den Anfängen bis 1945, Bankhistorisches Archiv 1982, 3 ff., gekürzte Fassung abgedruckt in: Sparkasse 2/1983, S. 69 ff.

Mura, Jürgen, Zur Geschichte des deutschen Sparkassenrechts seit 1945, Sparkasse 1983, 260 ff.

Mura, Jürgen, Zur Geschichte des Spargeschäfts der Sparkassen seit 1945, Sparkasse 1995, 229 ff.

Mura, Jürgen, Zur Geschichte des Spargeschäfts der Sparkassen von den Anfängen bis 1945, Sparkasse 1995, 88 ff.

Mura, Jürgen, Zur Geschichte des Sparkassenwesens in der DDR seit 1945, Sparkasse 1982, 23 ff.

von Mutius, Albert (Hrsg.), Selbstverwaltung im Staat der Industriegesellschaft, Festgabe zum 70. Geburtstag von Georg Christoph von Unruh, Heidelberg 1983.

Nagl, Hans, Wieviel Bank braucht der Staat?, Handelsblatt vom 07.04.2008, Nr. 67, S. 8c.

Nawiasky, Hans, Die Grundgedanken des Grundgesetzes für die Bundesrepublik Deutschland, Stuttgart und Köln 1950.

Nehrkorn, Alex, Inwieweit kann das Reglement von 1838 der künftigen Reichsgesetzgebung über das Sparkassenwesen als Vorbild dienen?, Sparkasse 1938, 408 ff.

Niemeyer, Hans-Jörg/*Hirsbrunner,* Simon, Anstaltslast und Gewährträgerhaftung bei Sparkassen und die Zwischenstaatlichkeitsklausel in Art. 87 EG, EuZW 2000, 364 ff.

Nierhaus, Michael, Zur kommunalen Bindung und Aufgabenstellung der Sparkassen, DÖV 1984, 662 ff.

Nierhaus, Michael, Zur Verfassungsmäßigkeit der Entziehung der Sparkassengewährträgerschaft im Zuge der Gebietsreform in Brandenburg (Zugleich Anmerkung zu LVerfG Bbg, Urt. v. 19.05.1994, – 9/93 –, LVerfGE 2, 93), EWiR 1994, 1105 f.

Nierhaus, Michael/*Stern,* Klaus, Regionalprinzip und Sparkassenhoheit im europäischen Bankenbinnenmarkt, Frankfurt am Main 1992.

Niggemeyer, Jörg, Zulässigkeit und Grenzen von Sparkassenfusionen, Eine Untersuchung am Beispiel von Zusammenschlüssen nordrhein-westfälischer Sparkassen, Stuttgart 2005, zugl. Diss. Münster 2005.

Oberbillig, Werner, Die Neuordnung des Sparkassenwesens in Rheinland-Pfalz, Sparkasse 1958, 115 ff.

Obermann, Holger, Die kommunale Bindung der Sparkassen, Verfassungsrechtliche Möglichkeiten und Grenzen ihrer Ausgestaltung, Köln 2000, zugl. Diss. Münster 2000.

Oebbecke, Janbernd, Aktuelle Fragen der Sparkassenpolitik, NST-N 2002, 127 ff.

Oebbecke, Janbernd, Brauchen wir noch Sparkassen?, Überlegungen zur Zukunft des kommunalen Sparkassenwesens, Gemeindehaushalt 2001, 169 ff.

Oebbecke, Janbernd, Die unsichtbare Hand in der Ländergesetzgebung, Zur Praxis und Theorie dezentraler Normgesetzgebung, Staatswissenschaft und Staatspraxis 1997, S. 461 ff.

Oebbecke, Janbernd, Die Zukunft der kreditwirtschaftlichen Versorgung, in: Oebbecke u. a. (Hrsg.), Aktuelle Fragen der Sparkassenpolitik, Stuttgart 2002, S. 52 ff.

Oebbecke, Janbernd, Föderalismus und Kommunalverfassung, in: Huhn, Jochen/Witt, Peter-Christian (Hrsg.), Föderalismus in Deutschland, Traditionen und gegenwärtige Probleme, Symposion an der Universität Kassel 10. bis 12. April 1991, Baden-Baden 1992, S. 185 ff.

Oebbecke, Janbernd, Keine Anstaltslast bei den kommunalen Sparkassen, Kreditwesen 1982, 60 f.

Oebbecke, Janbernd, Kommunale Satzungsgebung und verwaltungsgerichtliche Kontrolle, NVwZ 2003, 1313 ff.

Oebbecke, Janbernd, Kommunen und Sparkassen, Zur Zukunft der kreditwirtschaftlichen Versorgung, Kreditwesen 2002, 734 ff.

Oebbecke, Janbernd, Rechtsfragen der Eigenkapitalausstattung der kommunalen Sparkassen, Siegburg 1980, zugl. Diss. Münster 1979.

Oebbecke, Janbernd, Sparkassen und Sparkassenrecht nach der Einigung im Beihilfestreit, in: Ipsen (Hrsg.), Zukunft der Sparkassen – Sparkasse der Zukunft, 14. Bad Iburger Gespräche, Göttingen 2004, S. 109 ff.

Oebbecke, Janbernd, Sparkassenrechtspolitik nach dem Namensstreit, in: Henneke (Hrsg.), Öffentlicher Auftrag bei sich wandelnden Marktbedingungen, Professorengespräch 2007 des Deutschen Landkreistages am 21./22. März 2007 in Mainz, Stuttgart u. a. 2007, S. 154 ff.

Oebbecke, Janbernd/*Ehlers,* Dirk/*Schink,* Alexander/*Pünder,* Hermann (Hrsg.), Aktuelle Fragen der Sparkassenpolitik, Wissenschaftliches Kolloquium des Freiherr-vom-Stein-Instituts am 8. März 2002 zu Ehren von Herrn Dr. Kuhr anlässlich seines Ausscheidens als Vorsitzender des Kuratoriums des Freiherr-vom-Stein-Instituts, Stuttgart 2002.

Oeckinghaus, Hans-Alfred, Errichtung von Kreissparkassenzweigstellen in kreisangehörigen Städten und Gemeinden mit eigener Sparkasse, Sparkasse 1962, 83 f.

Oeter, Stefan, Kommentierung zu Art. 74 Grundgesetz, in: von Mangoldt, Hermann/Starck, Christian (Hrsg.), Kommentar zum Grundgesetz, Bd. 2, 5. Aufl., München 2005.

Ossenbühl, Fritz, Grundfragen zum Rechtsstatus der freien Sparkassen, Berlin 1979.

Ossenbühl, Fritz/*Löwer,* Wolfgang, Zur Frage der Verfassungsmäßigkeit der Eigenkapitalregelung für Sparkassen, unveröffentlichtes Rechtsgutachten, Bonn 1985.

Ott, Edward, Juristische Methode in der Sackgasse?, 46 fragwürdige Theorien in der heutigen juristischen Methodenlehre, Zürich 2006.

O. V., Absage an Bad Bank, Die Sparkassen sagen Nein zum bundesweiten Rettungsmodell für die Landesbanken, Handelsblatt vom 08.06.2009, Nr. 107, S. 25.

O. V., Aufsichtsräte öffentlicher Banken ohne Kompetenz, F. A. Z. vom 06.10.2008, Nr. 233, S. 14.

O. V., Ausschüttungsmöglichkeiten bei Sparkassen, Kreditwesen 2006, 488 ff.

O. V., Bericht der Bundesregierung zur Umsetzung der ZKA-Empfehlung »Girokonto für jedermann«, WM 2009, 287.

O. V., Das neue Sparkassengesetz im Landtag von Nordrhein-Westfalen, Sparkasse 1957, 41 ff.

O. V., Das neue Sparkassenrecht in Rheinland-Pfalz, Darstellung der wesentlichen Neuerungen, Sparkasse 1983, 19 ff.

O. V., Der Landtag streitet über das Sparkassen-Stammkapital, INF. HStT 2008, 76 f.

O. V., Der Zweckverband als Organisationsform kommunaler Sparkassen, Rechtliche Grundlagen, geschäftspolitische Bedeutung, historische Erfahrungen am Beispiel der Kreissparkasse Köln, Stuttgart 1999.

O. V., Entwurf eines Gesetzes zur Änderung des Gesetzes über das Kreditwesen, Rechtsanspruch auf Führung eines Girokontos, WM 2008, 2134.

O. V., Experten weisen auf Gefahren der Novelle hin, Die Sparkassenzeitung vom 19.09.2008, Nr. 38, S. 7.

O. V., FDP: Sparkassen sollen Aktiengesellschaften werden, Der Plan stößt auf breite Ablehnung im Regierungs- und Oppositionslager, Kieler Nachrichten vom 22.01.2009, Nr. 18, S. 17.

O. V., Flowers gibt sich bei HRE noch nicht geschlagen, Handelsblatt vom 14.04.2009, Nr. 71, S. 2.

O. V., Hilfsmodell für Landesbanken stößt auf Widerspruch, Sparkassen, Bundesbank und das Land Hessen kritisieren Haftungsregelung als zu hart, F. A. Z. vom 12.06.2009, Nr. 133, S. 9.

O. V., ING-Diba droht mit gezielter Abwerbung, Direktbank pariert Angriffe regionaler Konkurrenten, Handelsblatt vom 13.02.2009, Nr. 31, S. 26.

O. V., Jugendlichen den Umgang mit Geld vermitteln, Durch Training, unabhängige Vermittlung oder neuem Schulfach?, Landtag Intern (NW), 2008, 10.

O. V., Mitbestimmung der Bediensteten der Sparkassen, Eine Stellungnahme zu einem Urteil, Sparkasse 1988, 87 ff.

O. V., NRW entschärft Sparkassengesetz, Handelsblatt vom 03.11.2008, Nr. 213, S. 25.

O. V., Sparkassengesetze der Länder des hessischen Sparkassengesetzes, Sparkasse 1954, 203 f.

O. V., Sparkassen-Rangliste 2008, Die Sparkassen-Zeitung vom 12.06.2009, Nr. 24, Beilage Juni 2009, S. B20 ff.

O. V., Sparkassen sperren Geldautomaten für Kreditkarten, VuR 2008, 374 f.

O. V., Sprachwissenschaftler beim Bundesjustizministerium sorgen für verständlichere Gesetze, NJW 14/2009, S. XII.

O. V., Stiftungslösung für die Sparkassen liegt nicht im Interesse der Landkreise, Der Landkreis 2008, 296.

O. V., Vom Sparkassenstandpunkt – Fortschrittliches Sparkassenrecht, Sparkasse 1955, 318 ff.

O. V., Wie sichert man Stabilität?, Interview zum Schwerpunkt »Sparkassengesetz«, Landtag Intern 10/2008, S. 8 f.

Pahlke, Georg, Das Sparkassengesetz für das Land Schleswig-Holstein, Sparkasse 1958, 271 ff.

Palandt, Klaus, Die Auslegung von Satzungen, Diss. Würzburg 1974.

Pautsch, Arne, Zur rechtlichen Zulässigkeit des Verkaufs kommunaler Sparkassen, DÖV 2005, 990 ff.

Pehla, Inken, Der Haftungsverbund der Sparkassen-Finanzgruppe, Eine Untersuchung der Institutssicherung der Sparkassen und Landesbanken unter besonderer Berücksichtigung des Einlagensicherungs- und Anlegerentschädigungsgesetzes, Stuttgart 2006, zugl. Diss. Münster 2006.

Peine, Franz-Joseph, Grenzen der Privatisierung, Verwaltungsrechtliche Aspekte, DÖV 1997, 353 ff.

Pencereci, Turgut/*Brandt,* Claudia, Die Kommunale Anstalt, LKV 2008, 293 ff.

Perdelwitz, Johannes, Das Sparkassenrecht im Wandel der Zeiten, in: Deutsche Sparkassenzeitung vom 28.09.1937, S. 4.

Perdelwitz, Johannes/*Fabricius,* Paulus/*Kleiner,* Ernst Eberhard, Das preußische Sparkassenrecht, 2. Aufl., Berlin 1937 und Berlin u. a. 1955 (unveränderter Nachdruck der Originalausgabe).

Petermann, Kurt, Das bremische Sparkassengesetz, Sparkasse 1955, 379 f.

Peters, Hans, Sparkassenrecht – Bundes- oder Landesrecht?, ÖTV-Presse 1952, 256 f.

Pielow, Johann-Christian, Zwischen Flexibilität und demokratischer Legitimität, Neue Rechtsformen für Unternehmen (dargestellt am Beispiel des bayerischen Rechts), in: Epping/Fischer/von Heinegg (Hrsg.), FS Ipsen, S. 725 ff.

Pieper, Stefan Ulrich, Aufsicht, Verfassungs- und verwaltungsrechtliche Strukturanalyse, Köln 2006, zugl. Habil. Münster 2000/01.

Pieroth, Bodo, Kommentierung zu Art. 70 Grundgesetz, in: Jarass, Hans/Pieroth, Bodo, Grundgesetz für die Bundesrepublik Deutschland, 10. Aufl., München 2009.

Piorkowski, Jens, Die deutsche Sparkassenorganisation 1924 bis 1934, Stuttgart 1997, zugl. Diss. Berlin 1996 unter dem Titel: Die deutschen Sparkassen vom Ende der Inflation bis zum Reichsgesetz über das Kreditwesen.

Pitschas, Rainer/*Schoppa,* Katrin, Rechtsformen kommunaler Unternehmenswirtschaft, DÖV 2009, 469 ff.

Pix, Manfred (Hrsg.), Sparen – Investieren – Finanzieren, Gedenkschrift für Josef Wysocki, Stuttgart 1997.

Pohl, Hans, Universalisierung und Strukturwandel des deutschen Sparkassenwesens nach 1945, in: Europäisches Kolloquium für Sparkassengeschichte 1998, Die europäischen Sparkassen nach 1945 – auf dem Weg zu Universalkreditinstituten, Stuttgart 2000, S. 99 ff.

Posch, Dieter, Gedanken zur (Neu-)Gestaltung des Sparkassenwesens in Hessen, Kreditwesen 2002, 749 f.

Post, Manfried/*Hoffmann,* Günther, Die stille Beteiligung am Unternehmen der Kapitalgesellschaft, 2. Aufl., Bielefeld 1984.

Pressmar, Klaus, Die ersten Änderungen der Mustersatzung für die Sparkassen in Rheinland-Pfalz, Sparkasse 1962, 265 ff.

Pressmar, Klaus, Die dritte Änderung der Mustersatzung für die Sparkassen in Rheinland-Pfalz, Sparkasse 1965, 296 ff.

Pröhl, Hans, Die Sparkassen in Gesetzen und Verordnungen, in: Höpker, Heinrich, Die deutschen Sparkassen, ihre Entwicklung und ihre Bedeutung, Berlin

1924 und Stuttgart 1997 (vollständiger Nachdruck der Originalausgabe), S. 159 ff.

Püttner, Günter, Die öffentlichen Unternehmen, Ein Handbuch zu Verfassungs- und Rechtsfragen der öffentlichen Wirtschaft, 2. Aufl., Stuttgart u. a. 1985.

Puttner, Günter/*Gerber,* Jürgen, Zur Eigenkapitalausstattung der Sparkassen, insbesondere zur Verfassungsmäßigkeit der Nichtanerkennung der Gewährträgerhaftung als Eigenkapital-Surrogat, Berlin 1983.

Radau, Wolfgang/*Wittlinger,* Rolf, Das Sparkassengesetz im Freistaat Sachsen, Finanzwirtschaft 1994, 115 ff.

Ranacher, Christian/*Staudigl,* Fritz, Einführung in das EU-Recht, Institutionen, Recht und Politiken der Europäischen Union, Wien 2007.

Rauch, Annemarie, Vereinheitlichung des Gemeindeverfassungsrechts in den Flächenstaaten, Diss. Würzburg 1974.

Raule, Peter, Das Sparkassenrecht der badischen öffentlichen Sparkassen im Wandel der Zeiten, Sparkasse 1952, 153 ff. und 174 ff.

Rehm, Hannes, Keine echte Alternative zum kommunalen Sparkassenwesen, Der Städtetag 1993, 463 ff.

Reininghaus, Wilfried/*Schaldt,* Hartmut/*Stremmel,* Ralf/*Stiftung Westfälisches Wirtschaftsarchiv und Westfälisch-Lippischer Sparkassen- und Giroverband,* Handbuch zur Geschichte der westfälisch-lippischen Sparkassen, Bd. 1, Die Sparkassen und ihre Archive, und Bd. 2, Quellen in öffentlichen Archiven, Dortmund 1998.

Reuter, Dieter, Stiftungsform, Stiftungsstruktur und Stiftungszweck, Zu neueren Thesen über die Gestaltungsfreiheit im Stiftungsrecht, AcP 207 (2007), 1 ff.

Reyert, Edmund, Das Saarländische Sparkassengesetz vom 17. Dezember 1964, Sparkasse 1965, 153 ff.

Reyert, Edmund, Die neue saarländische Mustersatzung, Sparkasse 1965, 449 ff.

Richter, E. W., Die Banken und Sparkassen in der Deutschen Demokratischen Republik (DDR), in: Sparkasse 1955, S. 200 ff.

Roesch, Josef, Neues Sparkassenrecht in Nordrhein-Westfalen, Sparkasse 1958, 287 ff.

Rolvering, Heinrich-Stefan, Der wechselseitige Zusammenhang zwischen den kommunalen Sparkassen und dem kommunalen Raum am Beispiel der Sparkassen in Westfalen-Lippe in den Jahren von 1958 bis 1970, Münster 1997, zugl. Diss. Münster 1996.

Rose, Mathew, Eine ehrenwerte Gesellschaft, Die Bankgesellschaft Berlin, 5. Aufl., Berlin 2004.

Rost-Haigis, Barbara/*Hohmann,* Frank-Peter, Auswirkungen der Gebietsreform auf das Sparkassenwesen, Baden-Baden 1981.

Rothardt, Jochen, Die Sparkassen in der kommunalen Gebietsreform, Diss. Göttingen 1972.

Rothe, Karl-Heinz, Sparkassengesetz für das Land Nordrhein-Westfalen, 3. Aufl., Siegburg 1976.

Rüfner, Wolfgang, Zur Lehre von der öffentlichen Anstalt, DÖV 1985, 605 ff.

Sachs, Die Bindung des Bundesverfassungsgerichts an seine Entscheidungen, München 1977, zugl. Diss München 1977.

Sachs, Michael (Hrsg.), Grundgesetz, Kommentar, 5. Aufl., München 2009.

Salzwedel, Jürgen, Staatsaufsicht in der Verwaltung, VVDStRL 22 (1965), 206 ff.

Schalast, Christoph, Stammkapital, stille Beteiligung und Zusammenschlussoptionen, Reform des Sparkassenrechts in Deutschland, Frankfurt am Main 2008.

Scheerer, Michael Dauerstreit mit den Sparkassen, Brüssel sucht sich immer neue Fälle, um gegen das Dreisäulenmodell vorzugehen, Handelsblatt vom 21.02.2007, Nr. 37, S. b2.

Scheike, Alexander, Rechtliche Voraussetzungen für die materielle Privatisierung kommunaler Sparkassen, Eine Untersuchung unter besonderer Berücksichtigung der Rechtsform der eingetragenen Genossenschaft, Frankfurt am Main 2004, zugl. Diss. Osnabrück 2004.

Schepers, Volker, Internet-Banking und sparkassenrechtliches Regionalprinzip, Stuttgart 2003, zugl. Diss. Münster 2003.

Scherer, Peter/*Schödermeier,* Martin, Staatliche Beihilfen und Kreditgewerbe, ZBB 1996, 165 ff.

Schink, Alexander, Mustersatzungen – Ihre Entstehung und Umsetzung in der Kommunalverwaltung, ZG 1986, S. 33 ff.

Schink, Alexander, Organisationsformen für die kommunale Abfallwirtschaft, VerwArch 85 (1994), 251 ff.

Schlierbach, Helmut, Änderungen der Mustersatzungen A und B und der Beleihungsgrundsätze für Sparkassen in Hessen, Sparkasse 1963, 41 ff.

Schlierbach, Helmut, Das hessische Sparkassengesetz vom 10. November 1954, Sparkasse 1955, 378 ff.

Schlierbach, Helmut, Das Sparkassenrecht in der Bundesrepublik Deutschland und in Berlin-West, 1. Aufl., Stuttgart 1981.

Schlierbach, Helmut, Das Sparkassenrecht in der Bundesrepublik Deutschland und in Berlin West, 2. Aufl., Stuttgart 1985.

Schlierbach, Helmut, Das Sparkassenrecht in Hessen, 1. Aufl., Stuttgart 1955.

Schlierbach, Helmut, Die ersten Änderungen der Mustersatzungen A und B für kommunale Sparkassen in Hessen, Sparkasse 1960, 282 ff. und 302 ff.

Schlierbach, Helmut, Die dritten Änderungen der Mustersatzungen A und B für kommunale Sparkassen in Hessen, Sparkasse 1964, 22 ff.

Schlierbach, Helmut, Die zweite Novelle zum Hessischen Sparkassengesetz, Sparkasse 1973, 63 ff. und 121 ff.

Schlierbach, Helmut, Erste Novelle zum Hessischen Sparkassengesetz, Sparkasse 1969, 53 ff.

Schlierbach, Helmut, Kommentar zu den hessischen Mustersatzungen A und B fur kommunale Sparkassen, Loseblatt, Stuttgart.

Schlierbach, Helmut, Kommentar zum hessischen Sparkassengesetz, Loseblatt, Stuttgart 1971.

Schlierbach, Helmut, Wandel des Sparkassenrechts, Kommunalwirtschaft 1973, 436 ff.

Schlierbach, Helmut/*Püttner,* Günter, Das Sparkassenrecht in der Bundesrepublik Deutschland, 3. Aufl., Stuttgart 1994.

Schlierbach, Helmut/*Püttner,* Günter, Das Sparkassenrecht in der Bundesrepublik Deutschland, 4. Aufl., Stuttgart 1998.

Schlierbach, Helmut/*Püttner,* Günter, Das Sparkassenrecht in der Bundesrepublik Deutschland, 5. Aufl., Stuttgart 2003.

Schmidt, Dirk, Das Regionalprinzip im Sparkassenwesen, insbesondere die Errichtung von Zweigstellen der Kreissparkassen im Gewährträgerbereich kreisangehöriger Gemeinde- und Amtssparkassen, VerwArch 51 (1960), 315 ff.

Schmidt, Dirk, Die Anstaltslast als Aufgabenlast, Kreditwesen 1981, 762 ff.

Schmidt, Dirk, Die Bindungsklausel im Besoldungsrecht der Sparkassenleiter, Sparkasse 1969, 217 ff.

Schmidt, Dirk, Gesetzgebungskompetenz des Bundes für das Sparkassenrecht, in: Lutter/Marcus/Recht, FS Bärmann, S. 837 ff.

Schmidt, Dirk, Kreissparkassen und Gemeindesparkassen in der Gebietsreform, Sparkasse 1971, 267 ff.

Schmidt, Dirk, Nochmals: Anstalts- und Aufgabenlast, Kreditwesen 1982, 255.

Schmidt, Dirk, Stralsund ohne Sparkasse? Nein!, Kreditwesen 2004, 253 ff.

Schmidt, Dirk, Zum Regional- und Subsidiaritätsprinzip im Sparkassenrecht, Sparkasse 1962, 181 ff.

Schmidt-Aßmann, Eberhard/*Röhl,* Hans Christian, Kommunalrecht, in: Schmidt-Aßmann/Schoch, (Hrsg.), Besonderes Verwaltungsrecht, 14. Aufl., Berlin 2008, S. 9 ff.

Schmidt-Aßmann, Eberhard/*Schoch,* Friedrich (Hrsg.), Besonderes Verwaltungsrecht, 14. Aufl., Berlin 2008.

Schmidt-Jortzig, Edzard, Kommunale Satzungen als Form materieller Rechtsetzung durch Selbstverwaltungskörperschaften, ZG 1987, 193 ff.

Schmidt-Jortzig, Edzard, Soll das kommunale Satzungsrecht gegenüber staatlicher und gerichtlicher Kontrolle gestärkt werden?, DVBl. 1990, 920 ff.

Schmitt-Weigand, Adolf, Zur Änderung des Sparkassenrechts in Rheinland-Pfalz, Kritische Anmerkung, Sparkasse 1983, 22 f.

Schmitt-Wellbrock, Wolfgang, Freie Sparkassen und Regionalprinzip, Zugleich ein Beitrag zur Rechtsstellung der Freien Sparkassen als freigemeinwirtschaftliche Unternehmen, Berlin 1979, zugl. Diss. Frankfurt am Main 1979.

Schneider, Uwe, Das Finanzierungsrecht der öffentlich-rechtlichen Kreditinstitute, in: Jayme (Hrsg.), FS Riesenfeld, S. 237 ff.

Schneider, Hans, Gesetzgebung, ein Lehr- und Handbuch, 3. Aufl., Heidelberg 2002.

Schneider, Uwe, Die Entwicklung des Bankaufsichtsrechts, in: Deutscher Sparkassen- und Giroverband e. V. (Hrsg.), Standortbestimmung, Entwicklungslinien der deutschen Kreditwirtschaft, Stuttgart 1984, S. 83 ff.

Schoch, Friedrich, Soll das kommunale Satzungsrecht gegenüber staatlicher und gerichtlicher Kontrolle gestärkt werden?, NVwZ 1990, 801 ff.

Schrapper, Ludger, Kommunale Selbstverwaltungsgarantie und staatliches Genehmigungsrecht, Zur zulässigen Kontrolldichte bei der staatlichen Genehmigung kommunalen Verwaltungshandelns nach Maßgabe der Genehmigungsvorbehalte der nordrhein-westfälischen Gemeindeordnung, Köln u. a. 1992, zugl. Diss Münster 1992.

Schröder, Gustav Adolf, Die Suche nach dem Kompromiss, Sparkassen zwischen Wettbewerb und öffentlicher Daseinsvorsorge, Kreditwesen 2001, 526 ff.

Schuppert, Gunnar Folke, Die Erfüllung öffentlicher Aufgaben durch verselbständigte Verwaltungseinheiten, Eine verwaltungswissenschaftliche Untersuchung, Göttingen 1981, zugl. Habil. Göttingen 1979.

Schuster, Detlev/*Sohns,* Marcus, Zur Veräußerung von Sparkassen, ZBB 2006, 342 ff.

Schwark, Eberhard, Sorgfaltspflicht und Verantwortlichkeit von Mitgliedern des Kreditausschusses einer Bank, in: Heldrich/Prölls/Koller (Hrsg.), FS Canaris, Bd. II, S. 389 ff.

Schwarze, Jürgen (Hrsg.), EU-Kommentar, 2. Aufl., Baden-Baden 2009 (teilweise auch zitiert: 2008).

Seifarth, Friedrich Constantin, Zweckverbandssparkassen in kommunaler Sicht, Sparkasse 1974, 302 ff.

Seigner, Hans, Sparkassen und Landesbanken, Öffentlich-rechtliche Kreditinstitute mit langer Tradition, bewährte Partner der Kreise und Kommunen, Gemeindehaushalt 2001, 193 ff.

Siekmann, Helmut, Die verwaltungsrechtliche Anstalt – eine Kapitalgesellschaft des öffentlichen Rechts, NWVBl. 1993, 361 ff.

Sigmund, Thomas, Verfassungsgericht: Bund darf sich an Banken beteiligen, Handelsblatt vom 06.04.2009, Nr. 67, S. 22.

Sommer, Albrecht, Geistesgeschichte der deutschen Sparkassen, Berlin 1935.

Sprengel, Hans-Erhard, Die Änderungen des Sparkassenrechts auf Grund des Bundes-KWG, Sparkasse 1961, 275 ff.

Sprengel, Hans-Erhard, Die neue Mustersatzung für Sparkassen, Die wesentlichen Rechtsänderungen, Sparkasse 1953, 131 ff.

Sprengel, Hans-Erhard, Die Selbständigkeit der Sparkassen im Verhältnis zum Gewährträger, Sparkasse 1965, 248 ff.

Sprengel, Hans-Erhard, Garantien der Rechtseinheit im Sparkassenrecht, Sparkasse 1961, 111 ff.

Sprengel, Hans-Erhard, Gedanken zum 125. Jahrestag des Erlasses des Preußischen Sparkassenreglements von 1838, Sparkasse 1963, 385 ff.

Sprengel, Hans-Erhard, Sparkassenrecht – Bundes- oder Landesrecht?, DÖV 1952, 69 ff. = Sparkasse 1952, 99 ff.

Sprengel, Hans-Erhard, Staatsaufsicht und Bankaufsicht bei öffentlichen Kreditinstituten, Sparkasse 1950, 29 ff.

Staats, Stefan, Fusionen bei Sparkassen und Landesbanken, Eine Untersuchung zu den Möglichkeiten der Vereinigung öffentlich-rechtlicher Kreditinstitute, Berlin 2006, zugl. Diss. München 2005.

Stegemann, Ulrich, Die neue Braunschweigische Landessparkasse, Eine Anstalt in der Anstalt, KOPO 2008, 30 f.

Steinbrück, Peer, Gedanken zur (Neu-)Gestaltung des Sparkassenwesens in Nordrhein-Westfalen, Kreditwesen 2002, 750 f.

Stern, Klaus, Anstaltslast und Gewährträgerhaftung im Sparkassenrecht, in: Geis/Lorenz (Hrsg.), FS Maurer, S. 815 ff.

Stern, Klaus, Das Staatsrecht der Bundesrepublik Deutschland, Bd. 1, Grundbegriffe und Grundlagen des Staatsrechts, Strukturprinzipien der Verfassung, 2. Aufl., München 1984 und Bd. 3, Allgemeine Lehren der Grundrechte 2, München 1994.

Stern, Klaus, Die institutionellen Grundlagen der Sparkassenorganisation, Sparkasse 1999, 470 ff.

Stern, Klaus, Grundlagen und Status des Zweckverbandes als Gewährträger einer kommunalen Sparkasse, in: Wissenschaftsförderung der Sparkassen e. V. (Hrsg.), Der Zweckverband als Organisationsform kommunaler Sparkassen, Rechtliche Grundlagen, geschäftspolitische Bedeutung, historische Erfahrungen am Beispiel der Kreissparkasse Köln, Stuttgart 1999, S. 29 ff.

Stern, Klaus/*Burmeister,* Joachim, Die kommunalen Sparkassen, Verfassungs- und verwaltungsrechtliche Probleme, Stuttgart 1972.

Stern, Klaus/*Nierhaus,* Michael, Rechtsfragen der Neuordnung des Sparkassenwesens als Folge kommunaler Neugliederung, Dargestellt am Raum Köln, München 1976.

Stern, Klaus/*Nierhaus,* Michael, Das Regionalprinzip im öffentlich-rechtlichen Sparkassenwesen, Seine Geltung und Reichweite im Sparkassenorganisations- und Sparkassengeschäftsrecht, Heidelberg 1991.

Stettner, Rupert, Kommentierung zu Art. 70, 72, 74 Grundgesetz, in: Dreier, Horst, Grundgesetz, Kommentar, Bd. II, 2. Aufl., Tübingen 2006.

Storn, Arne, Kassensturz auf dem Dorf, DIE ZEIT vom 26.03.2009, Nr. 14, S. 23 f.

Strauss, Inga, Der Einsatz moderner Software in der Gesetzgebungsarbeit: Erfahrungen aus der Strukturreform des Versorgungsausgleichs, Das 12. Berliner Forum der Deutschen Gesellschaft für Gesetzgebung (DGG), ZG 2009, S. 86 ff.

Strunk, Ilona, Veränderungen im Sparkassenrecht, Sparkasse 1990, 559 ff.

Tepe, Linus, Verfassungsrechtliche Vorgaben für Zuständigkeitsverlagerungen zwischen Gemeindeverbandsebenen, Stuttgart 2009, zugl. Diss. Münster 2008.

Tettinger, Peter, § 11, Die Verfassungsgarantie der kommunalen Selbstverwaltung, in: Mann/Püttner (Hrsg.), Handbuch der kommunalen Wissenschaft und Praxis, Bd. 1, Grundlagen und Kommunalverfassung, 3. Aufl., Berlin u. a. 2007.

Thielemann, Arno, Das Genußrecht als Mittel der Kapitalbeschaffung und der Anlegerschutz, Pfaffenweiler 1988, zugl. Diss. Gießen 1987.

Thiemann, Christian, Rechtsprobleme der Marke Sparkasse, Stuttgart 2008, zugl. Diss. Münster 2008.

Thieme, Werner, Subsidiaritätsprinzip im Sparkassenrecht?, Sparkasse 1962, 179 ff.

Thode, Bernd, Künftige Struktur des öffentlich-rechtlichen Kreditwesens im Freistaat Sachsen, ZKF 2003, 329 ff.

Thode, Bernd/*Peres,* Holger, Anstalten des öffentlichen Rechts im Spannungsfeld zwischen deutschem und europäischem Recht, Anstaltslast und Gewährträgerhaftung bei kommunalen Sparkassen und Landesbanken, VerwArch 89 (1998), 439 ff.

Tiggemann, Rolf, Die kommunale Neugliederung in Nordrhein-Westfalen, Möglichkeiten und Grenzen der Anwendung landesplanerischer Entwicklungskonzeptionen und Instrumentarien auf das Zielsystem der Gebietsreform, Diss. Münster 1975.

Trende, Adolf, Das deutsche Sparkassenwesen um 1838, Sparkasse 1938, 399 ff.

Trende, Adolf, Deutschlands älteste Sparkasse, Sparkasse 1955, 85 ff.

Trende, Adolf, Geschichte der deutschen Sparkassen bis zum Anfang des 20. Jahrhunderts, Stuttgart 1957 und 1993 (vollständiger Nachdruck der Originalausgabe).

Trende, Adolf/*Rieser,* Michael/*Greisinger,* Hans, Frühgeschichte des europäischen Sparkassenwesens, Wien 1969.

Türk, Oskar, Das Sparkassengesetz von Nordrhein-Westfalen, Die Rechtsstellung der kommunalen Gewährträger, Sparkasse 1958, 71 f.

Twiehaus, Uwe, Die öffentlich-rechtlichen Kreditinstitute, Göttingen 1965, zugl. Diss. Göttingen 1965.

Ude, Christian, Anforderungen der Kommunalwirtschaft an die kommunalen Sparkassen, Kommunalwirtschaft/Sonderausgabe 2008, 22 ff.

von Usslar, Ludolf, Die Abwicklung von Problemkrediten im Lichte des öffentlichen Auftrags der Sparkassen, BKR 2008, 177 ff.

Vesper, Emil, Zur Vereinheitlichung im Kommunalrecht der Bundesländer, Eine Bestandsaufnahme unter der besonderen Berücksichtigung des Zersplitterungsbildes, der historischen Entwicklung und der rechtskonstruktiven Lösungswege, Diss. Bochum 1975.

Vins, Oliver, Mergers, efficiency and politics, Essays on current issues of local savings and cooperative banks in Germany, Diss. Frankfurt am Main 2008.

Vogel, Hans-Gert, Neue Gestaltungsoptionen im neuen Sparkassenrecht – Trägerkapital und Stiftungsmodell nach dem neuen hessischen Sparkassengesetz, BKR 2009, 106 ff.

Vogel, Hans-Gert, Neue Tendenzen im Sparkassenrecht, Privatisierungsdiskussion und Stammkapital, Stadt und Gemeinde 2008, 105 ff.

Völling, Johannes, Rechtsstellung und Aufgaben des Sparkassenrates, Stuttgart 1962.

Völter, Michael, Die Verantwortlichkeit von Verwaltungsratsmitgliedern von Sparkassen, Diss. Tübingen 1993.

Wacke, Andreas, Das Rechtssprichwort des Monats, Wer zuerst kommt, mahlt zuerst, Prior tempore potior iure, JA 1981, 94 ff.

Wagenbach, Josef, Drei Jahre neues Sparkassengesetz in Hessen, Sparkasse 1958, 239 ff.

Waldmann, Klaus, Die Rechtsstellung der Anstaltsbeamten unter besonderer Berücksichtigung der Sparkassenbeamten, Diss. Marburg 1967.

de Wall, Heinrich, Die Anwendbarkeit privatrechtlicher Vorschriften im Verwaltungsrecht, Dargestellt anhand der privatrechtlichen Regeln über Rechtsgeschäfte und anhand des allgemeinen Schuldrechts, Tübingen 1999, zugl. Habil. Nürnberg 1997/98.

Weber, Walter, Die Entwicklung der Sparkassen zu selbständigen Anstalten des öffentlichen Rechts, Ein Beitrag zur Entwicklung des Anstaltsbegriffs im 19. Jahrhundert, Frankfurt am Main u. a. 1985, zugl. Diss. Bonn 1985.

Weides, Peter, Das Verhältnis zwischen Gemeinden und Kreisen gem. Art. 28 II GG, NVwZ 1984, 155 ff.

Weides, Peter, Die Sparkasse des Zweckverbandes in der kommunalen Neugliederung, Ein Beitrag zur gebietsbezogenen Rechtsnachfolge im öffentlichen Recht, Köln 1979.

Weides, Peter, Rechtsfragen der Sparkassenneuordnung im kreisangehörigen Raum, Auswirkungen der Rechtsprechung des Verfassungsgerichtshofes NW zum Verhältnis zwischen Kreissparkassen und Sparkassen kreisangehöriger Gemeinden, EILDIENST LKT NRW 1981, 247 ff.

Weides, Peter, Zur Eigenständigkeit des Sparkassenrechts gegenüber dem Kommunalrecht, DÖV 1984, 41 ff.

Weidinger, Hans, Änderungen des bayerischen Sparkassenrechts, Sparkasse 1961, 67 ff.

Weidinger, Hans, Die Änderungen des bayerischen Sparkassenrechts vom April 1954, Sparkasse 1954, 263 ff.

Weitz, Heinrich, Personelle Selbstverwaltung der Sparkassen, Sparkasse 1956, 283 ff.

Wettach, Uwe, Ländergesetzgebung in der Bundesrepublik Deutschland, Eine rechtstatsächliche Untersuchung am Beispiel ausgewählter Regelungsbereiche, Frankfurt am Main 1994, zugl. Diss. Münster 1993.

Weyer, Willi, Die Aufgaben der Sparkassen für die Wirtschaft und die Kommunen, Sparkasse 1956, 363.

Widhofer-Mohnen, Elgin, Regionales Sparkassenwesen und kommunale Gebietsreform, Zum Regionalprinzip nach dem nordrhein-westfälischen Sparkassenrecht, Diss. Köln 1979.

Winkelmann, Klaus, Die Gründung des Deutschen Sparkassenverbandes, Sparkasse 1984, 454 ff.

Wissenschaftsförderung der Sparkassen e. V. (Hrsg.), Der Zweckverband als Organisationsform kommunaler Sparkassen, Rechtliche Grundlagen, geschäftspolitische Bedeutung, historische Erfahrungen am Beispiel der Kreissparkasse Köln, Stuttgart 1999.

Wittmann, Antje, Der Sparkassenverbund, Stuttgart 2004, zugl. Diss. Münster 2004.

Wohltmann, Matthias, Wem gehören die Sparkassen?, Perspektive eines Sparkassenträgers, Der Landkreis 2009, 64 ff.

Wolff, Eberhard, Wieviel Freiheit vom Staat?, Sparkassenorgane zwischen Managerhaftung und öffentlichem Dienstrecht, WM 1992, 1469 ff.

Wünsch, Das Sparkassengesetz für Baden-Württemberg, Sparkasse 1967, 252 ff.

Wunsch, Martin, Der Einfluß der Kreisgebietsreform auf das kommunale Sparkassenwesen in den neuen Bundesländern, Überlegungen zu anstehenden Sparkassenfusionen, Sparkasse 1992, 152 f.

Wysocki, Josef, Einführung in das sparkassenhistorische Symposium 1985, in: Mura, Jürgen (Hrsg.), Der öffentliche Auftrag der Sparkassen in der historischen Entwicklung, Sparkassenhistorisches Symposium 1985, Stuttgart 1986, S. 10 ff.

Wysocki, Josef, in: Wysocki/Günther, Geschichte der Sparkassen in der DDR, 1945 bis 1990, Stuttgart 1996.

Wysocki, Josef/*Günther,* Hans Georg, Geschichte der Sparkassen in der DDR, 1945 bis 1990, Stuttgart 1996.

Zippelius, Reinhold, Juristische Methodenlehre, 10. Aufl., München 2006.

Zuber, Hubert, Der Gemeinnützigkeitsbegriff im deutschen Sparkassenrecht, Diss. Mainz 1967.

Sachverzeichnis

Schriftenreihe des Freiherr-vom-Stein-Instituts im Deutschen Gemeindeverlag, Verlag W. Kohlhammer

Band 1 — Janbernd *Oebbecke,* Zweckverbandsbildung und Selbstverwaltungsgarantie, 1982, 104 Seiten, kartoniert, € 10,50.
ISBN 3-555-00530-8

Band 2 — Edzard *Schmidt-Jortzig* und Alexander *Schink,* Subsidiaritätsprinzip und Kommunalordnung, 1982, 168 Seiten, kartoniert, € 14,50.
ISBN 3-555-00535-9

Band 3 — Ingolf *Deubel,* Der kommunale Finanzausgleich in Nordrhein-Westfalen, 1984, 264 Seiten, kartoniert, € 17,90.
ISBN 3-555-00592-8

Band 4 — Alexander *Schink,* Rechtsnachfolge bei Zuständigkeitsveränderungen in der öffentlichen Verwaltung, 1984, 340 Seiten, kartoniert, € 18,40.
ISBN 3-555-00593-6

Band 5 — Janbernd *Oebbecke,* Gemeindeverbandsrecht Nordrhein-Westfalen, Eine systematische Darstellung, 1984, 168 Seiten, kartoniert, € 15,50.
ISBN 3-555-00623-1

Band 6 — Hans-Jürgen *Fischedick,* Die Wahl der Benutzungsform kommunaler Einrichtungen, 1986, 121 Seiten, kartoniert, € 15,50.
ISBN 3-555-00689-4

Band 7 — Janbernd *Oebbecke,* Weisungs- und unterrichtungsfreie Räume in der Verwaltung, 1986, 324 Seiten, kartoniert, € 19,50.
ISBN 3-555-00693-2

Band 8 — Werner *Hauser,* Die Wahl der Organisationsform kommunaler Einrichtungen, Kriterien für die Entscheidung zwischen möglichen Organisationsformen, 1987, 300 Seiten, kartoniert (vergriffen).

Band 9 — Elke *Bartels,* Abfallrecht – Eine systematische Darstellung, 1987, 224 Seiten, kartoniert (vergriffen).

Band 10 — Ansgar *Müller,* Schulorganisationsrecht Nordrhein-Westfalen – Eine systematische Darstellung, 1988, 174 Seiten, kartoniert, € 23,00.
ISBN 3-555-00766-1

Band 11 Hans-Uwe *Erichsen,* Werner *Hoppe* und Adalbert *Leidinger* (Hrsg.), Kommunalverfassungen in Europa, 1988, 182 Seiten, kartoniert, € 25,50.
ISBN 3-555-00780-7

Band 12 Alexander *Schink,* Naturschutz- und Landschaftspflegerecht Nordrhein-Westfalen, 1989, 563 Seiten, kartoniert (vergriffen).

Band 13 H. Jürgen *Wolff,* Bedarfsgerechte Struktur der Kreiseinnahmen, 1990, 388 Seiten, kartoniert, € 20,35.
ISBN 3-555-00799-8

Band 14 Hans-Uwe *Erichsen,* Die Vertretung der Kommunen in den Mitgliederorganen von juristischen Personen des Privatrechts, 1990, 184 Seiten, kartoniert, € 20,35.
ISBN 3-555-00832-3

Band 15 Paul-Peter *Humpert,* Genehmigungsvorbehalte im Kommunalverfassungsrecht, 1990, 276 Seiten, kartoniert, € 22,90.
ISBN 3-555-00833-1

Band 16 Werner *Hoppe* und Alexander *Schink* (Hrsg.), Kommunale Selbstverwaltung und europäische Integration, 1990, 145 Seiten, kartoniert, € 20,35.
ISBN 3-555-00857-9

Band 17 Werner *Hoppe* / Hans-Uwe *Erichsen* / Adalbert *Leidinger* (Hrsg.), Aktuelle Probleme der kommunalen Selbstverwaltung – 10 Jahre Freiherr-vom-Stein-Institut –, 1991, 210 Seiten, kartoniert, € 20,35.
ISBN 3-555-00910-9

Band 18 Hans *Vietmeier,* Die staatlichen Aufgaben der Kommunen und ihrer Organe – Auftragsverwaltung und Organleihe in Nordrhein-Westfalen – 1992, 378 Seiten, kartoniert, € 25,50.
ISBN 3-555-00913-3

Band 19 Angela *Faber,* Europarechtliche Grenzen kommunaler Wirtschaftsförderung – Die Bedeutung der Art. 92 - 94 EWGV für die kommunale Selbstverwaltung – 1992, 260 Seiten, kartoniert (vergriffen)

Band 20 Werner *Hoppe* und Martin *Schulte,* Rechtsschutz der Länder in Planfeststellungsverfahren des Bundes – Dargestellt am Beispiel des Denkmalschutzes in Nordrhein-Westfalen – 1993, 101 Seiten, kartoniert, € 12,70.
ISBN 3-555-00994-X

Band 21 Jan *Bodanowitz,* Organisationsformen für die kommunale Abwasserbeseitigung, 1993, 196 Seiten, kartoniert, € 20,35.
ISBN 3-555-00995-8

Band 22 Jürgen *Brügge,* Bodendenkmalrecht unter besonderer Berücksichtigung der Paläontologie, 1993, 222 Seiten, kartoniert, € 22,50.
ISBN 3-555-01015-8

Band 23 Ute *Adam,* Veterinärrecht – Eine systematische Darstellung unter besonderer Berücksichtigung der Rechtslage in Nordrhein-Westfalen, 1993, 284 Seiten, kartoniert, € 23,00.
ISBN 3-555-01024-7

Band 24 Werner *Hoppe* / Joachim *Bauer* / Angela *Faber* / Alexander *Schink* (Hrsg.), Rechts- und Anwendungsprobleme der neuen Bauordnung NW, 1996, 170 Seiten, kartoniert, € 15,30.
ISBN 3-555-01095-6

Band 25 Andrea *Krebs,* Rechtliche Grundlagen und Grenzen kommunaler Elektrizitätsversorgung, 1996, 370 Seiten, kartoniert, € 25,50.
ISBN 3-555-01102-2

Band 26 Margit *Twehues,* Rechtsfragen kommunaler Stiftungen, 1996, 366 Seiten, kartoniert, € 23,60.
ISBN 3-555-01107-3

Band 27 Werner *Hoppe* / Joachim *Bauer* / Angela *Faber* / Alexander *Schink* (Hrsg.), Auswirkungen des Kreislaufwirtschafts- und Abfallgesetzes auf die öffentlich-rechtlichen Entsorgungsträger, 1996, 220 Seiten, kartoniert, € 18,00.
ISBN 3-555-01120-0

Band 28 Olaf *Otting,* Neues Steuerungsmodell und rechtliche Betätigungsspielräume der Kommunen, 1997, 333 Seiten, kartoniert, € 22,50.
ISBN 3-555-01134-0

Band 29 Heidrun *Schnell,* Freie Meinungsäußerung und Rederecht der kommunalen Mandatsträger unter verfassungsrechtlichen, kommunalrechtlichen und haftungsrechtlichen Aspekten, 1997, 250 Seiten, kartoniert, € 20,35.
ISBN 3-555-01159-6

Band 30 Janbernd *Oebbecke* / Joachim *Bauer* / Angela *Faber* (Hrsg.), Umweltrecht und Kommunalrecht – Kolloquium aus Anlaß des Ausscheidens von Werner Hoppe als Geschäftsführender Direktor des Freiherr-vom-Stein-Instituts, 1998, 161 Seiten, kartoniert, € 10,20.
ISBN 3-555-01166-9

Band 31 Anke *Freisburger,* Public Private Partnership in der kommunalen Museumsarbeit, 2000, 296 Seiten, kartoniert, € 20,35.
ISBN 3-555-01210-X

Band 32 Janbernd *Oebbecke* / Joachim *Bauer* / Hermann *Pünder* (Hrsg.), Perspektiven der kommunalen Sparkassen – Symposium des Freiherr-vom-Stein-Instituts und des Westfälisch-Lippischen Sparkassen- und Giroverbandes am 24. Februar 2000, 2000, 121 Seiten, kartoniert, € 10,20.
ISBN 3-555-01228-2

Band 33 Holger *Obermann,* Die kommunale Bindung der Sparkassen – Verfassungsrechtliche Möglichkeiten und Grenzen ihrer Ausgestaltung, 2000, 224 Seiten, kartoniert, € 19,40.
ISBN 3-555-01229-0

Band 34 Raphael *Lohmiller,* Kapitalbeteiligungsgesellschaften der Sparkassen – Eine Untersuchung über die Rechtsgrundlagen der Beteiligungsfinanzierung durch kommunale Sparkassen, 2000, 318 Seiten, kartoniert, € 20,20.
ISBN 3-555-01231-2

Band 35 Olaf *Schefzyk,* Der kommunale Beteiligungsbericht - Ein Instrument zur verbesserten Berichterstattung über die Unternehmenstätigkeit der Kommunen, 2000, 391 Seiten, kartoniert, € 21,45.
ISBN 3-555-01234-7

Band 36 Angela *Faber,* Gesellschaftliche Selbstregulierungssysteme im Umweltrecht – unter besonderer Berücksichtigung der Selbstverpflichtungen, 2001, 501 Seiten, kartoniert, € 29,65.
ISBN 3-555-01240-1

Band 37 Klaus *Schulenburg,* Die Kommunalpolitik in den Kreisen Nordrhein-Westfalens: Eine empirische Bestandsaufnahme, 2001, 484 S., kartoniert, € 25,10.
ISBN 3-555-01250-9

Band 38 Janbernd *Oebbecke* / Dirk *Ehlers* / Alexander *Schink* / Hermann *Pünder* (Hrsg.), Kommunalfinanzen, Symposium aus Anlaß des 75. Geburtstages von Adalbert Leidinger am 8. März 2001 in Münster, 2001, 155 S., kartoniert, € 13,75.
ISBN 3-555-01251-7

Band 39 Janbernd *Oebbecke* / Dirk *Ehlers* / Alexander *Schink* / Hermann *Pünder* (Hrsg.), Die nordrhein-westfälische Gemeindeprüfung in der Diskussion / Kolloquium des Freiherr-vom-Stein-Instituts und des Innenministeriums Nordrhein-Westfalen am 2. Februar 2001, 2001, 79 S., kartoniert, € 11,22.
ISBN 3-555-01252-5

Band 40 Peter *Lüttmann,* Aufgaben und Zusammensetzung der Verwaltungsräte der kommunalen Sparkassen, 2002, 407 S., kartoniert, € 24,85.
ISBN 3-555-01274-6

Band 41 Janbernd *Oebbecke* / Dirk *Ehlers* / Alexander *Schink* / Hermann *Pünder* (Hrsg.), Aktuelle Fragen der Sparkassenpolitik / Wissenschaftliches Kolloquium des Freiherr-vom-Stein-Instituts am 8. März 2002 zu Ehren von Herrn Dr. Kuhr anlässlich seines Ausscheidens als Vorsitzender des Kuratoriums des Freiherr-vom-Stein-Instituts, 2002, 70 S., kartoniert, € 7,85.
ISBN 3-555-01278-9

Band 42 Ansgar *Hörster,* Die Wahrnehmung der Sozialhilfeaufgaben im kreisangehörigen Raum in Nordrhein-Westfalen, 2002, 342 S., kartoniert, € 23,85.
ISBN 3-555-01279-7

Band 43 Hermann *Pünder,* Haushaltsrecht im Umbruch – eine Untersuchung der Erfordernisse einer sowohl demokratisch legitimierten als auch effektiven und effizienten Haushaltswirtschaft am Beispiel der Kommunalverwaltung, 2003, 665 S., kartoniert, € 29,85.
ISBN 3-555-01289-4

Band 44 Thomas *Harks*, Kommunale Arbeitsmarktpolitik – Rechtliche Vorgaben und Grenzen, 2003, 295 S., kartoniert, € 19,80.
ISBN 3-555-01302-5

Band 45 Volker *Schepers,* Internet-Banking und sparkassenrechtliches Regionalprinzip, 2003, 275 S., kartoniert, € 19,80.
ISBN 3-555-01308-4

Band 46 Marco *Kulosa,* Die Steuerung wirtschaftlicher Aktivitäten von Kommunen - eine betriebswirtschaftliche Analyse, 2003, 290 S., kartoniert, € 20,20.
ISBN 3-555-01316-5

Band 47 Frank *Placke,* Interkommunale Produktvergleiche als Basis für den kommunalen Finanzausgleich, 2003, 433 S., kartoniert, € 24,60.
ISBN 3-555-01321-1

Band 48 Antje *Wittmann,* Der Sparkassenverbund, 2004, 294 S., kartoniert, € 22,00.
ISBN 3-555-01328-9

Band 49 Barbara *Lübbecke,* Das Kommunalunternehmen - neue Organisationsform im kommunalen Wirtschaftsrecht von Nordrhein-Westfalen, 2004, 343 S., kartoniert, € 24,80.
ISBN 3-555-01329-7

Band 50 Sven Oliver *Hoffmann,* Gewässerschutzrecht Nordrhein-Westfalen - eine systematische Darstellung unter besonderer Berücksichtigung der europarechtlichen und bundesrechtlichen Vorgaben, 2004, 500 S., kartoniert, € 26,80.
ISBN 3-555-01330-0

Band 51 Janbernd *Oebbecke* / Dirk *Ehlers* / Alexander *Schink* / Dörte *Diemert* (Hrsg.), Kommunalverwaltung in der Reform / Wissenschaftliche Fachtagung des Freiherr-vom-Stein-Instituts am 2. Juli 2004 in Münster, 2004, 165 S., kartoniert, € 14,20.
ISBN 3-555-01339-4

Band 52 Hans *Lühmann*, Die Zusammenführung von Arbeitslosen- und Sozialhilfe im Sozialgesetzbuch II (SGB II) - Sozial- und organisationsrechtliche Aspekte des Hartz IV-Gesetzes für die kommunale Sozialpolitik, 2005, 223 S., kartoniert, € 17,80.
ISBN 3-555-01349-1

Band 53 Jörg *Niggemeyer,* Zulässigkeit und Grenzen von Sparkassenfusionen - eine Untersuchung am Beispiel von Zusammenschlüssen nordrhein-westfälischer Sparkassen, 2005, 476 S., kartoniert, € 26,80.
ISBN 3-555-01350-5

Band 54 Dörte *Diemert,* Das Haushaltssicherungskonzept - Verfassungs- und haushaltsrechtliche Grundlagen in NRW unter Berücksichtigung des Neuen Kommunalen Finanzmanagements, 2005, 555 S., kartoniert, € 28,80.
ISBN 3-555-01370-X

Band 55 Andrea *Becker,* Die Entwicklung des Personalvertretungsrechts in Nordrhein-Westfalen - eine Untersuchung der wesentlichen Einflussfaktoren auf die Gesetzgebung am Beispiel des LPVG NRW, 2006, 495 S., kartoniert, € 29,00.
ISBN 3-555-01371-8

Band 56 Janbernd *Oebbecke* / Dirk *Ehlers* / Martin *Klein* / Theresia *Theurl* / Dörte *Diemert* (Hrsg.), Perspektiven für Sparkassen und Genossenschaftsbanken - Wissenschaftliche Fachtagung des Freiherr-vom-Stein-Instituts und des Instituts für Genossenschaftswesen der Universität Münster am 17. Oktober 2005 in Münster, 2006, 128 S., kartoniert, € 10,20.
ISBN 3-555-01385-5

Band 57 Inken *Pehla,* Der Haftungsverbund der Sparkassen-Finanzgruppe - eine Untersuchung der Institutssicherung der Sparkassen und Landesbanken unter besonderer Berücksichtigung des Einlagensicherungs- und Anlegerentschädigungsgesetzes, 2006, 240 S., kartoniert, € 20,80.
ISBN 3-555-01372-6

Band 58 Janbernd *Oebbecke* / Dirk *Ehlers* / Martin *Klein* / Dörte *Diemert* (Hrsg.), Zwischen kommunaler Kooperation und Verwaltungsreform - Fachtagung aus Anlass des 25-jährigen Bestehens des Freiherr- vom-Stein-Instituts am 12. Mai 2006 in Münster, 2006, 127 S., kartoniert, € 12,80.
ISBN 3-555-01391-2

Band 59 Simone *Schütte-Leifels,* Die Grundsätze der Sozialhilfe nach der Reform, 2007, 345 S., kartoniert, € 24,80.
ISBN 978-3-555-01399-2

Band 60 Christian *Thiemann,* Rechtsprobleme der Marke Sparkasse, 2008, 314 S., kartoniert, € 24,00.
ISBN 978-3-555-01451-7

Band 61 Linus *Tepe,* Verfassungsrechtliche Vorgaben für Zuständigkeitsverlagerungen zwischen Gemeindeverbandsebenen, 2009, 235 S., kartoniert, € 20,00.
ISBN 978-3-555-01459-3

Band 62 Anna *Roth,* Die allgemeine Lebensmittelüberwachung als Instrument des Verbraucherschutzes - eine systematische Darstellung unter besonderer Berücksichtigung der Rechtslage und der Organisationsstrukturen in Nordrhein-Westfalen, 2009, 336 S., kartoniert, € 26,00.
ISBN 978-3-555-01474-6

Band 63 Jan Stefan *Lüdde,* Sparkassenrecht der Länder - Bestand und Entwicklung seit 1949, 2010, 232 S., kartoniert, € 20,80.
ISBN 978-3-555-01504-0